Werner Eck

Rom und Judaea

Tria Corda

Jenaer Vorlesungen zu Judentum,
Antike und Christentum

Herausgegeben von

Walter Ameling, Karl-Wilhelm Niebuhr
und Meinolf Vielberg

2

Werner Eck

Rom und Judaea

Fünf Vorträge zur römischen Herrschaft in Palaestina

Mohr Siebeck

Werner Eck, geboren 1939; 1968 Promotion; 1975 Habilitation; 1979–2007 Professor für Alte Geschichte an der Universität zu Köln; seit März 2007 emeritiert; Dr. h. c. der Universitäten Cluj, Kassel und Jerusalem.

ISBN 978-3-16-149460-4
ISSN 1865-5629 (Tria Corda)

Die Deutsche Bibliothek verzeichnet diese Publikation in der Deutschen Nationalbibliographie; detaillierte bibliographische Daten sind im Internet über *http://dnb.d-nb.de* abrufbar.

Das Buch wurde von Martin Fischer in Tübingen aus der Garamond Antiqua gesetzt, von Gulde-Druck in Tübingen auf alterungsbeständiges Werkdruckpapier gedruckt und von der Buchbinderei Held in Rottenburg gebunden.

Gewidmet all denen, die mit großem Engagement an der Ausarbeitung des Corpus Inscriptionum Iudaeae/Palaestinae beteiligt sind.

Sidon
Phönizien
Tyrus
Caesarea Philippi
Ma'ayen Barukh
Batanäa
MITTELMEER
Ptolemaïs
Galiläa
Capernaum
Aphek
Sepphoris
Tiberias
Hippos
Beth Shea'rim
Nazareth
Dora
Gadara
Legio/
Caparcotna
Caesarea
Scythopolis
Tel Shalem
Pella
Dekapolis
Samarien
Sebaste
Apollonia
Gophna
Neapolis
Antipatris
Acrabeta
Joppe
Peräa
Thamna
Lydda
Jamnia
Judäa
Archelaïs
Emmaus
Jericho
Asdod
Abu Gosh
Jerusalem
Livias
Betholetepha
Ascalon
Bethlehem
Marisa/
Eleutheropolis
Murabba'at
Herodion
Hebron
Naḥal David
Gaza
En-Gedi
Idumäa
Naḥal Ḥever
Masada
Beersheba
Elusa
Maḥoza

Vorwort

Seit mehreren Jahren ist ein Team von deutschen und israelischen Kolleginnen und Kollegen dabei, ein Corpus Inscriptionum Iudaeae/Palaestinae (CIIP) zu erarbeiten, das alle Inschriften in allen Sprachen aus dem Raum Judaea – Palaestina unter der griechisch-römischen Herrschaft, also etwa von Alexander bis zur Eroberung des Landes durch die Araber, umfassen soll. Aus dieser Zusammenarbeit erwuchs seit 1996 eine Reihe meiner Untersuchungen, die aus unterschiedlichen Betrachtungswinkeln immer wieder um den zentralen Aspekt „Rom und Judaea" kreisten. Als mir deshalb die Kollegen in Jena anboten, im Rahmen ihrer Vorlesungsreihe *Tria Corda* im Mai 2005 eine Serie von fünf Vorträgen zu halten, lag die Thematik „Rom und Judaea" nahe.

Von Anfang an war dabei klar, dass im Rahmen von fünf Vorträgen keine umfassende Darstellung aller mit der genannten Thematik verbundenen und viel behandelten schwierigen Fragen gegeben, sondern nur der bescheidene Versuch unternommen werden konnte, verschiedene Aspekte der Thematik deutlich von der Seite Roms her zu sehen. Dies schien auch deshalb sinnvoll, weil der größere Teil der literarischen Überlieferung, angefangen mit den Makkabäerbüchern über Philo und Josephus bis zu den riesigen Corpora halachischer Literatur rechtlichen und erzählenden Inhalts von jüdischer Seite stammt und damit notwendigerweise auch diesen Blickpunkt einnimmt. Eine gewisse Einseitigkeit des Großteils der literarischen Überlieferung ist damit fast zwingend gegeben. Infolge der leidvollen Geschichte zwischen Judaea und Rom mußte zudem von jüdischer Seite vieles anders gesehen werden, als es in römischen Augen erschien oder erscheinen konnte. Historisch sind beide Standpunkte notwendigerweise eingenommen worden, und sie sind legitim; doch scheint in den meisten modernen Arbeiten zu dieser Thematik bisher die römische Blickrichtung weniger zu Wort gekommen zu sein. Da wir inzwischen durch viele neue Zeugnisse, die zu einem nicht geringen Teil epigraphischer Natur sind, etwas besser erkennen können, wie bestimmte Erscheinungen von römischer Seite gesehen wurden oder gesehen werden konnten, schien es, zumal von Seiten eines Althistoriker, lohnend, in den Vorträgen vor allem diesen Standpunkt einzunehmen und einzelne Aspekte in diesem Licht zu betrachten. Besonders wurde auf das Problem geachtet, ob und wieweit Rom Judaea als eine Provinz besonderen Charakters angesehen hat oder ob diese Vorstellung sich nur heute für uns auf Grund der besonderen Überlieferung und aus der Optik der Nachgeborenen und deren Wissen um die spätere jüdische Geschichte so ergeben hat. Soweit möglich wurde bei der Erörterung der verschiedenen Phänomene neben neuen papyrologischen und archäologischen Quellen insbesondere auf neues Inschriftenmaterial zurückgegriffen, auch auf noch nicht publiziertes, das u. a. bei der Vorbereitung des CIIP gesammelt worden ist. Gerade auf diesem Weg kann man nach meiner Überzeugung bestimmte Aspekte der Thematik in einem neuen Licht sehen. Ob das gelungen ist, muß der Leser entscheiden.

An der Grundstruktur der Vorträge wurde für die Publikation nur wenig geändert. Da viele der einschlägigen Aspekte in der modernen Wissenschaft bereits bearbeitet wurden, ist die streng wissenschaftliche, noch mehr die eher populäre Literatur kaum mehr zu überblicken. Auch aus Gründen des Umfangs und der zeitlichen Ökonomie wurde deshalb darauf verzichtet, die Literatur systematisch und umfassend einzuarbeiten. Dabei wurde sicher das eine oder andere, was man hätte zitieren können oder sollen, übersehen. Doch das wurde in Kauf genommen, da sonst die Kapitel nie zum Abschluß gekommen wären. Vor allem aber wären die Anmerkungen noch weit umfangreicher geworden, als dies hier erwünscht sein konnte.

Ich möchte danken: Den Kollegen in Jena für die Einladung zu den Vorträgen, vor allem Walter Ameling, der zudem das Manuskript vollständig gelesen und wertvolle Kritik und Hinweise gegeben hat. Marfa Heimbach, die mich bei der Auswertung der Datenbank des CIIP unterstützt hat. Allen Kollegen in Israel, mit denen ich immer wieder verschiedene Aspekte diskutieren konnte: Ben Isaac, Aharon Oppenheimer, Jonathan Price, Ada Yardeni, Alla Kushnir-Stein, die mich in Fragen der Münzen in Judaea unterstützt hat, und nicht zuletzt Hannah Cotton, die auf viele der hier behandelten Phänomene in ihren eigenen Arbeiten eingegangen ist und meine Fragen dazu beantwortete. Josef Patrich und Josef Porath, die mir ihr unpubliziertes Inschriftenmaterial zur Publikation anvertrauten und mir erlaubten, es schon vorher zu benutzen. Meiner Frau, die nicht zum ersten Mal mein Manuskript akribisch durchging. Und schließlich Monika Kleinen, meiner Sekretärin, sowie allen meinen studentischen Hilfskräften in Köln, die mir die Literatur besorgten und das Manuskript korrigierten.

Gewidmet sei das Büchlein all denjenigen, die mit großem Engagement an der Arbeit für das Corpus Inscriptionum Iudaeae/Palaestinae beteiligt sind.

Köln, 31. Juli 2007 *Werner Eck*

Inhaltsverzeichnis

Abkürzungsverzeichnis

AE = Année épigraphique, Paris 1888 ff.

ANRW = Aufstieg und Niedergang der römischen Welt, Berlin 1970 ff.

Bar Kokhba War reconsidered = The Bar Kokhba War reconsidered. New perspectives on the Second Jewish Revolt against Rome, hg. P. Schäfer, Tübingen 2003.

Bernett, Kaiserkult = M. Bernett, Der Kaiserkult in Judäa unter den Herodiern und Römern. Untersuchungen zur politischen und religiösen Geschichte Judäas von 30 v. bis 66 n. Chr., Tübingen 2007.

Bieberstein/Bloedhorn, Jerusalem = K. Bieberstein/H. Bloedhorn, Jerusalem. Grundzüge der Baugeschichte vom Chalkolithikum bis zur Frühzeit der osmanischen Herrschaft, Wiesbaden 1994.

Boffo = L. Boffo, Iscrizioni Greche e latine per lo studio della Bibbia, Brescia 1994.

BMC Empire = British Museum Coins Empire, London 1923 ff.

BMC Palestine = Catalogue of the Greek Coins of Palestine, hg. G. F. Hill, London 1914.

CIL = Corpus Inscriptionum Latinarum, Berlin 1869 ff.

CIJ = Corpus Inscriptionum Judaicarum. Recueil des inscriptions juives qui vont du IIIe siècle avant Jésus-Christ au VIIe siècle de notre ère, I–II, hg. J.-B. Frey, Vatikanstaat 1936–1952.

Cotton/Eck, Latin Inscriptions = H. Cotton/W. Eck, Governors and Their Personnel on Latin Inscriptions from Caesarea Maritima, in: The Israel Academy of Sciences and Humanities, Proceedings Vol. XII, No. 7, Jerusalem 2001, 215 ff.

Dąbrowa, Legio X Fretensis = E. Dąbrowa, Legio X Fretensis. A Prosopographical Study of its officers (I–III c. A. D.), Stuttgart 1993.

DESSAU = H. DESSAU, Inscriptiones Latinae Selectae, Berlin 1892 ff.

ECK, Autonomie = W. ECK, Lokale Autonomie und römische Ordnungsmacht in den kaiserzeitlichen Provinzen, Kolloquien des Historischen Kollegs, München 1999

ECK, The Bar Kokhba Revolt = W. ECK, The Bar Kochba Revolt: The Roman Point of View, in: Journal of Roman Studies 89, 1999, 76 ff.

FISCHER/ISAAC/ROLL, Roman Roads in Judaea II = M. FISCHER/B. ISAAC/I. ROLL, Roman Roads in Judaea II. The Jaffa-Jerusalem Roads, Jerusalem 1999

HAENSCH, Capita provinciarum = R. HAENSCH, Capita provinciarum. Statthaltersitze und Provinzialverwaltung in der römischen Kaiserzeit, Mainz 1997.

IEJ = Israel Exploration Journal.

IGR = Inscriptiones Graecae ad res Romanas pertinentes, Paris 1906 ff.

Inschriften von Ephesus = Die Inschriften von Ephesus, I–VII 2, Bonn 1979–1984.

JRA = Journal of Roman Archaeology.

ISAAC, Near East = B. ISAAC, The Near East under Roman Rule. Selected Papers, Leiden 1997.

ISAAC/ROLL, Roman Roads in Judaea I = B. ISAAC/I. ROLL, Roman Roads in Judaea I. The Legio-Scythopolis Road, Oxford 1982.

Les Légions = Les Légions romaines sous le Haute-Empire, Actes du Congrès de Lyon (17–19 septembre 1998), hg. Y. LE BOHEC/CH. WOLFF, Lyon 2000.

KUSHNIR-STEIN, City Eras on Palestinian coinage = A. KUSHNIR-STEIN, City Eras on Palestinian coinage, in: Coinage and Identiy in the Roman Provinces, hg. CHR. HOWGEGO/V. HEUCHERT/A. BURNETT, Oxford 2005, 157 ff.

LEHMANN/HOLUM, Inscriptions = C. M. LEHMANN/K. G. HOLUM, The Greek and Latin inscriptions of Caesarea Maritima. Boston 2000.

MESHORER, City-Coins = Y. MESHORER, City-Coins of Eretz Israel and the Decapolis in the Roman Period, Jerusalem 1985.

MILLAR, Roman Near East = F. MILLAR, The Roman Near East 31 BC–AD 337, Cambridge/Mass. 1993.

Millar, The Greek World = F. Millar, The Greek World, the Jews, and the East, hg. H. M. Cotton / G. Rogers, Chapel Hill 2006.

Neues Testament und Antike Kultur = Neues Testament und Antike Kultur, hg. K. Erlemann / K.-J. Noethlichs / K. Scherberich / J. Zangenberg, Band 1, Neukirchen-Vluyn 2004,

Oppenheimer, Between Rome and Babylon = A. Oppenheimer, Between Rome and Babylon, Tübingen 2005.

P. Yadin = N. Lewis, The documents from the Bar-Kokhba Period in the Cave of Letters. Greek Papyri, Jerusalem 1989 und A. Yardeni / B. Levine / J. C. Greenfield, Documents from the Bar Kokhba Period in the Cave of Letters: Hebrew, Aramic and Nabatean, Jerusalem 2002.

P. Ḥev/Se = H. M. Cotton / A. Yardeni, Aramaic, Hebrew and Greek documentary texts from Naḥal Ḥever and other sites, Oxford 1997.

RMD = Roman Military Diplomas, hg. M. M. Roxan / P. Holder, London 1978–2006.

RPC = A. Burnett / M. Amandry / P. P. Ripollès, Roman Provincial Coinage I: From the Death of Caesar to the Death of Vitellius (44 BC – AD 69), London-Paris 1992.

Sasse, Geschichte Israels = M. Sasse, Geschichte Israels in der Zeit des Zweiten Tempels. Historische Ereignisse, Archäologie, Sozialgeschichte, Religions- und Geistesgeschichte, 2004.

Schürer = E. Schürer, The history of the Jewish people in the age of Jesus Christ, Vol. 1. Revised and edited by G. Vermes, F. Millar and M. Black, Edinburg 1973

SCI = Scripta Classica Israelica

Stern = M. Stern, Greek and Latin Authors on Jews and Judaism, Jerusalem 1974.

TIR Iudaea Palaestina = Tabula Imperii Romani: Iudaea Palaestina. Eretz Israel in Hellenistic, Roman and Byzantine Periods. Maps and Gazetteer, hg. Y. Tsafrir / L. di Segni / J. Green, Jerusalem 1994.

SEG = Supplementum epigraphicum Graecum.

Wilker, Für Rom und Jerusalem = J. Wilker, Für Rom und Jerusalem. Die herodianische Dynastie im 1. Jahrhundert n. Chr., Frankfurt 2007.

ZPE = Zeitschrift für Papyrologie und Epigraphik.

Abbildungsnachweis

W. Eck (mit Erlaubnis der Israel Antiquities Authority): 5. 6. 7. 8. 10. 11. 13. 19b–c. 20. 22. 23. 25. 28. 30. 31.
W. Eck: 1. 3. 4. 17a–b. 18. 24. 26. 29.
A. Faßbender: 19a. 27.
Forschungsarchiv für Antike Plastik Universität zu Köln: 2.
St. Mitchell: 16.
A. Pangerl: 14. 15a–c.
J. Patrich: 9. 12.

I. Judaea wird römisch: Der Weg zur eigenständigen Provinz

„Es begab sich aber zu der Zeit, dass ein Befehl von Caesar Augustus[1] ausging, dass alle Welt geschätzt würde. Und diese Schätzung war die allererste und geschah zu der Zeit, da Quirinius Statthalter in Syrien war. Und jedermann ging, dass er sich schätzen ließe, ein jeder in seine Stadt. Da machte sich auch Josef auf aus Galiläa, aus der Stadt Nazareth, in das jüdische Land zur Stadt Davids, die Bethlehem heißt, weil er aus dem Hause und Geschlechte Davids war."[2] Jeder kennt diese Sätze aus dem Beginn des 2. Kapitels des Lukasevangeliums, die regelmäßig zu Weihnachten verlesen werden. Sie haben in hohem Maße die allgemeine Vorstellung über die Eingliederung des jüdischen Landes in das Imperium Romanum geprägt. Der Anfang der römischen Dominanz über Judaea ist dadurch verbunden mit der Geburt Christi, und so auch mit dem Beginn einer neuen Weltära. Orosius,

---

[1] In den deutschen Ausgaben findet sich an dieser Stelle seit Luther generell die Übersetzung: „Kaiser Augustus". Dies ist anachronistisch und widerstreitet deutlich der historischen Realität (vgl. W. Eck, Augustus und seine Zeit, München[4] 2006, 49. 106). Erst ab Tiberius kann man diese Bezeichnung ohne historische Verfälschung verwenden. Tatsächlich ist aber an dieser Stelle vom Evangelisten sehr spezifisch der Name dessen angeführt, von dem der Befehl ausgegangen ist: *Caesar Augustus*, also Nomen gentile und Cognomen, Familienname und Beiname; es fehlt nur das Praenomen *Imperator*.

[2] Lucas 2, 1ff.

Abbildung 1: Augustus.

spanischer Presbyter und Schüler Augustins, der zu Beginn des 5. Jahrhunderts n. Chr. seine „Sieben Bücher Geschichte gegen die Heiden“ (*Historiarum adversum paganos libri sep-*

tem) schrieb, verband damit ein heilsgeschichtliches Faktum ersten Ranges. Denn durch den vom Statthalter Quirinius durchgeführten *census* wurde, wie Orosius schreibt, Jesus ein *civis Romanus,* römischer Bürger,[3] womit die untrennbare Verbindung: Christentum und römisches Reich präfiguriert war.[4] Constantin hat also zu Beginn des 4. Jahrhunderts nach dem Denken des Orosius nur das sichtbar gemacht, wofür bereits drei Jahrhunderte vorher der Grund gelegt worden war. Wenige Historiker haben die nächsten vierzehn Jahrhunderte europäischer Politik und Geschichtsdenkens stärker beeinflusst als Orosius.

Als geschichtstheologische Erklärung mochte diese Sicht auf Augustus und die Einordnung Judaeas in den römischen Herrschaftsbereich genügen. Doch ist sie wie fast alle Erklärungen dieser Art auch eine Verkürzung der historischen

---

[3] Orosius hat aller Wahrscheinlichkeit nach dies aus der Situation seiner Zeit heraus geschrieben, als alle freien Bewohner des Reiches, wenn man von Föderaten absah, auch römische Bürger waren. Dem rechtlichen Status nach war Christus wie die meisten damaligen Bewohner Judaeas ein Peregriner.

[4] Orosius 6, 22, 5 ff.: *Igitur eo tempore, id est anno quo firmissimam verissimamque pacem ordinatione dei Caesar composuit, natus est Chrestus, cuius adventui pax ista famulata est... tunc igitur natus est Chrestus, romano censui statim adscriptus ut natus est... cuius potissime voluit esse cum venit dicendus utique civis Romanus census professione Romani* = „Zu dieser Zeit also, d. h. in dem Jahr, in dem Caesar auf göttliche Fügung hin einen umfassenden, festen Frieden schuf, wurde Christus geboren, dessen Ankunft dieser Friede unterstützt hat. ... Damals also wurde Christus geboren und sogleich bei seiner Geburt in die römische Volkszählung einbezogen... der (sc. der Stadt Rom) er vor allem angehören wollte, als er (in der Welt) ankam, so dass er durch die Erklärung bei der Volkszählung als römischer Bürger bezeichnet würde." Soweit es im Folgenden nicht anders angegeben wird, stammen die Übersetzungen vom Autor. Von Josephus' bellum Iudaicum wird die Übersetzung von Michel und Bauernfeind verwendet, allerdings gelegentlich korrigiert, wenn sie nicht zutrifft.

Realität. Denn das jüdische Volk ist nicht unter Augustus in einem einzigen Moment der direkten römischen Herrschaft unterworfen worden. Vielmehr geschah dies auf einem längeren Weg über verschiedene Stationen und Formen der Abhängigkeit, einem Weg, der schon bei der ersten Kontaktaufnahme mit Rom seinen Anfang nahm.[5] Die eigenständige Provinz Judaea als rechtlich-politisch-militärische Einheit stand erst nach mehr als zwei Jahrhunderten am späten Ende dieses Wegs im Jahre 66/67 n. Chr.

Die ersten Kontakte des jüdischen Volkes mit Rom gehen in die Zeit zurück, als die westliche Macht sich immer intensiver mit den hellenistischen Reichen des Ostens, speziell den Seleukiden, auseinandersetzte. In welchen konkreten politischen und rechtlichen Schritten die ersten Verbindungen mit dem jüdischen Gemeinwesen geschahen, ist auch heute noch umstritten. Es ist letztlich das Problem der Quellen, vor allem der beiden Makkabäerbücher, die trotz ihrer Benennung nicht auf einen Autor zurückgehen, und der Werke von Josephus, worauf aber hier nicht im Detail eingegangen werden kann.[6] Doch ist es wohl kaum zu bestreiten, dass es seit der Herrschaft des seleukidischen Königs Demetrios, genauer wohl seit dem Jahre 161, zu

[5] So in überzeugender Weise I. Shatzman, The Integration of Judaea into the Roman Empire, SCI 18, 1999, 49 ff.; zu einem kurzgefassten ereignisgeschichtlichen Überblick K. L. Noethlichs, Das Judentum und der römische Staat. Minderheitenpolitik im antiken Rom, Darmstadt 1996, 9 ff.

[6] Siehe dazu beispielsweise Shatzman, The Integration (Anm. 5). Die Frage, welche Zwecke mit jedem der beiden Makkabäerbücher verfolgt wurde, wird je nach Standpunkt sehr unterschiedlich entschieden. Von dieser Frage ist auch die Interpretation des neuen Seleukos-Dokuments abhängig: H. M. Cotton/M. Wörrle, Seleukos IV to Heliodoros. A New Dossier of Royal Correspondence from Israel, ZPE 159, 2007, 191 ff.

einer vertraglichen Abmachung zwischen Rom und den Führern des jüdischen Volkes, den Makkabäern, gekommen ist. Es gab ein Bündnis (*foedus*), das Rom und das jüdische Volk, das *ἔθνος τῶν Ἰουδαίων*, als Partner miteinander verband.[7] Dazu gehörte auch, dass keiner der Partner sich in kriegerischer Absicht gegen den anderen wandte – eine Leerformel, die zunächst ohne jede Bedeutung war. Rom nahm dabei von Anfang an die Position des stärkeren Partners ein. In den Jahrzehnten unmittelbar nach dem ersten Kontakt war dies allerdings von geringerer Bedeutung, da Rom im östlichen Mittelmeerraum zwar politisch präsent war, aber dort noch nicht konkret durch eigene permanente Vertreter agierte. Mit der Etablierung der ersten von einem Statthalter geleiteten Provinz in Asia, die 133 v. Chr. durch Erbschaft an Rom gekommen war, änderte sich dies langsam immer mehr, ohne dass Rom jedoch auch nur ein einziges Mal mit Waffengewalt zu Gunsten des jüdischen Volkes eingegriffen hätte. Entscheidend wurde freilich, dass einige Jahrzehnte später der Zerfall des Seleukidenreiches und der Aufstieg des pontischen Königs Mithradates VI. seit den 80er Jahren des 1. Jahrhunderts v. Chr. die römische Dominanz im Osten bedrohte. Gnaeus Pompeius, der sich durch seine militärischen Fähigkeiten in Rom eine herausragende Stellung erworben hatte, wurde im Jahr 66 v. Chr. mit außerordentlichen Kompetenzen nach dem Osten gesandt. Das führte schließlich zur Beseitigung der letzten Reste der seleukidischen Herrschaft im nahen Osten durch den pompeianischen Unterfeldherrn Aemilius Scaurus im Jahr 65 v. Chr. und der unmittelbar darauf folgenden Einrichtung der permanenten Provinz Syrien. Damit war Rom in der unmittelbaren Nähe Palaestinas präsent.

---

7 1 Macc. 8, 1 ff.

Selbst wenn die römisch-jüdischen Beziehungen in diesem Augenblick noch dieselben gewesen wären wie beim Abschluss und der Erneuerung des *foedus* von 161, hätten sie nicht mehr dieselben sein können. Doch die Umstände und die Situation der Beteiligten hatten sich deutlich geändert. Zum einen hatten die letzten unabhängigen Hasmonäer, Aristobulus I. und Alexander Iannaeus, selbst eine massive Eroberungspolitik betrieben, ohne darüber jemals eine Verständigung mit Rom zu suchen. Rom hätte sie dabei eher gestört. Zum andern war wie im zerfallenden Seleukidenreich auch die Herrschaft der Hasmonäer, die sich aus dem makkabäischen Erbe entwickelt hatte, durch Rivalitäten innerhalb der Familie und durch die religiösen Parteiungen innerhalb des Judentums selbst geschwächt. Mehrere Mitglieder der Familie kämpften um die Herrschaft, die jeweils von Gruppen innerhalb des jüdischen Volkes, vor allem den Pharisäern und den Sadduzäern, unterstützt wurden, in denen sich in komplementärer Weise die lang dauernde Auseinandersetzung um die Hellenisierung des jüdischen Volkes konkretisierte.[8] Dazu kamen die Interessen der Idumäer im Süden der Region und des nabatäischen Königreiches östlich des Jordan und

---

[8] Zur Hellenisierungfrage siehe das klassische Werk von M. Hengel, Judentum und Hellenismus. Studien zu ihrer Begegnung unter besonderer Berücksichtigung Palästinas bis zur Mitte des 2. Jh.s v. Chr., Tübingen 1969, ³1988; ferner Ders., Judentum und Hellenismus. Studien zu ihrer Begegnung unter besonderer Berücksichtigung Palästinas bis zur Mitte des 2. Jahrhunderts v. Chr., Tübingen 1998; dazu die Kritik von F. Millar, The Background to the Macccabean Revolution: Reflections on Martin Hengel's „Judaism and Hellenism", in: Journal of Jewish Studies 29, 1978, 1 ff. = Millar, The Greek World 67 ff.; siehe auch Cotton/Wörrle (Anm. 6).

im Negev, die in gleicher Weise wie der Makkabäerstaat in Klientelbeziehungen zu Rom standen.[9]

Als die römische Macht in concreto im nahen Osten erschien, kämpften innerhalb des jüdischen Machtbereichs zwei Bewerber um die Herrschaft, die Brüder Aristobulus II. und Hyrcanus II. Sie waren Söhne der im Jahr 67 verstorbenen Königin Salome Alexandra, die als Frau nach Alexander Iannaeus die Macht übernommen hatte – ein bezeichnendes Beispiel, wie sehr die jüdische Welt in das politische und kulturelle System des Hellenismus integriert war. Jeder der beiden Brüder wollte nach dem Tod der Mutter seine Herrschaft durch das Eingreifen Roms absichern, was noch schneller, als es wohl ohnehin geschehen wäre, zum Verlust der staatlichen Unabhängigkeit führte. Aemilius Scaurus, den beide durch beträchtliche Bestechungssummen für sich gewinnen wollten, setzte auf Aristobulus, weil dieser – über den persönlichen finanziellen Gewinn für Scaurus hinaus – mehr Gewähr zu bieten schien, der römischen Sache zu dienen, ein Irrtum, wie sich schnell herausstellte. Als Pompeius selbst Syrien erreichte und sich anschickte, persönlich die Angelegenheiten in der Region zu regeln, ließ er die beiden Rivalen, die auch bei ihm vor Bestechungsversuchen nicht zurückschreckten,[10] vor sich in Damascus

---

[9] Schürer I 234f. 236ff. 578f.; E.S. Gruen, The Hellenistic World and the Coming of Rome, Berkeley 1984, II 745ff.; zuletzt mit der wichtigsten Literatur E. Baltrusch, Die Juden und das Römische Reich. Geschichte einer konfliktreichen Beziehung, Darmstadt 2002, 125ff., dessen interessante Hauptthese von einer grundsätzlichen Unvereinbarkeit von Rom und dem Jüdischen Volk jedoch kaum tragfähig erscheint; vgl. W. Eck, Urerlebnis der fremden Herrschaft. Ernst Baltruschs Juden im Römerreich, Rez. zu E. Baltrusch, Die Juden und das Römische Reich…, in: FAZ Nr. 66, 19.03.2002, L 30.

[10] Bezeichnend ist die goldene Weintraube im Wert von 500 Talenten, die Aristobulus an Pompeius sandte, die dieser im Tempel

erscheinen. Dazu gesellte sich noch eine dritte innerjüdische Kraft, die das Königtum abschaffen und nur noch das Hohepriestertum als Leitung des Volkes akzeptieren wollte.[11] Doch eine Regelung durch Pompeius von Syrien aus wurde vor allem durch das Verhalten des Aristobulus verhindert. Denn dieser wollte die alleinige Herrschaft nicht aus der Hand geben. Als er sich nach anfänglichem massivem Widerstand dann schließlich der pompeianischen Überlegenheit ergeben musste, hatte sein Verhalten bereits eine Spaltung des Volkes in Jerusalem verursacht. Die einen wollten Jerusalem übergeben, die Partei des Aristobulus aber befürwortete den Widerstand. Als die Römer dann gegen die Stadt vorrückten, öffneten ihnen die Friedenswilligen die Stadttore, die Anhänger des Aristobulus jedoch besetzten den Tempelbezirk.[12] Dieser wurde schließlich von dem römischen Feldherrn nach drei Monaten Belagerung im Herbst 63 v. Chr. erobert. Dass Pompeius das Allerheiligste betrat, musste für die Juden die Zeiten Antiochus IV. heraufbeschwören.[13]

Damit war Rom zum ersten Mal mit militärischer Gewalt unmittelbar in Judaea präsent; daran sollte sich bis zum Jahr 640 n. Chr., als die Araber Jerusalem eroberten, nichts mehr ändern, abgesehen von der Unterbrechung durch die Herrschaft Herodes d. Gr. und seines Sohnes Archelaus von etwa 40 v. bis 6 n. Chr. Judaea stand für 700 Jahre unter direkter römischer Herrschaft, es war Teil des Imperium Romanum.

---

des kapitolinischen Jupiter aufstellen ließ (Strabo bei Josephus, ant. 14, 34 ff. = Stern Nr. 103).

[11] Diodor 40, 2 = Stern Nr. 64; Josephus, ant. 14, 41 ff.

[12] Josephus, bell.1, 142 ff.; ant. 14, 58 ff.

[13] Josephus, bell. 1, 152 f.; ant. 14, 72 f.; Cicero, pro Flacco 67 ff. = Stern Nr. 68; Tacitus, hist. 5, 9 = Stern Nr. 281.

Was war die Folge des Eingriffs durch Pompeius? Die Hasmonäer hatten für etwa 80 Jahre ein Königreich mittlerer Größe geschaffen, das sich über den Jordan nach Osten erstreckte und vor allem zahlreiche nichtjüdische Orte und Gemeinden einschloss, also ein Territorialstaat war, der weit über das eigene Volk hinausreichte und auch vor Zwangsmaßnahmen bei der Religionszugehörigkeit nicht zurückschreckte. Dieses Machtgebilde wurde von dem römischen Feldherrn aufgelöst. Alle Küstenstädte, die größtenteils hellenisiert waren, wurden von der Herrschaft der Hasmonäer befreit und der Provinz Syrien eingegliedert, dessen Statthalter sie unterstanden. Gleiches galt für die Territorien der Städte zwischen Galiläa und Samaria wie etwa Scythopolis, das ebenfalls dem Prokonsul von Syrien untergeordnet war, nicht anders als die übrigen Poleis der Decapolis, eines Zehnstädtebundes, der sich größtenteils östlich des Jordan erstreckte. Nur noch das zentrale, von Juden besiedelte Land, vor allem das Land um Jerusalem, blieb unter direkter jüdischer Herrschaft, die in ihrer Struktur freilich nicht der vorhergehenden Form entsprach. Neben den Hohepriester trat bald als politisch-militärischer Leiter ein von Rom anerkannter *epistates,* aus deren Nebeneinander schnell ein Gegeneinander wurde. Einen König, der gleichzeitig auch das Amt des Hohepriesters innehatte, also eine zentrale Gewalt, gab es nicht mehr. Doch immer noch bildete die jüdische Bevölkerung eine eigene politische Einheit, die innere Autonomie besaß, freilich unter der Oberaufsicht des Statthalters von Syrien stand und eine pauschale Steuer zu entrichten hatte. Wenn man das Wort *provincia* als rechtlich-politischen Zuständigkeitsbereich eines Statthalters definiert, dann gehörte das ἔθνος τῶν Ἰουδαίων, das jüdische Volk, zur *provincia* des Prokonsuls von Syrien, trotz seiner

Autonomie.[14] Dennoch war es noch nicht, wie dann ab 6 n. Chr., ein Teil der Provinz Syrien.

Denn solange die Gesamtsituation in der Region stabil war und keine auswärtige Macht sich einmischte, war zwar die Bewegungsfreiheit des Hohepriesters eingeschränkt; er konnte nur nach innen wirken. Dennoch war das Gebiet, über das er herrschte, noch selbständig; unter normalen Umständen hielt sich kein römischer Amtsträger innerhalb dieses Herrschaftsraumes auf. Was erledigt werden musste, geschah durch den Hohepriester und die Organe des jüdischen Volkes, besonders das Synhedrium in Jerusalem. Insoweit blieb das Gesamtvolk nach dem im realen Leben greifbaren Anschein autonom, niemand griff von außen in das alltägliche Leben ein. Vor allem das Gerichtswesen unterstand nur jüdischen Autoritäten, einschließlich der Kapitalgerichtsbarkeit. Kein Römer kontrollierte diesen öffentlichen Bereich. Beim Prozess Jesu betonte das jüdische Synhedrium, ihm sei die Kapitalgerichtsbarkeit entzogen, diese liege beim römischen Präfekten[15] – solches aber galt in pompeianischer Zeit nach der Unterstellung des jüdischen Tempelstaates unter die politische Aufsicht des Vertreters Roms in Syrien noch nicht. Auch für den pauschalen Tribut, den man an Rom zahlen musste, waren die eigenen Organe zuständig, nicht etwa römische Publikanengesellschaften.[16] Im Innern blieb man somit weitgehend frei; die Einschränkung betraf im Kern lediglich die Politik nach außen. Das hieß zwar

---

[14] Vgl. auch SHATZMAN (Anm. 5).

[15] Typischerweise wird von Josephus (ant. 20, 202) berichtet, nach der Hinrichtung von Jacobus hätten manche Juden gegenüber Albinus, der nach Festus die Vertretung Roms in Judaea übernahm, sogar ausgeführt, der Hohepriester habe nicht einmal das Recht, den Sanhedrin wegen einer Kapitalsache einzuberufen.

[16] So freilich SASSE, Geschichte Israels 238.

nicht, dass einzelne Statthalter Syriens nicht immer wieder im Innern Judaeas eingegriffen haben. Doch dies waren immer Einzelaktionen aus einem besonderen, meist militärischen Anlass oder wegen aufständischer Bewegungen. Eine dauerhafte und regelmäßige Präsenz eines römischen Beauftragten hat es in dieser Zeit nicht gegeben. Nur wenn man vom Standpunkt der Zeit vor der Neuregelung durch Pompeius auf die Zeit danach sieht, kann die neue Autonomie als Zeichen des massiven Verfalls gesehen werden, als politischer Niedergang.[17] Dabei ist nicht zu vergessen, dass die einige Jahrzehnte dauernde Freiheit, auch nach außen hin selbst entscheiden zu können, gerade auf der Unterjochung anderer Stämme oder Poleis beruht hatte, deren Bewohner in der Mehrheit oder sogar insgesamt nicht dem jüdischen Volk angehörten. In dieser kurzen Zeit agierten die Führer des jüdischen Volkes selbst als Mittelmacht im Nahen Osten, aber eben um den Preis der Unterwerfung und Unterjochung anderer Völker und Städte. Damit war es jetzt unter direkter römischer Oberaufsicht vorbei.

Die nächsten Jahrzehnte bis zu Octavians, des späteren Augustus', Herrschaft, der seit 30 v. Chr. alleiniger Machthaber in der Mittelmeerwelt war, brauchen hier im Detail nicht zu interessieren. Diese Zeit war auch für das Siedlungsgebiet des jüdischen Volkes zu einem großen Teil mit den Folgen der Bürgerkriege Roms ausgefüllt, mit den Auseinandersetzungen zwischen den verschiedenen senatorischen Generälen, die für sich die Macht in Rom und im Imperium erobern wollten: Pompeius und Caesar, Antonius

---

[17] So z.B. SCHÜRER I 241: „With Pompey's decrees the freedom of the Jewish nation was carried to its grave after barely eighty years of existence." Auch wenn die Makkabäer weithin wie eine hellenistische Mittelmacht agierten, war dennoch die jüdische Nation in ihrer spezifischen Eigenheit stets ein Faktor in der innerjüdischen Sichtweise.

und Octavian, neben denen manche kleineren Figuren ihre Chancen suchten. Die Provinzen und die abhängigen Gebiete wie Judaea hatten ungefragt ihren Teil an den Lasten zu tragen, oft genug den schwereren. Dazu kamen die Einfälle der Parther vom Osten her und die inneren Kämpfe zwischen Dynasten, die Palaestina nicht wenig betrafen. Seit der Mitte der 40er Jahre war auch bereits Herodes daran beteiligt; er war Sohn des Idumäers Antipater, der Caesar größte Dienste erwiesen hatte. Ihm gelang es schließlich, im Jahre 40 v. Chr. durch einen Senatsbeschluss zum König von Judaea ernannt zu werden.[18] Das war für den ersten Augenblick ein leerer Titel, denn die Parther hatten für kurze Zeit den gesamten Osten überrannt, Judaea eingeschlossen; dort hatten sie Antigonus, einen der Söhne Aristobulus II., des letzten Hasmonäers, der vor dem Eingreifen des Pompeius als König agiert hatte, als Herrscher etabliert. Auch er nahm nochmals den Königstitel an und machte sich gleichzeitig zum Hohepriester. Vermutlich hatte gerade diese Konstellation Herodes' Ernennung zum König in Rom ermöglicht, da in den voraussehbaren Kämpfen seine und Roms Interessen zusammenfielen.

Schon im Jahr 39 begann Herodes seinen Kampf gegen Antigonus, aber trotz der späteren Unterstützung durch römische Truppen unter dem Kommando von Gaius Sosius, dem Statthalter Syriens, gelang es erst 37 v. Chr., Jerusalem zu erobern. Offiziell galt dies als ein Sieg der Römer; Gaius Sosius triumphierte nicht umsonst am 3. September 34 v. Chr. *ex Iudaea,* „über Judaea", wie es in den Triumphalfasten heißt, die in Rom aufgestellt waren.[19]

---

[18] Josephus, bell. 1, 282 ff.; ant. 14, 381 ff.

[19] Fasti triumphales Capitolini z. J. 34; siehe Inscriptiones Italiae XIII 1, p. 86 f.; vgl. PIR^2 S 776.

Für das Land war entscheidend, dass damit Herodes' Macht etabliert war. Die nächsten 33 Jahre, bis zu seinem Tod im Jahr 4 v. Chr., gab er die Herrschaft nicht nur über Judaea nicht mehr ab.[20] Freilich befand er sich stets in Abhängigkeit von Rom, gleichgültig wer dort der Machthaber war. Solange der Kampf um die Alleinherrschaft im Imperium Romanum noch nicht entschieden war und Marcus Antonius im Osten dominierte, musste Herodes sich ihm unterordnen, zeitweise sich auch Kleopatra beugen, der Königin von Ägypten, der Antonius die Balsamhaine von Jericho schenkte, obwohl sie mitten im Herrschaftsgebiet des Herodes lagen.[21] Aber für die politische Macht war Herodes zu sehr vielen Konzessionen und Opfern bereit. Das galt nicht weniger gegenüber Octavian, dem späteren Augustus, als dieser nach Actium in den Osten kam. Herodes hatte rechtzeitig, noch vor Antonius' endgültiger Niederlage vor Alexandria, erkannt, wo die Zukunft lag und war zu Octavian übergegangen. Kleopatra hatte ihm dabei unfreiwillig geholfen, da sie Antonius dazu bewogen hatte, Herodes unmittelbar vor der endgültigen Auseinandersetzung mit Octavian einen Feldzug gegen den Nabatäerkönig Malchus aufzutragen. So hatte er an der Schlacht von Actium nicht teilnehmen können. Das erleichterte ihm den Übertritt zu Octavian und rettete ihn vor dem Schicksal anderer, die als Dynasten davongejagt wurden.[22] Aber er überlebte nicht nur, er erwies sich darüber hinaus als ein äußerst nützlicher Verbündeter, nicht nur für Octavian, sondern ebenso auch für dessen mächtigsten Helfer, Agrippa, den Sieger von Actium und später zweiten Machtträger hinter Augustus. So

---

[20] Zuletzt zusammenfassend MILLAR, Roman Near East 27 ff. 337 ff.; N. KOKKINOS, The Herodian Dynasty, London 1998, 304 ff.

[21] Josephus, bell. 1, 361 f.; ant. 15, 96.

[22] Josephus, bell. 1, 386 ff.; ant. 15, 187 ff.

sicherte Herodes nicht nur seine Königsherrschaft, es gelang ihm vielmehr durch eine absolute Loyalität, seine Herrschaft zu erweitern, indem er nie Zweifel an der Suprematie Roms und seines Herrn Augustus, wie dieser seit 27 v. Chr. hieß, aufkommen ließ. Im Gegenteil: Vieles, was er tat, geschah mit der speziellen Intention, sich die politische Freundschaft und damit den Dank des römischen Princeps zu erhalten. Das auffälligste Zeichen war ohne Zweifel die Errichtung einer neuen Hauptstadt in seinem Königreich. Denn Jerusalem als religiöser Mittelpunkt des Judentums war nicht der geeignete Ort für viele der äußeren Zeichen, mit denen Herodes die enge Verbindung mit Rom deutlich machen wollte. Die Folge wäre eine noch tiefere Kluft zu sehr vielen frommen Juden gewesen, die in Herodes ohnehin nur einen Gottlosen sehen konnten. Jerusalem musste, zumindest an der Oberfläche, seine Exklusivität bewahren, trotz mancher Großbauten, die auch dort an Rom, seine Dominanz oder zumindest seinen Einfluss erinnerten.[23] Augustus erkannte diese notwendige Zurückhaltung an und stellte durch eine Stiftung sicher, dass täglich in seinem Namen ein Brandopfer für Jahwe im Tempel dargebracht wurde.[24] Das sollte die richtige Ordnung im Sinne der Frommen demonstrieren. Rom war auf diese Art präsent, aber nicht

---

[23] Dazu gehörten ein Theater und ein Amphitheater, das in einiger Entfernung von Jerusalem „in der Ebene" von Herodes errichtet wurde, aber auch die Palastanlage, deren größte Gebäude er Καισάρειον und Ἀγρίππειον benannte. Siehe dazu z. B. J. PATRICH, Herod's Theater in Jerusalem : A New Proposal, Israel Exploration Journal 52, 2002, 231 ff.; ders., On the Lost Circus of Aelia Capitolina, SCI 21, 2002, 173 ff. Umfassend E. NETZER, The Architecture of Herod the Great Builder, Tübingen 2006.

[24] So jedenfalls nach Philo, leg. ad Gaium 157. 317. Aus Josephus, bell. 2, 197. 409 f. 412 ff. wurde geschlossen, diese Opfer wären auf Kosten der jüdischen Gemeinschaft durchgeführt worden.

unmittelbar Land und Stadt dominierend, vielmehr dessen Gott die Ehre erweisend.

Ganz anders sah es in der neuen Hauptstadt aus, die Herodes am Meer an der Stelle einer früheren Siedlung errichten und nach Caesar Augustus benennen ließ: Caesarea. Josephus gibt eine detaillierte Beschreibung von dem, was dort errichtet wurde und die Ausgrabungen der 90er Jahre des 20. Jahrhunderts haben seine Beschreibung im Wesentlichen bestätigt und in Teilen auch wieder konkret in Erscheinung treten lassen.[25] Zentral war der monumentale Peripteraltempel für Roma und Augustus. Er erhob sich auf einem hohen Podium, das sich 28,6 m in der Breite (Nord-Süd) und 46,4 m in der Länge (West-Ost) erstreckte und über eine gewaltige Freitreppe erreicht wurde. Obwohl Josephus nicht davon spricht, wird eine Inschrift vom Tempelarchitrav herab die Botschaft verkündet haben, wer hier verehrt wurde, vielleicht sogar in vergoldeten Bronzebuchstaben, wie das im augusteischen Rom üblich war.[26] Jeder, der in den inneren Hafen einfuhr, wurde mit dieser neuen Wirklichkeit konfrontiert. Der Herr der Welt wurde im Zentrum dieser Stadt in einem ihm geweihten Tempel

---

[25] Josephus, ant. 15, 331–341; bell. 1, 408–415. Siehe dazu die Literatur bei M. L. FISCHER/A. STEIN, Josephus on the Use of Marble in building Projects of Herod the Great, Journal Jewish Studies 45, 1994, 79 ff.; vgl. ferner vor Erscheinen der endgültigen umfassenden Ausgrabungsberichte die beiden Bände: Caesarea Papers: Straton's Tower, Herod's Harbour, and Roman and Byzantine Caesarea, hg. R. L. VANN, JRA Supp. 5, 1992, sowie Caesarea Papers 2: Herod's temple, the provincial governor's *praetorium* and granaries, the later harbour, a gold coin hoard, and other studies, hg. K. G. HOLUM/A. RABAN/J. PATRICH, JRA Suppl. 35, 1999.

[26] Vgl. G. ALFÖLDY, Augustus und die Inschriften: Tradition und Innovation. Die Geburt der imperialen Epigraphik. Gymnasium 98, 1991, 289 ff.

kultisch verehrt.[27] Die Einfahrt zu dem erst von Herodes geschaffenen mächtigen Doppelhafen flankierten zwei gewaltige Leuchttürme, nicht unähnlich dem Eindruck, den der Hafen von Alexandria mit seinem mächtigen Pharos machte. Wie Josephus berichtete, wurde der größte und schönste der beiden Türme nach Drusus, dem jüngeren Stiefsohn des Augustus, Drusion (Δρούσιον) benannt.[28] Für den zweiten Leuchtturm, dessen Fundament bei den Unterwasseruntersuchungen entdeckt wurde, wird von Josephus kein spezieller Name angegeben,[29] doch ist kaum ein Zweifel möglich, dass dieser die Bezeichnung *Tiberieum* (Τιβεριεῖον) trug.[30]

---

[27] Josephus, ant. 15, 339. Siehe K. G. Holum, The Temple Platform: progress report on the excavations, in: Caesarea Papers 2 (Anm. 25) 12 ff.; K. G. Holum/J. Stabler, A Warehouse Quarter (area LL) and the Temple Platform (area TP), 1996–2000 and 2002 Seasons, Caesarea Papers 3 (im Druck; K. Holum hat mir dankenswerterweise Einsicht in das Manuskript gewährt).

[28] Josephus, bell. 1, 412; ant. 15, 336: hier Δρούσος genannt.

[29] Möglicherweise wurde zunächst nur der eine Turm entsprechend benannt, weil Drusus gerade zum Zeitpunkt des Abschlusses der Bauarbeiten in Caesarea in Germanien 9 v. Chr. gestorben war; siehe auch unten Anm. 32 zur Interpretation von L.-M. Günther. Zum Hafen siehe R. L. Hohlfelder, The changing fortunes of Caesarea's harbours in the Roman period, in: Caesarea Papers 2 (Anm. 25) 75 ff.

[30] Der Text der berühmten Inschrift lautet: *[Nauti]s Tiberieum / [-- Po]ntius Pilatus / [praef]ectus Iudae[a]e / [ref]e[cit]* = *„[Für die Seeleute] hat Pontius Pilatus, Präfekt von Judaea, (den Leuchtturm) Tiberieum wiederherstellen lassen."* Die Rekonstruktion dieser Inschrift durch G. Alföldy ist nach meinem Urteil in jeder Hinsicht überzeugend; siehe seinen Beitrag: Pontius Pilatus und das Tiberieum von Caesarea Maritima, SCI 18, 1999, 85 ff.; Ders., Nochmals: Pontius Pilatus und das Tiberieum von Caesarea Maritima, SCI 21, 2002, 133 ff.; vgl. AE 1999, 1681 = 2002, 1556. Dass an einem Leuchtturm speziell die Seeleute als diejenigen erwähnt werden, für die das Bauwerk errichtet wurde, ersieht man etwa an einer neuen Inschrift, die von der Errichtung eines

Auf diesen Turm ist nämlich die seit ihrer Auffindung im Jahre 1958 berühmte Inschrift zu beziehen, in der Pontius Pilatus in Verbindung mit einem *Tiberieum* erscheint.[31] Die meisten früheren Rekonstruktionen des Textes hatten schlicht die Maße des Steines und den Typ der Inschrift nicht ernst genommen und sind zum Teil zu phantastischen Rekonstruktionen gekommen, vor allem auch im Kontext eines angeblichen Herrscherkults für Tiberius. Doch nach der neuen Ergänzung errichtete Pontius Pilatus kein neues Bauwerk, vor allem kein Heiligtum für Tiberius, vielmehr erneuerte er einen Leuchtturm, der den Namen *Tiberieum* trug, zum Vorteil der Seeleute.

So waren, wenn man die Interpretation der Inschrift akzeptiert, schon in der Hafeneinfahrt zwei Mitglieder der in Rom herrschenden Familie, der *domus Augusta,* präsent; und im inneren Hafen erwartete der Tempel des Herrschers der Welt die Reisenden.[32] All dies war das Werk des Herodes,

---

Leuchtturms (Pharos) und seines Gegenstücks, eines Antipharos, an der Einfahrt zum Hafen von Patara in der Provinz Lycia im Süden der Türkei berichtet (der Text wird in Kürze publiziert werden).

[31] Erstpublikation von A. FROVA, L'iscrizione di Pontio Pilato a Cesarea, Rendiconti del Istituto Lombardo 95, 1961, 419 ff. = AE 1971, 477; siehe ferner BOFFO, 217 ff.; LEHMANN/HOLUM, Inscriptions Nr. 43. Die gesamte sonstige Literatur bei BOFFO und ALFÖLDY (Anm. 30).

[32] Die Einwände von L.-M. GÜNTHER, Herodes, Caesar (Augustus) und Caesarea, in: Herodes und Rom, hg. L.-M. GÜNTHER, Stuttgart 2007, 79 ff. sind nicht nachzuvollziehen. Daß der Turm, den Josephus Druseion nennt, von den Bewohnern von Caesarea ausgerechnet nach Germanicus, dem Sohn des älteren Drusus benannt worden sein soll, der aber sonst nie mit dem Einzelnamen Drusus bezeichnet wird, ist völlig unwahrscheinlich. Die gesamte Argumentation um die Türme leidet an zu vielen nicht nötigen Voraussetzungen. Gerade die Inschrift mit der analogen Bezeichnung Tiberieum stützt die Zuweisung an Drusus den Älteren. Dabei ist nicht zu vergessen, dass die Inschrift bereits eine komplette Restaurierung des Bauwerks bezeugt; das weist

der auch durch andere Zeichen wie die Errichtung einer Rennbahn für Zirkusspiele unmittelbar am Strand seine Verbundenheit mit der Lebenswelt Roms unterstrich.[33]

Nicht weniger verwies die Wiederbegründung von Samaria, das den Namen Sebaste erhielt, auf den Herrscher in Rom; ein Tempel für den Αὐτοκράτωρ Καῖσαρ Σεβαστός, für *Imperator Caesar Augustus,* konnte dort nicht fehlen.[34] Später wurde auch Augustus' einflussreiche Frau Livia in das Programm der engen Bindung eingeschlossen, denn eine weitere Stadt, die Herodes' Sohn Antipas im Ostjordanland anlegen ließ, wurde nach ihr Iulias bzw. Livias benannt.[35] Und natürlich konnte Agrippa, der eigentliche Sieger von Actium, nicht fehlen; Anthedon an der Küste erhielt nach dem Wiederaufbau des Ortes den neuen Namen Agrippias.[36] Wie Josephus formulierte: „Er ließ keinen Platz seines Königreiches, der irgendwie dafür geeignet war, ohne

eher auf eine länger zurückreichende Zeit hin. – Dass L.-M. Günther im Zusammenhang mit dem Tiberieum Pontius Pilatus unhistorisch als *procurator* statt als *praefectus* bezeichnet, ist überraschend. Denn die Bezeichnung *praefectus* ist nicht nur eine formelle, sondern eine inhaltliche Aussage.

[33] Y. Porath, Herod's „amphitheatre" at Caesarea: a multipurpose entertainment building, in: The Roman and Byzantine Near East: Some Recent Archaeological Research, hg. J. Humphrey, JRA Supp. 14, 1995, 15 ff.; J. Patrich, The carceres of the Herodian hippodrome/stadium at Caesarea Maritima and Connections with the Circus Maximus, in: JRA 14, 2001, 269 ff.; Y. Porath, Herod's Circus at Caesarea: A response to J. Patrich (JRA 14, 269–83), in: JRA 16, 2003, 451 ff.; J. Patrich, More on the Hippodrome-Stadium of Caesarea Maritima: A Response to the Comments of Y. Porath, in: ibid. 456 ff.

[34] Josephus, bell. 1, 403; ant. 15, 296 ff. Siehe dazu Bernett, Kaiserkult, 66 ff.

[35] Josephus, ant. 18, 27; Eusebius, Onomasticon 49, 14 f.: Livas = Iulias.

[36] Josephus, bell. 1, 87. 416; ant. 13, 357.

ein Zeichen, durch das Caesar (Augustus) geehrt wurde. Nachdem er sein eigenes Land dicht mit Tempeln besetzt hatte, überschüttete er schließlich die ihm untertanen Gebiete mit Bauten, die Caesar Augustus ehren sollten, und erbaute deshalb in vielen Städten Caesareia."[37]

Herodes' Loyalität gegenüber Augustus war natürlich nicht altruistisch, sondern massiv von seinen eigenen Interessen geleitet. Alles diente der Sicherung und Ausweitung seiner Herrschaft. Das Gebiet, das er am Ende in Händen hielt, dehnte sich deutlich über den eigentlichen jüdischen Siedlungsbereich aus, erreichte fast wieder das von den Hasmonäern unter ihre Herrschaft gezwungene Gebiet, eingeschlossen natürlich Jericho mit den Balsamhainen, ferner die Peraia östlich des Jordan, die Gaulanitis, Batanaea und die Trachonitis auf dem Golan und in dessen Osten. Selbst die Küstenstädte außer Ascalon, ferner auch Hippos auf dem Golan und Gadara südöstlich des Sees Genezareth waren bereits 30 v. Chr. wieder unter seine Herrschaft gekommen. Augustus wusste, welch wertvoller Bundesgenosse der jüdische König war. So wurden ihm sukzessive weitere Gebiete unterstellt, in denen er, ohne dass Rom sich direkt engagieren musste, für Ruhe und Tribut zu sorgen hatte. Freilich hat sein Verhalten im Innern zu deutlichen Spannungen mit verschiedenen Gruppen der Bevölkerung geführt, nicht zuletzt mit einflussreichen Teilen der Priesterschaft sowie der Pharisäer. Selbst der bewundernswerte Neubau des Jerusalemer Tempels konnte die Spannungen nicht dämpfen, obwohl sich niemand gegen dieses Projekt stellen konnte. Herodes war zu sehr ein Herrscher, dessen Vorbilder in der Vergangenheit der hellenistischen Dynastien lagen, und dessen Verhalten sich

[37] Josephus, bell. 1, 407.

an dem Lebensstil orientierte, den die führende römische Gesellschaft mit Prunk und ohne Hemmungen nach außen demonstrierte. Ein Beispiel dafür sind die Amphoren, die in den königlichen Speichern auf Masada gefunden wurden, deren Aufschriften zeigen, woher der Wein und andere Luxusgüter gekommen sind. Die Amphoren mit ihren Dipinti stellen dokumentarisches Material dar, das nicht von der Sichtweise einer Partei beeinflusst ist, wie dies bei vielen sonstigen literarischen Quellen zu greifen ist. Diese Aufschriften zeigen, dass verschiedene Weinsorten für den *rex Iudaicus* geliefert wurden, nach aller Wahrscheinlichkeit aus Italien, ebenso Obst verschiedener Sorte. Eine Aufschrift aus dem Jahr 19 v. Chr. lautete:[38]

G(aio) Sentio Saturnino cos.
(vinum) Philonianum
reg(is) Herod(is) Iudaic(i).

Das musste manchen als Luxus pur erscheinen. Doch die Befunde auf Masada zeigen, dass Herodes bemüht war, seine jüdischen Untertanen nicht in allem zu provozieren und durchaus Rücksicht auf ihre religiösen Vorstellungen nahm. Denn die Reste von Fischsauce, dem berühmten *garum,* die sich in Amphoren auf Masada erhalten haben, zeigen, dass er eine Sorte von *garum* kommen ließ, das den halachischen Vorschriften über koschere Meeresprodukte entsprach.[39] Wer hätte dies so leichthin von ihm erwartet? Auch Plinius der Ältere hat vermutlich in seiner *naturalis historia* einen

---

38 H. M. Cotton/J. Geiger, Masada II, Jerusalem 1989, 149 ff. Wie Hannah Cotton mir gegenüber mündlich betonte, darf *rex Iudaicus* freilich nicht als König der Juden übersetzt werden, sondern als König in Judaea.

39 H. M. Cotton/O. Lernau/Y. Goren, Fish Sauces from Herodian Masada, in: JRA 9, 1996, 223 ff.

Reflex auf diese Überlieferung bewahrt;[40] zumindest ergibt sich aber aus seinem Hinweis, dass offensichtlich im Westen koscheres Garum produziert wurde, selbst wenn die Erklärung, die er gibt, völlig irrig ist. Somit darf man vielleicht doch schließen, dass Herodes Wert darauf legte, sein Bemühen publik zu machen. Denn hätte der römische Autor ohne ein auffälliges Ereignis oder eine entsprechende Nachricht davon Kenntnis erhalten? Und trotz allen sonstigen Prunks hat Herodes selbst in den so weit von den Augen des allgemeinen Volkes entfernten Palästen Masadas in Mosaiken und Wandmalereien nur bildlose Dekorationen zugelassen; das waren bewusste Demonstrationen, die bei den jüdischen Besuchern Eindruck machen sollten. Seine innerjüdischen Kritiker hat er damit dennoch nicht besänftigen können.

Das zeigte sich unmittelbar nach Herodes' Tod 4 v. Chr. Sein Sohn Archelaus, der nach dem Willen des Vaters sein Nachfolger als König werden sollte, während seine Brüder mit kleineren Teilen des Herrschaftsgebiets abgefunden wurden, wusste, dass der väterliche Wille ohne Zustimmung von Augustus' Seite nicht durchsetzbar war. So begab er sich nach Rom, wie auch sein Bruder Antipas. Dort erschien freilich noch eine weitere offizielle Gesandtschaft der Juden aus Jerusalem, deren weitestgehende Forderung war, keinen der Nachkommen des Herodes zu berücksichtigen, sondern das jüdische Volk, das *ἔθνος τῶν Ἰουδαίων,* ohne monarchische Spitze unter römischer Herrschaft leben zu

---

[40] Plinius, nat. hist. 31, 95 = STERN Nr. 223: *aliud vero ... castimoniarum superstitioni etiam sacrisque Iudaeis dicatum, quod fit e piscibus squama carentibus* = „eine andere (Art des *garum*), das aus Fischen ohne Schuppen hergestellt wird, ist wegen der abergläubigen sexuellen Enthaltsamkeit und der Kulthandlungen der Juden vorgesehen"; siehe COTTON/LERNAU/GOREN (Anm. 39) 236 ff.

lassen.[41] In welcher konkreten Form die Gesandten oder ihre Auftraggeber sich diese Herrschaft vorstellten, ist uns zumindest heute nicht mehr klar. In den Antiquitates lässt Josephus die Gesandten sagen, sie wollten frei sein von der Königsherrschaft, an die Provinz Syrien angeschlossen und deren Statthalter unterstellt werden.[42] Vielleicht wollten sie erneut einen Status erreichen wie nach der Regelung durch Pompeius im Jahr 63 v. Chr., also eine weitgehende innere Autonomie, ohne dauerhaften und direkten römischen Repräsentanten in Judaea selbst. Jedenfalls zeigt die Gesandtschaft, dass es in Judaea größere einflussreiche Gruppen gab, die die relativ distanzierte Herrschaft der Römer eher als geeignet ansahen, die innere Autonomie, wie immer diese inhaltlich gesehen wurde, zu erhalten als die unmittelbar präsente Herrschaft der Herodesfamilie. Augustus entschied jedoch nicht im Sinne der Gesandtschaft, obwohl auch deren Gegenseite enttäuscht wurde. Archelaus wurde zwar bestätigt, allerdings nur mit dem Titel eines Ethnarchen, nicht mehr eines Königs. Die Küstenstadt Gaza sowie Gadara und Hippos im Norden der Decapolis wurden erneut dem Statthalter von Syrien unterstellt. Antipas wurde Tetrarch in Galiläa und der Peraia, sein Bruder Philippus in der Trachonitis, Gaulanitis, Auranitis und in Batanaea.[43] Über allem aber schwebte die römische Macht in der Gestalt des Statthalters von Syrien, wie sich während der Abwesenheit des Archelaus in Rom mehr als deutlich gezeigt hatte. Denn Unruhen, die damals in Jerusalem ausbrachen,

---

[41] Josephus, bell. 2, 80 ff.

[42] Josephus, ant. 17, 314. Siehe dazu D. R. Schwartz, Rome and the Jews: Josephus on ‚Freedom' and ‚Autonomy', in: Representations of Empire. Rome and the Mediterranean World, hg. A. K. Bowman/H. M. Cotton/M. Goodman/S. Price, Oxford 2002, 65 ff.

[43] Josephus, bell. 2, 93 ff.; ant. 17, 317 ff.

wurden von Quinctilius Varus, dem späteren glücklosen Oberkommandierenden während des Todesmarsches der Römer im *saltus Teutoburgiensis* in Germanien im Jahr 9 n. Chr., mit militärischer Gewalt niedergeworfen. Zum Schutz ließ Varus sogar eine Legion in der Stadt zurück. Anlass für die Unruhen war gewesen, dass der Prokurator von Syrien, Sabinus, sich sogleich nach dem Tod von Herodes daran gemacht hatte, die vom verstorbenen König zurückgelassenen Schätze in Jerusalem sicherzustellen. Doch er konfiszierte auch 400 Talente aus dem Tempelschatz. Es sah so aus, als ob Rom das Land bereits voll in die eigene Verfügung übernommen hätte.

Soweit war es noch nicht; vermutlich galt der letzte Wille des loyalen Königs bei Augustus mehr als die Wünsche seiner Untertanen. Ob mit der Rückkehr des Archelaus das geraubte Gut restituiert wurde, ist nicht bekannt; sehr wahrscheinlich ist es nicht.

Archelaus' Herrschaft dauerte nur rund 9 Jahre, bis zum Jahr 6 n. Chr. Er verstand es nach den uns vorliegenden Berichten in keiner Weise, der Bevölkerung, vor allem aber den führenden Gruppen der jüdischen, aber auch der samaritanischen Gesellschaft, den Eindruck zu vermitteln, dass er geeignet sei, das Land zu führen. Die Spannungen wurden so groß, dass schließlich eine Gesandtschaft der Juden und der Samaritaner nach Rom ging und von Augustus die Absetzung des Ethnarchen forderte.[44] Wenn der Princeps trotz seiner gegenteiligen Entscheidung nur ein Jahrzehnt früher nunmehr dieser Forderung nachkam, dann müssen die Gründe sehr zwingend gewesen sein. Denn bisher hatte die indirekte Herrschaft in der Region

---

[44] Josephus, bell. 2, 111 ff.; ant. 17, 342 f.; Cassius Dio 55, 27, 6 = STERN Nr. 418.

eher Vorteile gebracht. Augustus hatte wohl auch durchaus eine Vorstellung davon, dass durch die Herrschaft eines Klientelkönigs Rom nicht stets direkt bei der Bevölkerung für alles verantwortlich gemacht wurde, was dort geschah, nicht einmal unbedingt für das, was tatsächlich durch Rom veranlasst wurde. Jetzt aber, nach den erneuten Forderungen der jüdischen Führungsschicht, erschien es dem Princeps notwendig, die indirekte Herrschaft in eine direkte umzuwandeln. Augustus tat nun das, worum man ihn schon 4 v. Chr., nach dem Tod des Herodes, gebeten hatte. Der Herrschaftsbereich des Archelaus wurde provinzialisiert. Die Klientelfürstentümer der beiden anderen Herodessöhne aber wurden nicht betroffen. Es war nur ein Teilgebiet, allerdings das jüdische Kernland, das damit unter direkte römische Herrschaft kam.

Judaea wurde unter direkte römische Herrschaft gestellt. Doch – und dies ist mit Nachdruck zu betonen – *es wurde nicht zu einer eigenen Provinz gemacht.* Das wird nicht selten vergessen, wenn von der Provinzialisierung Judaeas gesprochen wird. Doch „Provinzialisierung Judaeas“ und „Judaea zu einer Provinz machen“ meint nicht dasselbe. Denn das erste meint nur, dass Judaea von da an einem römischen Amtsträger unterstand, während das zweite die Schaffung einer unabhängigen Provinz bezeichnet. 6 n. Chr. erfolgte nur eine Provinzialisierung des Gebiets, es gab nicht etwa schon die „Provinz Judaea“, wie wir sie später kennen. In der älteren Literatur wird dies zwar generell so gesehen und auch in der neueren ist dies noch weithin üblich.[45]

[45] Die gesamte Literatur, in der dies erscheint, anzuführen, würde zu weit führen und auch keinen Ertrag bringen. Doch siehe z. B. M. Sasse, Innerjüdische Ereignisabläufe bis zum Bar Kochba-Aufstand, in: Neues Testament und Antike Kultur 191, der zum Jahr 6 von Judaea als Provinz und dem Präfekten als Statthalter spricht; im selben

Dennoch trifft es nicht zu. Der Grund für diese irrige Ansicht liegt wesentlich in der Formulierung und Auswertung der Quellen, speziell der Aussagen des Josephus, ferner in einigen Sätzen des Tacitus und des Neuen Testaments. Dabei ist zu betonen, dass alle antiken Autoren, die uns erhalten sind, in einer Zeit schrieben, als sich der Status von Judaea bereits grundsätzlich gewandelt und insbesondere die administrativen Strukturen im Imperium eine deutliche Veränderung gegenüber früher durchgemacht hatten.

Im bellum Iudaicum 2, 117 schreibt Josephus, das Gebiet des Archelaus sei zur Provinz gemacht worden und als ἐπίτροπος, lateinisch *procurator,* sei ein Coponius gesandt worden, der ritterlichen Ranges gewesen sei und dem der Caesar eine Amtsgewalt zugestanden habe, die die Kapitalgerichtsbarkeit einschloss.[46] Hätte man diese Stelle allein

---

Band wird S. 186 von W. Chr. Schneider der Sachverhalt richtig dargestellt. Auch G. O. Kirner, Strafgewalt und Provinzialherrschaft. Eine Untersuchung zur Strafgewaltspraxis der römischen Statthalter in Judaea (6–66 n. Chr.), Berlin 2004, 138 ff. spricht ab 6 n. Chr. stets vom Statthalter von Judaea. Durchgehend irrig auch z. B. J. Curran, ‚The long hesitation': Some Reflections on the Romans in Judaea, Greece and Rome 52, 2005, 70 ff., der stets von der province of Judaea seit 6 n. Chr. spricht im Gegensatz zur Provinz Syria (andere als englische Literatur ist ihm [ein Titel ausgenommen] unbekannt!); ferner spricht Wilker, Für Rom und Jerusalem, ab dem Jahr 6 n. Chr. stets von der Provinz Judaea (und grundsätzlich dabei auch vom Statthalter, wenn die Präfekten gemeint sind), ebenso auch E. Gabba, in: The Cambridge History of Judaism III, Cambridge 1999, 134 f.; unpräzis und verwirrend S. Schwartz, in: The Cambridge History of Judaism IV, Cambridge 2006, 25 mit Anm. 2: Judaea war in der Zeit von 6–66 n. Chr. niemals „in some ways … a private imperial estate… in still others, a normal imperial province" Zu Manchem, was im Folgenden erörtert wird, siehe auch H. M. Cotton, Some Aspects of the Roman Administration of Judaea/Syria-Palaestina, in: Eck, Autonomie, 75 ff.

[46] Τῆς δὲ ᾽Αρχελάου χώρας εἰς ἐπαρχίαν περιγραφείσης ἐπίτροπος τῆς ἱππικῆς παρὰ ῾Ρωμαίοις τάξεως Κωπώνιος πέμπεται μέχρι τοῦ κτείνειν λαβὼν

und auch keine späteren Nachrichten, dann könnte, ja müsste man zu der Auffassung gelangen, das Gebiet des Archelaus, also Judaea im engeren Sinn, sei damals in eine eigenständige Provinz umgewandelt und dem direkten Befehl eines ritterlichen Prokurators unterstellt worden. Der Prokurator hätte somit als Statthalter fungiert. Damit wäre er der erste Präsidialprokurator gewesen, der nach der Etablierung der augusteischen Alleinherrschaft im Imperium Romanum ernannt worden wäre. Was das bedeuten würde, darauf soll später eingegangen werden.

Doch Josephus spricht auch noch an anderer Stelle, in den weit später verfassten Antiquitates Iudaicae 18, 1 f., von dem Geschehen im Jahr 6 n. Chr. Da heißt es: Quirinius, ein römischer Senator konsularen Ranges, sei nach Syrien gekommen, gesandt von Caesar als δικαιοδότης τοῦ ἔθνους, als „Richter des Volkes" (womit nur das jüdische gemeint sein kann), und als *censor* für den Besitz (τιμητὴς τῶν οὐσιῶν). Dies aber meint, er hatte den Auftrag, eine Volks- und Vermögenszählung, einen *census*, durchzuführen. Zusammen mit Quirinius sei Coponius abgeordnet worden, ein Mann ritterlichen Ranges, der die Juden mit umfassender Vollmacht regieren sollte.[47] Quirinius sei nach Judaea gekommen, das zu einem „Anhängsel" (προσθήκη) von Syrien gemacht worden sei. Eine Funktionsbezeichnung für Coponius führt Josephus an dieser Stelle nicht an. Aus den Antiquitates ergibt sich also ein wesentlich anderer Eindruck als aus dem Bellum Iudaicum. Denn in den Antiquitates ist Quirinius,

---

παρὰ Καίσαρος ἐξουσίαν = „Das Gebiet des Archelaus wurde in eine Provinz umgewandelt, und als Prokurator wurde Coponius, ein Mann aus dem römischen Ritterstand, entsandt; er empfing von Caesar obrigkeitliche Gewalt einschließlich des Rechts, die Todesstrafe zu verhängen."

[47] Die gemeinsame Abordnung mit Quirinius wird auch Josephus, ant. 18, 29 nochmals betont.

der Statthalter von Syrien, derjenige, der auch für Judaea zuständig ist. Das ergibt sich vor allem daraus, dass von Judaea gesagt wird, es sei Syrien angeschlossen worden, also ein Teil dieser Provinz gewesen und unter diesem Namen subsumiert worden, in genau derselben Formulierung, wie die jüdische Delegation, die nach dem Tod des Herodes gegen Archelaus auftrat, dies von Augustus gefordert hatte.[48] Auch an einer zweiten Stelle in den Antiquitates spricht Josephus davon, Judaea sei Syrien hinzugefügt worden.[49] Das heißt ganz eindeutig, dass Augustus aus Judaea keine selbständige Provinz machte, es vielmehr nur Teil der Provinz Syrien wurde. Was aber wäre dann Coponius gewesen, welche Funktion hatte er, von dem doch umgekehrt gesagt wird, er sollte die Juden mit umfassender Vollmacht regieren? Bevor diese Frage beantwortet werden kann, sind noch die anderen Zeugnisse für die Funktionsbezeichnungen der Nachfolger des Coponius anzuführen:[50]

Coponius:

Josephus, ant. 18, 2: Κωπώνιός τε αὐτῷ συγκαταπέμπεται τάγματος τῶν ἱππέων, ἡγησόμενος Ἰουδαίων τῇ ἐπὶ πᾶσιν ἐξουσίᾳ = „mit

---

48 Josephus, ant. 17, 314; siehe oben zu Anm. 42.

49 Josephus, ant. 17, 355. Vgl. Tacitus, ann. 12, 23 = Stern Nr. 287: *Ituraeique et Iudaei defunctis regibus Sohaemo atque Agrippa, provinciae Syriae additi* = „die Ituraeer und Juden wurden, nachdem ihre Könige Sohaemus und Agrippa gestorben waren, der Provinz Syrien angeschlossen." Gegen die Bedenken wegen Galiläa und Samaria bei Stern im Kommentar zu Nr. 287 sollte auf die Inschrift verwiesen werden, in der noch unter Domitian ein Präfekt der Decapolis erscheint, siehe unten Anm. 73. Innerhalb einer Provinz, und das heißt in diesem Fall, innerhalb der Provinz Syrien, kann es nebeneinander mehrere Regionen gegeben haben, die, unter der Gesamtleitung des senatorischen Statthalters, von ritterlichen Präfekten geleitet wurden.

50 Die griechischen Begriffe werden jeweils mit dem lateinischen Pendant angeführt.

ihm war Coponius, ein Mann ritterlichen Standes, zur Wahrnehmung der höchsten Gewalt in Judaea abgeschickt worden."

Josephus, bell. 2, 117: ἐπίτροπος (epitropos) = *procurator.*[51]

M. Ambibulus:

Josephus, ant. 18, 31: διάδοχος (= Nachfolger des Coponius).[52]

Annius Rufus:

Josephus, ant. 18, 32: διάδοχος (= Nachfolger des Ambibulus).

ant. 18, 33: ἔπαρχος (eparchos) διάδοχος = *praefectus* (und Nachfolger).

Valerius Gratus:

Josephus, ant. 18, 33: ἔπαρχος (eparchos) = praefectus.

ant. 18, 177: διοικήσας τὸ ἔθνος = „der die Verwaltung des Volkes innehatte".

Pontius Pilatus:[53]

SCI 18, 1999, 85 ff.: *[praef]ectus Iudae[a]e.*[54]

Philo, leg. ad Gaium 299: ἐπίτροπος τῆς Ἰουδαίας = *procurator Iudaeae.*

Matthaeus 27, 2. 11. 14 f. 21. 27: ἡγεμών = „Gouverneur".

Luc. 3, 1; 20, 20: ἡγεμών = „Gouverneur".

Josephus, bell. 2, 169: ἐπίτροπος = *procurator.*

Josephus, ant. 18, 35: διάδοχος (= Nachfolger des Gratus).

Josephus, ant. 18, 55: ὁ τῆς Ἰουδαίας ἡγεμῶν = „der Gouverneur Judaeas".

---

[51] Siehe oben zu Anm. 46.

[52] Vgl. Zonaras 6, 3.

[53] Sein Name erscheint noch auf einer Inschrift aus dem nördlichen Galatien. In dieser Grabinschrift wird auf Pilatus verwiesen, vor dem Jesus Christus Zeugnis abgelegt habe; siehe Regional Epigraphic Catalogues of asia Minor II. The Ankara District. The Inscriptions of North Galatia, hg. St. Mitchell, Oxford 1982, 186.

[54] Siehe dazu schon oben Anm. 30.

Josephus, ant. 18, 177: διοικήσας τὸ ἔθνος[55] = „der die Verwaltung des Volkes innehatte".

Tacitus, ann. 15, 44, 3: *procurator.*

Marullus:

Josephus, ant. 18, 237: ἱππάρχης = ἔπαρχος? = *praefectus.*

C. Cuspius Fadus:

Josephus, bell. 2, 220; ant. 15, 406; 20, 97: ἐπίτροπος = *procurator.*

Josephus, ant. 19, 363: ἔπαρχος τῆς Ἰουδαίας καὶ τῆς ἁπάσης βασιλείας = „*praefectus* von Judaea und dem gesamten Königreich".[56]

Josephus, ant. 15, 406: ὁ τῆς Ἰουδαίας ἐπίτροπος = *procurator.*

Josephus, ant. 20, 2: ἐπίτροπος = *procurator.*

Josephus, ant. 20, 97: τῆς Ἰουδαίας ἐπιτροπεύοντος = „der als *procurator* in Judaea tätig war".

Ti. Iulius Alexander:

Josephus, bell. 2, 220. 223: ἐπίτροπος = *procurator.*[57]

---

[55] Vgl. ant. 18, 56: οἱ πρότερον ἡγεμόνες = „die (römischen) Beauftragten (in Judaea) vor ihm". Bei Bezeichnungen wie ἡγεμόνες ist zu beachten, dass Josephus sie völlig unspezifisch verwendet und nicht selten völlig unterschiedliche Kategorien von Amtsträgern darunter subsumiert. Deshalb darf man ἡγεμόνες nicht einfach mit Statthalter übersetzen. Siehe dazu W. Eck, Die Benennung von römischen Amtsträgern und von römischen politisch-militärisch-administrativen Funktionen bei Josephus – Probleme der korrekten Identifizierung (erscheint zusammen mit einem Beitrag von C. Eilers in einem der nächsten Bände der ZPE).

[56] Nach Sasse, Geschichte Israels 300 wäre er der erste Prokurator für ganz Palästina gewesen, wobei offensichtlich Josephus, ant. 19, 363 wörtlich genommen wird, wobei freilich Josephus gerade dort von einem *eparchos* spricht.

[57] Bei Josephus, bell. 2, 492 wird er während seiner Statthalterschaft in Ägypten ὁ τῆς πόλεως ἡγεμών = Gouverneur der Polis (Alexandria) genannt. Diese Stelle hat offensichtlich Noethlichs, Das Judentum

Ventidius Cumanus:

Josephus, bell. 2, 223: ἐπίτροπος = *procurator.*

Josephus, ant. 20, 105: τὰ κατὰ τῆν 'Ιουδαίαν πράγματα διοικήσας = „der Judaea verwaltete".

Josephus, ant. 20, 107: οἱ πρὸ αὐτοῦ τῆς 'Ιουδαίας ἐπιτροπεύσαντες = „die *procuratores* von Judaea vor ihm".

Josephus, ant. 20, 132: ἐπίτροπος = *procurator.*

Tacitus, ann. 12, 54, 3: *atque interim Felix ... accendebat, aemulo ad deterrima Ventidio Cumano, cui pars provinciae habebatur, ita divisis, ut huic* (sc. *Cumano*) *Gallilaeorum natio, Felici Samaritae parerent* = „inzwischen heizte Felix ... die Situation an; er wetteiferte dabei mit Ventidius Cumanus, dem ein Teil der Provinz unterstand, wobei die Verantwortung so geteilt war, dass ihm (sc. Cumanus) die Leute in Galiläa, Felix aber die Samaritaner gehorchten".

M. Antonius Felix:

Josephus, bell. 2, 247. 252. 271: ἐπίτροπος = *procurator.*

Josephus, ant. 20, 142. 162: τῆς 'Ιουδαίας ἐπετροπεύς = *procurator.*

Josephus, ant. 20, 142: τῆς 'Ιουδαίας ἐπετροπεύς = *procurator.*

Josephus, ant. 20, 162: τῆς 'Ιουδαίας ἐπίτροπος = *procurator.*

Acta apostolorum 23, 25. 26. 33; 24, 1. 10: ἡγεμών = „Gouverneur".

Tacitus, ann. 12, 54, 3: *ita divisis, ut huic (sc. Cumano) Gallilaeorum natio, Felici Samaritae parerent* (siehe oben); vgl. auch Tacitus, ann. 12, 54, 4.[58]

---

und der römische Staat (Anm. 5) 18 auf die Zeit in Judaea bezogen. Wenn Ti. Iulius Alexander nach seiner Position in Iudaea *procurator* von Syrien wurde (siehe AE 1978, 819), ist es nicht sehr wahrscheinlich, dass er zuvor Präsidialprokurator war; vgl. M.-G. Granino Ceccere/ A. Magioncalda, Mélanges de l'École Française de Rome, Antiquité 115, 2004, 615 ff.

[58] Auch aus dieser Passage muß man schließen, dass Judaea ein Teil der Provinz Syria war; denn wenn Claudius dem Ummidius Qua-

Suet. Claud. 28, 1: *Felicem, quem cohortibus et alis provinciaeque Iudaeae praeposuit* = „Felix, den (Claudius) mit dem Befehl über die Kohorten und Alen und die Provinz Judaea betraute".

Porcius Festus:

Josephus, bell. 2, 271: ἐπίτροπος = *procurator.*

Josephus, ant. 20, 182: διάδοχος.

Josephus, ant. 20, 197: ἔπαρχος = *praefectus.*

Lucceius Albinus:

Josephus, bell. 6, 303: ἔπαρχος = *praefectus*

Josephus, ant. 20, 197: ἔπαρχος = *praefectus.*

Zonaras 6, 17: ἐπίτροπος = *procurator.*

Gessius Florus:

Josephus, ant. 20, 257: ἐπίτροπος = *procurator.*

Josephus, ant. 18, 25: ἡγεμών = „Gouverneur".

Tacitus, hist. 5, 10, 1: *procurator.*

Der Überblick vermittelt folgende Einsichten: Für die beiden Personen, die nach Coponius dessen Aufgabe in Judaea übernahmen, haben wir über die Funktionsbeschreibung hinaus keine weiteren Angaben über ihre Stellung. Doch Valerius Gratus, den dritten Nachfolger, benennt Josephus ἔπαρχος, was dem lateinischen Wort *praefectus* entspricht. Dessen Nachfolger aber, Pontius Pilatus, der als einziger über den engen Kreis der Gelehrten hinaus ins allgemeine Bewusstsein eingedrungen ist, wird wiederum

---

dratus, dem Legaten von Syrien, auch das Recht gegeben hatte, selbst über die Prokuratoren zu richten, dann waren das gerade Ritter, die innerhalb seiner Provinz tätig waren, weshalb auch Quadratus, als ein Krieg zwischen Galiläern und Samaritanern drohte, dort unmittelbar eingegriffen hatte. Zu Felix vgl. auch noch Tacitus, hist. 5, 9, 3, wo Tacitus erneut von römischen Rittern spricht, denen Claudius Iudaea als Provinz übergab.

von Josephus, vor allem aber von Tacitus als *procurator* = ἐπίτροπος bezeichnet, wie bereits Coponius.[59] Für Pontius Pilatus' Nachfolger wird dann öfter der Terminus ἐπίτροπος = *procurator* verwendet, doch findet sich auch noch weiterhin die Bezeichnung *eparchos* = *praefectus,* einmal, bei Antonius Felix, könnte man die Bezeichnung *praepositus* voraussetzen, was jedoch sicher kein Terminus war. Gerade für einen der allerletzten ritterlichen Funktionsträger in Judaea, Lucceius Albinus, wird von Josephus sogar an zwei verschiedenen Stellen ἔπαρχος / *praefectus* verwendet, nie jedoch *procurator.*

Das Ganze könnte man als terminologische Unklarheit abtun, wenn nicht mit der einzelnen Bezeichnung auch inhaltlich sehr Unterschiedliches gemeint sein könnte. Denn die Funktionsbezeichnung *procurator* / ἐπίτροπος kennen wir unter Augustus und seinen unmittelbaren Nachfolgern bis zu Claudius (41–54 n. Chr.) *ausschließlich* für Personen, die sich mit den Finanzen des Princeps in den Provinzen befassten, entweder in den *provinciae Caesaris* für alle finanziellen Angelegenheiten insgesamt, also die Steuern und den Privatbesitz des Princeps, oder in den Provinzen des römischen Volkes, den *provinciae populi Romani,* die rechtlich nicht direkt dem Princeps unterstanden, nur für den Privatbesitz, das *patrimonium,* des Princeps. Doch kein *procurator* war damals *Provinzstatthalter.*[60] Diese, nämlich Präsidialprokuratoren, wie man sie im Unterschied zu den Finanzprokuratoren nennt, weil sie als *praesides,* als Statthalter, wirkten, kennen wir erst seit der Regierungszeit des Claudius.

[59] Josephus, bell. 2, 169; Tacitus, ann. 15, 44, 3 = Stern Nr. 294.

[60] Siehe die Definitionen bei W. Eck, Neuer Pauly 10, 366f. s.v. Prokurator.

Doch auch *praefectus* bezeichnet nicht den Provinzstatthalter, mit einer entscheidenden Ausnahme: in Ägypten hatte Octavian noch im Jahr 30 v. Chr., unmittelbar nach dem Tod von Kleopatra, Cornelius Gallus als seinen Vertreter eingesetzt und ihm diesen Titel gegeben.[61] Das aber blieb eine Ausnahme, in jeder Hinsicht. Denn Augustus hat für diese Funktion ein eigenes Gesetz vom Volk verabschieden lassen, um diesem Präfekten alle Kompetenzen eines magistratischen Statthalters zu übertragen.[62] Das geschah an keiner anderen Stelle (wenn man nicht Sardinien, sehr spät in der Regierungszeit des Augustus, so erklären oder gar den *praefectus Mesopotamiae* seit der Zeit des Septimius Severus anführen will, was völlig anachronistisch wäre). Wir kennen zwar zahlreiche Präfekten für kleine Regionen des Imperiums, gerade in augusteischer Zeit, aber auch noch später; doch sie alle waren keine Statthalter.[63] So gibt es im Norden Spaniens einen *praefectus Asturiae,*[64] ebenso einen *praefectus Gallaeciae,*[65] wir kennen einen *praefectus Raetis Vindolicis vallis Poeninae et levis armaturae* in einem Teil der Alpen und im Alpenvorland[66] oder einen *praefectus*

---

[61] Es genügt auf die berühmte Stele von Philae mit der Selbstaussage des Gallus zu verweisen: *praefect[us Alex]andriae et Aegypti* (CIL III 14147, 5 = Dessau 8995). Siehe zusammenfassend G. Geraci, Genesi della provincia romana d'Egitto, Bologna 1983, 163 ff.

[62] Ulpianus, Digesten 1, 17, 1.

[63] H. Zwicky, Zur Verwendung des Militärs in der Verwaltung der römischen Kaiserzeit, Diss. Zürich, Winterthur 1944; P. A. Brunt, Princeps and Equites, JRS 73, 1983, 42 ff., bes. 55 ff.; S. Demougin, A propos d'un préfet de Commagène, ZPE 43, 1981, 97 ff.; Dies., L'ordre équestre sous les Julio-Claudiens, Rom 1988, 721 ff.

[64] Dessau 6948.

[65] CIL II 3271.

[66] Dessau 2689; vgl. auch 847.

civitatium Moesiae et Treballiae an der unteren Donau.[67] Aber in keinem Fall waren sie für eine eigene Provinz zuständig, ihnen unterstanden vielmehr Regionen innerhalb von Provinzen. Die Provinzen aber als große politisch-administrative Einheiten wurden von senatorischen Statthaltern befehligt, im Fall des *praefectus Asturiae* bzw. *Gallaeciae* etwa vom Legaten der *provincia Hispania citerior,* im Fall des *praefectus civitatium Moesiae et Treballiae* vom Legaten der Provinz Moesia, oder im Fall des *praefectus Raetiae* von dem Befehlshaber in Gallien, der jeweils das Heer am Ober- und Mittelrhein kommandierte, d. h. zeitweise auch von Mitgliedern der Familie des Augustus wie Drusus, Tiberius oder Germanicus. Eine ähnliche Regelung müssen wir in Noricum voraussetzen. Denn dieses Gebiet wurde zwar im Jahr 16 v. Chr. nach einem Feldzug des P. Silius, des Prokonsuls von Illyricum, provinzialisiert, indem der norische König sein Königreich, sein *regnum,* verlor,[68] aber für mehr als 60 Jahre bis zur Zeit des Claudius ist kein Provinzstatthalter für Noricum bekannt. Danach aber war ein Präsidialprokurator für die Provinz verantwortlich. Es ist eine sehr plausible Vermutung, dass in dieser langen, für uns so dunklen Zeit ein *praefectus* dieses Gebiet, ein ehemaliges Königreich, das *regnum Noricu*m, verwaltet hat – unter dem Kommando des benachbarten senatorischen Statthalters von Dalmatien oder Pannonien.

Geht man nach diesen Ausführungen nochmals zurück zu dem, was Josephus in den Antiquitates Iudaicae über Quirinius und Coponius sagt, dann haben wir genau die

---

[67] DESSAU 1349, vgl. auch DESSAU 847, der wohl eine ähnliche Funktion ausgeübt hat.

[68] Vgl. noch die späten Hinweise auf das *regnum Noricum* in manchen Inschriften von Präsidialprokuratoren: DESSAU 1326. 1363. 1351; CIL III 11543; AE 1998, 282.

eben geschilderte Situation: Judaea war ein Teil Syriens geworden, unterstand also dem Statthalter Quirinius, der jedoch von Coponius unterstützt wurde, der speziell für Judaea zuständig war. Dann kann aber die Bezeichnung ἐπίτροπος/*procurator* nicht richtig sein, sie muss *praefectus* gelautet haben, wie ja Josephus selbst Valerius Gratus, den Vorgänger des Pontius Pilatus, und andere nennt. Dass dies tatsächlich so ist, hat die schon erwähnte Inschrift des Pontius Pilatus aus Caesarea gezeigt. Denn dort wird dieser, der bei Tacitus und Josephus einheitlich als *procurator* erscheint, als *praefectus* bezeichnet. In der Rekonstruktion durch Alföldy lautet der Text:[69]

[Nauti]s Tiberiéum
[- Po]ntius Pilatus
[praef]ectus Iudae[a]e
[ref]é[cit].

Praefectus Iudaeae, Präfekt von Judaea, heißt Pilatus. Er ist also nicht *praefectus provinciae Iudaeae,* Präfekt der Provinz Judaea, vor allem aber nicht *procurator* von Judaea, und damit nicht ein Vorläufer der Präsidialprokuratoren, die, wie gesagt, erstmals Claudius in bestimmten Provinzen eingeführt hat.

Dieser Titel *praefectus,* den wir dann bei all den von Josephus genannten ritterlichen Amtsträgern zumindest bis zum Jahr 41 n. Chr. mit Sicherheit voraussetzen müssen, passt nun bestens zu dem, was uns Josephus schon über den ersten Funktionsträger in Judaea, Coponius, berichtet, dass er nämlich Quirinius unterstellt war. Und genau dies finden wir bei zahlreichen ritterlichen Nachfolgern des Coponius in Judaea. Sobald es Schwierigkeiten in diesem Teil des römischen Herrschaftsgebietes gab, war der Statthalter von

[69] Siehe oben Anm. 30 mit Übersetzung.

Syrien gefordert.[70] Dieser intervenierte, wenn immer es nötig war, und zwar direkt und ohne vorherigen besonderen Auftrag durch einen der Kaiser. Als das Regime des Pontius Pilatus auch von den führenden Gruppen in Judaea und Samaria nicht mehr länger ertragen werden konnte, wandten sie sich an Lucius Vitellius, den Statthalter Syriens.[71] Wie aber wäre dies denkbar, wenn Judaea eine unabhängige Provinz gewesen wäre? Einem Statthalter war es nie erlaubt, die Provinz eines anderen Statthalters in amtlicher Funktion zu betreten oder dort direkt einzugreifen; das wäre ein *crimen laesae maiestatis* gewesen. Wenn Vitellius nicht ganz selbstverständlich als Statthalter die Verantwortung für Judaea gehabt hätte, wären die Führer der Juden kaum auf die Idee gekommen, sich an ihn, den Legaten in Syrien, zu wenden. Tatsächlich half ihr Vorgehen; denn Vitellius sandte Pilatus direkt nach Rom zur Verhandlung vor dem Kaiser. Ein solches Eingreifen ist nur verständlich, wenn Judaea zum ordentlichen Kompetenzbereich der syrischen Legaten gehörte und wenn Pilatus ihm unterstand. In gleicher Weise ergeben sich später aus den Quellen nicht wenige Situationen, in denen der Statthalter von Syrien in Judaea eingriff.[72] Judaea war ein Teil der Provinz Syrien, keine eigenständige Provinz. Der *praefectus Iudaeae* war lediglich verantwortlich für die Region Judaea innerhalb dieser Großprovinz.

Dieser Funktionsträger war auch nicht der einzige dieser Art, der innerhalb der Großprovinz Syrien tätig war. Denn

---

[70] Das braucht hier nicht im Detail wiederholt zu werden. Siehe dazu SCHÜRER I 357 ff.

[71] Josephus, ant. 18, 88 ff.

[72] Selbst noch unter dem letzten ritterlichen Funktionsträger in Judaea, Gessius Florus, haben wir diese Sitatuation; Cestius Gallus, der senatorische Statthalter Syriens, erscheint ganz selbstverständlich in Judaea, als es dort zu Aufständen kommt, Josephus bell. 2, 280 ff.

ein unbekannter Ritter fungierte noch in der flavischen Zeit, als Judaea selbst längst eigenständige Provinz unter einem eigenen senatorischen Statthalter war, als *praefectus* der *Decapolis,* wozu unter anderem die Städte Gadara und Hippos gehörten. Gerade diese Städte aber waren im Jahr 4 v. Chr. vom Gebiet des Archelaus abgetrennt und, wie Josephus berichtet, als Annex Syrien angeschlossen worden; dabei verwendet Josephus dieselbe Wort wie bei Judaea: die Decapolis sei eine προσθήκη, ein Annex, Syriens geworden.[73] Auch Commagene unterstand für einige Zeit einem solchen Präfekten, unter der Oberaufsicht des syrischen Legaten.[74] Dass wir von solchen Präfekten in anderen Gebieten im Gegensatz zu Judaea so wenig hören, liegt schlicht an der Tatsache, dass wir nur für dieses Gebiet einen Josephus als ausführliche historiographische Quelle haben.[75]

Noch eine Bemerkung ist zum Jahr 6 n. Chr. zu machen. Damals wurde, wie ebenfalls Josephus überliefert, eine Volkszählung und Vermögensschätzung, ein *census,* in

---

[73] B. Isaac, The Decapolis in Syria, a Neglected Inscription, ZPE 44, 1981, 67ff. = Isaac, Near East 313ff.: ἐπάρχω [εἴλ]ης β Παννονίων, [ἡγησ]αμένῳ Δεκαπόλεως τῆς ἐν Συρίᾳ τετει[μη]μένῳ δώροις στρατιωτικοῖς πᾶσιν ἔν τε τῷ [Δ]ακικῷ πολέμω = „*praefectus* der *ala II Pannoniorum*, beauftragt mit der Leitung der Decapolis in Syrien, ausgezeichnet mit allen *dona militaria* im Dakerkrieg."

[74] Siehe Demougin, A propos d'un préfet de Commagène (Anm. 63).

[75] Bemerkenswert scheint zu sein, dass offensichtlich in Caesarea Philippi ab 44 n. Chr. für längere Zeit Münzen mit lateinischer Legende geprägt wurden (Roman Provincial Coinage I 669f. Nr. 4842–4845). Bernett, Der Kaiserkult in Judäa 315ff. stellt die Überlegung an, ob diese Münzen nicht von einem römischen Funktionsträger geprägt worden sein könnten. Es könnte dann einer der Parallelpräfekten sein, die zeitweise amtierten, wie Tacitus, ann. 12, 54, 4 vermuten läßt. Doch ist auch an einen der Nachkommen des Herodes zu denken. Im Augenblick muß die Frage offen bleiben.

Judaea durchgeführt. Es ist der *census,* der in der späteren christlichen Überlieferung mit der Geburt Jesu verbunden wurde. Das ist sicher nicht der Fall gewesen, der *census* fand dafür viel zu spät statt. Aber der *census* des Jahres 6 n. Chr. hat wirklich stattgefunden, und zumeist hat man angenommen, er sei gerade deshalb in Judaea (und nur dort) durchgeführt worden, weil es damals Provinz geworden sei.[76] Auch dies trifft nicht zu. Es handelt sich vielmehr um einen *census* in der gesamten Provinz Syrien, wovon Judaea ein Teil war.[77] Beweis dafür ist, dass wir aus einer Inschrift für einen römischen Ritter wissen, dass er unter der Leitung von Quirinius in Syrien den lokalen *census* in der Stadt Apameia durchführte.[78] Apameia war eine Stadt Syriens.

Warum aber haben Josephus und Tacitus so irrige Angaben gemacht? Die Frage ist wohl relativ leicht zu beantworten, aber partiell unterschiedlich für Tacitus und Josephus. Beide kannten auf der einen Seite, was damals inhaltlich/sachlich in Judaea geschah, wussten, dass ritterliche Amtsträger als die Vertreter Roms unmittelbar vor Ort

---

[76] Irrig so z. B. bei SASSE, Innerjüdische Ereignisabläufe (Anm. 45) 191.

[77] Siehe dazu vor allem COTTON, Some Aspects (Anm. 45) 78 f.

[78] DESSAU 2683: *Q(uintus) Aemilius Q(uinti) f(ilius) Pal(atina) Secundus [in] castris divi Aug(usti) s[ub] P(ublio) Sulpi[c]io Quirinio le[gato] C[a]esaris Syriae honoribus decoratus, pr[a]efect(us) cohort(is) Aug(ustae) I, pr[a]effect(us) cohort(is) II classicae; idem iussu Quirini censum egi(t) Apamenae civitatis millium homin(um) civium CXVII* = „Quintus Aemilius Secundus, Sohn eines Quintus (Aemilius), zugehörig zur Tribus Palatina; im Heer des vergöttlichten Augustus wurde er unter P. Sulpicius Qurinius, dem Legaten Caesars in Syrien, mit Auszeichnungen geehrt; er war Kommandeur der cohors I Augusta, Kommandeur der cohors II classica; er hat ferner auf Befehl des Quirinius (beim *census*) die Bevölkerung der Stadt Apamea erfasst und zwar 117.000 Bürger."

agierten; sie kannten aber auch die spätere Entwicklung, wussten vor allem, dass Judaea unter den Flaviern bzw. in den ersten Jahrzehnten des 2. Jahrhunderts, als beide ihre Werke verfassten, eine selbständige Provinz war. Sie kannten zudem den Typus des ritterlichen Präsidialprokurators aus nicht wenigen Provinzen. Diesem Typus von Amtsträger entsprachen aber die in Judaea agierenden Ritter unter manchen Aspekten, wenn man nicht genauer hinsah oder nichts Genaues wusste. Was die beiden Historiker den Quellen über die Anfänge der direkten Herrschaft Roms in Judaea entnahmen, sahen sie im Licht der späteren Entwicklung, und verstanden und beschrieben es entsprechend. Das ist ein Phänomen, das nicht selten in der Historiographie begegnet und nicht selten zu Anachronismen Anlass gegeben hat. Hinzu kommt bei Josephus – und möglicherweise ist dies für seine Haltung noch wichtiger – eine generelle Nachlässigkeit, manchmal vielleicht sogar Ignoranz bei Termini der politisch-administrativen Strukturen Roms. Das lässt sich an nicht wenigen Stellen bei ihm nachweisen. Um präzise Benennungen kümmerte er sich nicht, außer wenn er direkt aus Dokumenten zitierte; und selbst dann hat er manchmal Fehler gemacht. Auch daraus ist ein gewisser chaotischer Eindruck bei seinen öfter verwirrenden Benennungen der Funktionsträger in Judaea zu erklären.

Doch zurück zum *praefectus Iudaeae*. Was war seine Aufgabe? Er sollte die römische Macht in der Region vertreten. Seinen Sitz nahm er nicht etwa in Jerusalem, dem Mittelpunkt des Judentums, sondern in Caesarea, dem Hauptsitz der Familie des Herodes. Dass diese Wahl getroffen wurde, hatte nichts mit einer Rücksichtnahme auf die Heiligkeit von Jerusalem zu tun. Vielmehr übernahmen die Römer auch in anderen ihnen untertanen Gebieten den Regierungssitz des ehemaligen Königs, eben als Erben von dessen Macht.

Man denke nur an Alexandria in Ägypten.[79] So ist es nicht erstaunlich, dass der Präfekt von Judaea den königlichen Palast zu seinem Amtssitz, seinem *praetorium,* machte. In der Apostelgeschichte ist das *praetorium* des Herodes als der Ort erwähnt, an dem Paulus vor dem Gericht des Antonius Felix stand (Apg. 23, 35). Heute wissen wir dank der Ausgrabungen sehr genau, wo dieser Palast stand, auch wenn nur noch recht wenig davon erhalten ist.[80]

Um seine wichtigsten Aufgaben erfüllen zu können, nämlich Ruhe und Ordnung zu wahren, wurden dem Präfekten bestimmte Kompetenzen erteilt, darunter die Kapitalgerichtsbarkeit, die umgekehrt den lokalen Autoritäten verwehrt war.[81] Das entsprach dem, was auch in allen anderen Provinzen galt.[82] Nirgendwo behielten die Amtsträger der Städte oder der ethnischen Einheiten wie etwa die Stämme der Ubier am Rhein, der Breuker in Pannonien oder der Homonadenser in Kilikien, diese Kompetenz. Es war also *keine Besonderheit* für den jüdischen Bereich, wenn dieses Recht zur Kapitalgerichtsbarkeit dem *praefectus Iudaeae* übertragen wurde, obwohl dies nicht selten so gesehen wird, mit der Begründung, auf diese Weise habe Rom diesen unruhigen Teil des Herrschaftsgebietes leichter unter Kontrolle halten wollen. Doch dies war kein Sonderrecht für Judaea, dies war allgemeine römische Praxis. Dass wir für Judaea diese Kompetenz speziell in den Quellen erwähnt finden, liegt schlicht an dem Umstand, dass wir Josephus als ausführliche literarische Quelle haben; eine vergleichbare Überlieferung fehlt für alle anderen Reichsteile. In den Inschriften, die

---

[79] Dazu umfassend Haensch, Capita provinciarum: für Judaea 227 ff.

[80] Siehe dazu das folgende Kapitel.

[81] Siehe oben zu Coponius.

[82] Vgl. zum Gesamtkomplex Kirner, Strafgewalt (Anm. 45).

den *praefectus* einer Region erwähnen, steht nur dieser Titel, nicht anders als in dem epigraphischen Zeugnis zu Pontius Pilatus aus Caesarea. Aus der Bezeichnung *praefectus* allein hätte man niemals ableiten können, Pontius Pilatus sei befugt gewesen, im Prozess gegen Jesus von Nazareth die Todesstrafe zu verhängen. Wir könnten dies nur deshalb auch ohne das Zeugnis des Josephus annehmen, weil dieses Prinzip überall im römischen Reich galt. Man darf sich nicht durch die spezifische Quellensituation für Judaea dazu verleiten lassen, diesem Teil des Imperium Romanum einen anderen Status und eine andere Bedeutung zu geben, als wir es für die Provinzen kennen, deren Quellenlage völlig verschieden ist. Wenn für diese anderen Provinzen, anders als in Judaea, nichts Spezielles von der Kompetenz der dort eingesetzten Präfekten auch in Kapitalfällen bekannt ist, dann lässt dies nicht den Schluss zu, dass es diese dort nicht gegeben hat, wohl aber in Judaea. Es ging um den inneren Frieden in allen Provinzteilen, die auf diese Weise geleitet wurden, wozu es nötig schien, im gegebenen Fall Personen hinrichten zu können.

Der *praefectus* war somit für die Aufrechterhaltung der äußeren Ordnung zuständig, nicht zum wenigsten dann, wenn römische Bürger involviert waren. Das zeigt exemplarisch der Fall des Apostels Paulus, der freilich in die Zeit nach dem Jahr 44 gehört, als möglicherweise eine Änderung im Status des Gebiets eingetreten war, was allerdings nicht sehr wahrscheinlich ist. Auch die Überwachung der jüdischen Autoritäten, also des Hohepriesters und des Synhedriums war dem Präfekten übertragen. Doch gehörte es nicht zu seinen Kompetenzen, die Kleider des Hohepriesters zu verwahren und dann jeweils zu den Festtagen herauszugeben. Solange diese Aufgabe nicht einem der von Herodes abstammenden Klientelfürsten zukam, war der Statthalter in Antiochia, der Hauptstadt der Provinz Syrien, zuständig; das war nur möglich, weil Judaea und Jerusalem ein Teil dieser Provinz waren.[83] Analoges darf man für den Einzug der Steuern und Abgaben vermuten; auch diese Aufgabe lag kaum in der Hand des Präfekten. Josephus berichtet nichts, was nur halbwegs beweisend auf eine solche Zuständigkeit schließen ließe. Weit wahrscheinlicher ist, dass der Finanzprokurator der Gesamtprovinz Syrien diese Aufgabe überall durchführte. Denn es ist nicht vorstellbar, dass der *procurator provinciae Syriae* auf das Gebiet der Provinz Syrien, wie sie *vor* der Inkorporierung Judaeas bestand, beschränkt geblieben ist, also lediglich auf einen Teil des seit 6 n. Chr. vergrößerten Syrien. Das Verwaltungsgebiet solcher Prokuratoren bestand stets aus einer vollständigen Provinz oder sogar aus mehreren Provinzen, nicht aber nur aus einem Teil eines solchen Sprengels. Dass dem Präfekten die fiskalischen Aufgaben nicht übertragen waren, ersieht man wohl auch daran, wie die Verwaltung der großen Palmenhaine um Jamnia geregelt war. Diese ertragreichen Plantagen waren zunächst im Jahr 6 n. Chr. an Salome, die Schwester von Herodes, gefallen und nach deren Tod 10 n. Chr. in den Besitz Livias, Augustus' Gattin, übergegangen.[84] Sie wurden von einem eigenen Prokurator verwaltet, der nach dem Tod Livias dieselbe Aufgabe für Tiberius und Caligula übernahm. Wir kennen einen solchen Prokurator, Herennius Capito, durch eine Inschrift aus der italischen Stadt Teate Marrucinorum in den Abruzzen sowie aus Philo und Josephus.[85] Die Bestellung eines eigenen ritterlichen

---

[83] Die Zuständigkeit für die Gewänder wechselte mehrfach im Verlauf dieser frühen Jahrzehnte des provinzialisierten Judaeas.

[84] Josephus, bell. 2, 167; ant. 18, 31; PIR^2 S 108.

[85] AE 1941, 105: *Ti(berio) Caesari, divi Aug(usti) f(ilio), Augusto pontif(ici) maximo, trib(uniciae) potest(atis) XXXVIII, co(n)s(uli) V*

Prokurators für den Domänenbezirk bei Iamnia macht weit mehr Sinn, wenn das Gebiet von Judaea insgesamt steuerlich dem Prokurator der Gesamtprovinz Syrien unterstand. In diesem Fall konnte man einen besonders ertragreichen Besitz wie Iamnia, der wegen seiner komplexen, aber äußerst produktiven Wirtschaft besonderer Überwachung bedurfte, an einen eigenen Prokurator übergeben. Wenn aber der Präfekt die Steuern des ohnehin sehr kleinen Judaea eingezogen hätte, wären auch die Palmenhaine von Jamnia noch zu bewältigen gewesen.

Im Jahr 41 geschah etwas völlig Überraschendes: Rom zog sich als direkte Ordnungsmacht aus Judaea zurück und ein Enkel von König Herodes mit Namen Agrippa wurde als König des bereits seit mehr als 30 Jahren provinzialisierten Gebiets eingesetzt. Grund dafür waren kaum weitergehende politische Überlegungen des eben an die Macht gekommenen Kaisers Claudius, sondern dessen rein persönliche Dankbarkeit. Denn Agrippa I., der sich seit längerer Zeit in Rom aufgehalten hatte, leistete nach Caligulas' Ermordung bei der Übernahme der Macht durch

---

ex testamento M(arci) Pulfenni, Sex(ti) f(ilii) Arn(ensi) (centurionis) leg(ionis) VI Ferr(atae) G(aius) Herennius, T(iberi) f(ilius), Arn(ensi tribu) Capito, trib(unus) milit(um) III, praef(ectus) alae, praef(ectus) veteranorum, proc(urator) Iuliae Augustae, proc(urator) Ti(beri) Caesaris Aug(usti), proc(urator) G(ai) Caesaris Aug(usti) Germanici = „Dem Tiberius Caesar Augustus, Sohn des vergöttlichten Augustus. Er war Oberpriester, führte die tribunizische Gewalt zum 38. Mal, war fünfmal Konsul. Auf Grund des Testaments des Marcus Pulfennius, des Sohnes des Sextus, aus der Tribus Arnensis, der Zenturio der legio V Macedonica war, hat Gaius Herennius Capito, der Sohn des Tiberius, aus der Tribus Arnensis, der dreimal Militärtribun war, dann Präfekt einer Reitereinheit, Präfekt einer Abteilung von Veteranen, Prokurator der Iulia Augusta, des Tiberius Caesar Augustus und des Gaius Caesar Augustus Germanicus, (zu Ehren des Tiberius) diese Büste aufstellen lassen." Vgl.PIR^2 H 103.

Claudius wertvolle Dienste.[86] Ohne diese Verdienste wäre es nicht zur Restituierung eines Mitglieds des herodianischen Hauses gekommen.[87] Agrippa erhielt das gesamte ehemalige Königreich des Herodes, was freilich nicht hieß, er sei damit aus dem politischen Zusammenhang des Imperiums ausgeschieden. Echte Selbständigkeit wurde auch ihm nicht zugestanden. Zwei Ereignisse machen dies sehr deutlich: Als er die Mauern von Jerusalem in großem Stil erneuern wollte, schritt Vibius Marsus, kaiserlicher Legat in Syrien, dagegen ein. Und Gleiches geschah, als Agrippa in Tiberias ein Treffen mit fünf anderen Klientelkönigen organisierte. Wiederum erschien Vibius Marsus und beendete die Konferenz.[88] Solches war nicht in Roms Interesse. Wie schon vor dem Jahr 41 aber war es der Statthalter Syriens, der die Oberaufsicht über das ausübte, was in Judaea geschah und Rom selbst betreffen konnte. Dagegen interessierte ihn nicht, wie Agrippa im Innern seines Königreiches handelte. Dessen Bestreben ging vor allem dahin, die größte und führende Gruppe unter den Juden zu gewinnen, die Pharisäer, also den thoratreuen Teil der Führungsschicht und damit auch die große Masse der Bevölkerung. Mit der in den Augen dieses Bevölkerungsteils abtrünnigen Sekte der Christen kam er in Konflikt: Der Apostel Jakobus wurde unter ihm hingerichtet, Petrus wurde gefangen gesetzt, entkam aber,

---

[86] MILLAR, Roman Near East 59 ff.; Dabei darf man auf Seiten des Josephus eine Portion Übertreibung einrechnen. Claudius hat jedoch sein Verdienst ohne Zweifel hoch geschätzt, sonst wäre es nicht zu dieser Rückgabe von Provinzialgebiet gekommen. Siehe auch WILKER, Für Rom und Jerusalem 146 ff.

[87] Mit anderer Betonung z. B. E. GABBA, in: The Cambridge History of Judaism III, Cambridge 1999, 140 f.

[88] E. DĄBROWA, The governors of Roman Syria from Augustus to Septimius Severus, Bonn 1998, 45.

wie die Apostelgeschichte schreibt, weil er nach Lucas durch einen Engel befreit wurde.[89]

Lange dauerte diese Zwischenperiode nicht; denn bereits im Jahr 44 starb Agrippa[90] und Claudius revidierte auf Grund der Vorschläge seiner Ratgeber die frühere Entscheidung. Gerade diese Rücknahme der früheren Entscheidung zeigt, dass diese auf sehr persönlichen Ursachen beruht hatte. Für den gleichnamigen Sohn des verstorbenen Königs, Agrippa II., galten diese Gründe nicht mehr. So wurde er nicht zum Nachfolger seines Vaters in dessen Königreich bestimmt; erst im Jahr 48 erhielt er einen Ersatz für das Erbe seines Vaters: das Herrschaftsgebiet in Chalkis.[91] Rom übernahm wieder die Macht, ein römischer Amtsträger kehrte zurück. Die Frage ist, in welcher Stellung.

Die nachfolgenden sieben ritterlichen Funktionsträger bis zum Ausbruch der großen Revolte im Jahr 66 werden wie schon zuvor von Josephus mit unterschiedlichen Amtsbezeichnungen benannt: häufig mit ἐπίτροπος = *procurator*, gelegentlich aber auch mit ἔπαρχος = *praefectus*. Freilich gab es seit Claudius nunmehr wirklich ritterliche Statthalter, deren offizielle Bezeichnung *procurator provinciae* lautete. Unter dem Gesichtspunkt der strukturellen Veränderung in der Administration wäre es also nicht ausgeschlossen, dass nunmehr auch Judaea von einem solchen Präsidialprokurator als unabhängige Provinz geleitet worden wäre. Dafür kann man freilich nicht die Terminologie bei Josephus oder Tacitus anführen. Denn die schon angeführten Überlegungen, nicht zuletzt die völlig chaotische Verwendung der Begriffe bei Josephus, treffen nicht weniger auf die

---

89 Acta apost. 12.

90 PIR² J 131.

91 PIR² J 132.

Zeit nach 44 zu. Es sprechen jedoch einige Aussagen in den Quellen ausdrücklich dagegen, einfach von dieser allgemeinen politischen Neuerung unter Claudius auszugehen und sie auch in Judaea vorauszusetzen. Zum einen erwähnt Tacitus zum Jahr 49: *Ituraeique et Iudaei defunctis regibus Sohaemo atque Agrippa provinciae Syriae additi* = „die Ituräer und Juden wurden nach dem Tod ihrer Könige Sohaemus und Agrippa Syrien zugeschlagen".[92] Das beschreibt erneut, diesmal von Seiten des römischen Historikers, den Zustand, wie er zwischen 6 und 41 n. Chr bestanden hatte, als Judaea Teil der Provinz Syrien war. Zum andern sagt wiederum Tacitus zum Jahr 52, damals hätten in Judaea zwei ritterliche Funktionsträger agiert, Felix in Samaria, Ventidius Cumanus in Galiläa.[93] Felix ist derjenige, der in Caesarea den Prozess gegen den Apostel Paulus leitete. Dass beide als Statthalter amtiert hätten, ist ausgeschlossen; für dann zwei Provinzen wären die Gebiete schlicht zu klein gewesen. Dass aber unter der Oberhoheit des Statthalters von Syrien zwei *praefecti* amtierten, würde überhaupt kein Problem verursachen. Es sei nur auf den *praefectus Decapoleos* oder von Commagene verwiesen, die gleichzeitig mit dem *praefectus Iudaeae* tätig gewesen waren.[94] Sachlich änderte sich auch gegenüber der Zeit vor 41 darin nichts, dass weiterhin der Legat von Syrien immer wieder in Judaea eingriff, selbstverständlich wieder direkt und ohne spezielle Beauftragung durch den Kaiser. So entschied Ummidius Quadratus, der Legat Syriens, im Jahr 52 in Lyyda, das auf dem Weg zwischen Caesarea und Jerusalem lag, in einem Prozess zwischen Juden und Samaritanern.[95] Sogar noch Cestius Gallus, der letzte syrische

[92] Tac., ann. 12, 23, 1.
[93] Tac., ann. 12, 54, 2.
[94] Siehe Isaac, The Decapolis in Syria (Anm. 73).
[95] Josephus, bell. 241 ff.; ant. 20, 130.

Statthalter vor dem Ausbruch der Revolte des Jahres 66, hat noch einen *census*, eine Bestandsaufnahme der Bevölkerung auch in Judaea angeordnet.[96] Das konnte aber nicht etwa der Statthalter einer anderen Provinz anordnen, sondern nur der, der für das entsprechende Gebiet verantwortlich war. Dann muss man aber schließen, dass Iudaea weiterhin ein Teil der Provinz war, die dem *legatus Augusti pro praetore provinciae Syriae* unterstand, in diesem Fall dem Cestius Gallus.

Damit stimmt überein, dass sich Abordnungen der Juden und der Samaritaner bei inneren Auseinandersetzungen wiederum wie vor 41 direkt an den Vertreter des Kaisers in Antiochia wenden.[97] Ebenso wurde Ventidius Cumanus, der ritterliche Funktionsträger in Judaea, um 52 n. Chr. vom syrischen Legaten Ummidius Quadratus zur Klärung seiner Verantwortung nach Rom zurückgeschickt;[98] im Jahr 36 war als Vitellius mit dem *praefectus* Pontius Pilatus nicht anders verfahren. Unmittelbar danach erschien Quadratus selbst in Jerusalem. Es weist also sehr viel darauf hin, dass Judaea auch nach 41 noch keine eigenständige Provinz gewesen, vielmehr Teil der Provinz Syrien beblieben ist.[99] Eine Inschrift, die einen der Funktionsträger in Judaea zwischen 44 und 66 n. Chr. mit seinem richtigen Titel nennt, könnte hier schnell zu einer definitiven Klärung führen.[100]

---

[96] Josephus, bell. 6, 422.

[97] Siehe z. B. Josephus, bell. 2, 239 ff. 280 ff.; ant. 20, 5 ff. 118 ff.

[98] Josephus, bell. 2, 244.

[99] Inzwischen hat auch Monika Bernett umfassend zu der oben erörterten Frage Stellung genommen und kommt dezidiert zu einem Ergebnis, wie es hier dargelegt wurde; Bernett, Der Kaiserkult in Judäa 310 ff.

[100] Richtigerweise haben jedenfalls die Herausgeber des 1. Bandes von Roman Provincial Coinage alle in Judaea, Galiläa und Samaria liegenden Städte unter die Provinz Syria eingeordnet (siehe RPC I

Für die normale Bevölkerung von Judaea hat die rechtliche Stellung des *praefectus* kaum eine große unmittelbare Rolle gespielt, wohl aber für die führenden Kreise. Denn sie mussten sich, wenn der unmittelbare Repräsentant Roms ein *praefectus* war, üblicherweise mit diesem zunächst in Caesarea auseinandersetzen und, wenn sie mit ihm nicht kooperieren konnten, war der Weg nach Antiochia zum Legaten von Syrien zu gehen. Dieser konnte seinerseits den *praefectus* nicht einfachhin umgehen, war dieser doch direkt vom Kaiser ernannt. Bei einem *procurator* dagegen, der eine Provinz Judaea als *praeses,* als Statthalter, leitete, wäre der Weg nach Rom weit schneller offen gewesen. Hinzu kommt, dass der *procurator* auf jeden Fall zusätzlich die Steuererhebung, also eine wesentlich umfassendere Macht, in Händen gehabt hätte; damit hätten sich sogar noch häufiger Konfliktfelder eröffnen können. Somit ist die Frage nach dem rechtlichen Status des Gebiets nicht nur eine akademische Spielerei, sie betraf das Leben der Region in entscheidendem Maße.

Wie auch immer die Frage nach dem Typus des römischen Repräsentanten zwischen 44 und 66 n. Chr. durch ein klares Dokument einmal definitiv gelöst werden wird, diese konnten es nicht verhindern, dass es schließlich im Jahr 66 zur Gewaltexplosion in Judaea und zu dem langen grausamen Krieg zwischen der römischen Macht und der Mehrheit der jüdischen Bevölkerung kam. Vielmehr trugen die römischen Vertreter erheblich dazu bei, partiell auch durch Unverständnis gegenüber den religiösen Erfordernissen der Juden, durch Habsucht und einseitige Parteinahme zuguns-

S. 667 ff.); in Band 2 wird dann Judaea von Syrien getrennt behandelt (siehe RPC II 301 ff.).

ten nichtjüdischer Bevölkerungsgruppen. Dadurch wurden die ethnisch-religiösen Konflikte deutlich verschärft.

Allerdings darf man nicht, wie das Josephus tut, einseitig die Schuld für den Ausbruch der großen Revolte fast ausschließlich bei den ritterlichen Funktionsträgern Roms in Judaea suchen.[101] Auf der einen Seite sucht Josephus Rom in der Gestalt des Kaisertums[102] als Ursache für das gewaltsame Geschehen auszuschließen; Gleiches geschieht auch gegenüber den Statthaltern von Syrien, die in der Realität jedoch die Hauptverantwortung für all das, was in Judaea geschah, trugen. Doch diese hohen Herren waren Senatoren, ihre Nachkommen saßen teilweise in der Zeit, als Josephus schrieb, noch im Senat. Zudem gab es eine weitreichende Solidarität innerhalb der senatorischen Gesellschaft, die sich nur von wenigen Mitgliedern deutlich distanzierte und selbst dann eine zu deutliche Kritik an ihnen nicht schätzte. Somit konnte es sich Josephus kaum leisten, die Statthalter Syriens als Senatoren allzu sehr zu kritisieren oder gar zu provozieren.[103] Diese Gefahr bestand bei den Präfekten (oder auch Prokuratoren) nicht; dazu waren Leute wie sie in der römischen Kapitale und deren führenden Gruppen zu marginal. So war es leicht, sie zu den eigentlichen Sündenböcken zu machen. Da aber ist Josephus zu sehr seinem eigenen Volk verbunden und dem Bild, das er von seiner eigenen Beteiligung an dem Aufstand entworfen hat. Je stärker er die bösartige Rolle der ritterlichen Vertreter in

---

[101] So expressis verbis Josephus, ant. 20, 257; vgl. bell. 2, 280ff.

[102] Caligula konnte er als Ausnahme ohne Probleme angreifen, da dieser auch im römischen Bewusstsein als Tyrann und nicht als legitimer Vertreter Roms gesehen wurde.

[103] Vgl. dazu H. M. Cotton/W. Eck, Josephus' Roman Audience: Josephus and the Roman Elites, in: Flavius Josephus and Flavian Rome, hg. J. Edmondson/St. Mason/J. Rives, Oxford 2005, 38ff.

Judaea beim Aufbau der Spannungen und der Auslösung der Kämpfe herausstellte, desto mehr entlastete er sein eigenes Volk und die führenden gesellschaftlichen Gruppen in Judaea, zu denen er selbst gehörte. Das heißt nicht, die Bedeutung der Präfekten in Caesarea zu minimieren, sie darf nur nicht einseitig als die einzige wesentliche Ursache für die Auslösung des Konflikts erklärt werden.[104] Josephus ist kein unparteiischer Historiker.

Auf den Aufstand antwortete Rom wie zu erwarten mit militärischer Gewalt. Als der damalige Statthalter Syriens, Cestius Gallus, der Insurrektion nicht Herr werden konnte, entsandte Nero den bereits betagten Konsular (*consul suffectus* im Jahr 51) Titus Flavius Vespasianus nach Judaea, um die Aufgabe zu lösen. Dessen Feldzüge, unterbrochen durch die Wirren in Rom nach dem Tod Neros 68, führten schließlich, am Ende unter dem Kommando seines Sohnes Titus, im September des Jahres 70 zur Eroberung und Zerstörung Jerusalems und des Tempels. Die Reste der Aufständischen wurden bis zum Jahr 73 oder 74 vernichtet. Nach Josephus soll der Kampf um Masada das große Finale gewesen sein,[105] worin ihm nicht wenige, nicht nur in Israel, bis heute folgen.

Für den rechtlich-politischen Status des Gebiets war die Entsendung Vespasians der entscheidende Einschnitt. Damals wurde das Gebiet in jedem Fall als eine eigenständige Provinz angesehen. Denn es ist undenkbar, dass ein konsularer Kommandeur wie Vespasian mit drei Legionen auf dem Provinzterritorium eines anderen konsularen Le-

---

[104] Vgl. z.B. auch Bernett, Der Kaiserkult in Judäa 325f., die darauf hinweist, dass die Förderung des römischen Herrscherkultes durch Agrippa II. in seinem Reich nicht wenige Juden dazu getrieben hat, sich dem Aufstand anzuschließen.

[105] Josephus, bell. 7, 275ff.

gaten, nämlich des Legaten von Syrien, operiert hat. Kennzeichnend ist dafür auch, dass Vespasian auf Münzen von Caesarea und Sepphoris genannt wird: ἐπὶ Ὀυεσπασιανοῦ = „unter Vespasian".[106] Judaea war somit damals aus dem Kompetenzbereich des syrischen Legaten ausgegliedert. Nach dem Sieg änderte sich daran nichts mehr. Vespasian sah es für nötig an, in diesem Land eine Legion, die *legio X Fretensis,* zu stationieren, die er einem senatorischen Statthalter, einem *legatus Augusti pro praetore,* unterstellte.[107] Von nun an hören wir natürlich nichts mehr von Interventionen des Statthalters von Syrien.[108] Gleichzeitig setzte Vespasian einen eigenen ritterlichen Finanzprokurator ein.[109] Damit wies Judaea all die Elemente auf, die nötig waren, um als eine normale römische Provinz im Imperium zu gelten. Dieser Zustand dauert von da an fast 600 Jahre bis zur endgültigen Eroberung durch die Araber im Jahr 640 n. Chr.

---

[106] Y. MESHORER, Sepphoris and Rome, in: Greek Numismatics and Archaeology. Essays in Honor of Margaret Thompson, hg. O. MØRKOLM/N. M. WAGGONER, Wetteren 1979, 159 ff.

[107] Josephus, bell. 7, 163.

[108] Außer später im Bar Kochba-Aufstand, als er jedoch nicht alleine in die dortigen Kämpfe eingriff und zudem auf direkte Anordnung Hadrians. Siehe Kap. 3.

[109] Josephus, bell. 7, 216.

2. Die römische Herrschaft und ihre Zeichen

Im Jahr 20 v. Chr. wurde dem römischen Volk ein außergewöhnliches Schauspiel geboten. Tiberius, der Stiefsohn des Princeps Augustus, kehrte aus Syrien zurück. Dort war es ihm in Verhandlungen mit den Parthern gelungen, die Feldzeichen, vor allem die Adler der Legionen, zurückzugewinnen, die 33 Jahre früher bei der Niederlage des Licinius Crassus bei Carrhae und später in den Kämpfen von Marcus Antonius verloren gegangen waren. Diese Feldzeichen, *signa,* präsentierte er dem römischen Volk, bevor sie im Tempel des Iupiter deponiert wurden. Bald darauf wurde auf dem Forum in Rom ein mächtiger Triumphbogen errichtet, auf dem Kopien der Feldzeichen ihren Platz fanden. Der Bevölkerung aber wurde verkündet:

S(enatus) P(opulus)q(ue) R(omanus) Imp(eratori) Caesari Aug(usto) co(n)s(uli) XI tribunicia potestate VI civib(us) et sign(is) milit(aribus) a Part(his) recup(eratis)

„Senat und Volk von Rom ehren Imperator Caesar Augustus, der elf Mal Konsul war und zum 6. Mal die Gewalt eines Volkstribunen übernommen hat, weil er römische Bürger und Feldzeichen aus den Händen der Parther wiedergewonnen hat“.[1]

Roms Macht gründete sich zu einem wesentlichen Teil zunächst auf die militärische Macht, auf die römischen Bürgerlegionen. Alle untertanen Völker hatten deren Wirkung in der einen oder anderen Form erfahren. Das Zeichen der

---

[1] BMC Empire I Nr. 427 f.

Legionen aber war vor allem der Adler, der vom Adlerträger, dem *aquilifer,* der Einheit vorangetragen wurde, zusammen mit den vielen anderen Feldzeichen, wie wir sie etwa von der Traiansäule in Rom kennen. Die *signa* zeigten vor allem die Bildnisse des regierenden Kaisers, auf den die Truppen ihren Eid abgelegt hatten. In diesen Zeichen konzentrierte sich die machtvolle Geste des Siegers, die Geste dessen, der die Herrschaft in Händen hatte. Diese Überlegenheit in allen Provinzen den Unterworfenen und Untertanen bewusst zu machen, hat Rom sich nie gescheut.

Auch in Judaea treffen wir auf solche Herrschaftszeichen, auch auf den Adler. Eine der Legionen, die unter Hadrian am Bau des Aquädukts nach Caesarea beteiligt war, die *legio X Fretensis,* setzte neben die Inschrift, mit der sie ihren Anteil an dem Bauwerk dokumentierte, den Adler als Hinweis auf ihren Status als Bürgerlegion.[2] Ebenso zierte die gewaltige Abbildung eines Adlers, der von einer geflügelten Victoria bekränzt wird, die Frontseite eines Altars, den ein Iulius Magnus, *centurio* der *legio XII Fulminata,* in Caesarea geweiht hat.[3]

Die römischen Truppen in Judaea haben ihre verschiedenen Zeichen einschließlich der Kaiserbilder überall mit sich geführt, vor dem Jahr 66 unter dem Kommando von

---

[2] Lehmann-Holum, Inscriptions Taf. XLII Nr. 53.

[3] Lehmann-Holum, Inscriptions Taf. LXXXII Nr. 119a. Zu den Abbildungen des Adlers und anderer Feldzeichen O. Stoll, Der Adler im „Käfig". Zu einer Aquilifer-Grabstele aus Apameia in Syrien, in: ders., Römisches Heer und Gesellschaft, Stuttgart 2001, 13ff., Katalog: 17ff. Der Adler war allerdings auch in den Kulturen des Vorderen Orients längst vor der Ankunft der Römer bekannt, z.B. in der Kunst der Nabatäer. Im AT erscheint er als Symbol für die Macht Gottes z.B. in Deut. 32, 11; Ezechiel 1, 10; 17, 7 (dankenswerte Hinweise von J. Patrich).

Präfekten und nach dem Jahr 66 unter dem senatorischer Legaten. Sie taten damit nichts anderes als die übrigen Legionen und Hilfstruppen in den anderen Provinzen des Reiches. Sie repräsentierten so die römische Herrschaft.

Und dennoch hat es in einem gewissen Umfang einen Unterschied in der Präsentation gegeben, zumindest vor der ersten Revolte des jüdischen Volkes gegen Rom. Josephus berichtet sowohl im Bellum Iudaicum als auch in den Antiquitates von einem irritierenden Vorfall, der durch Pontius Pilatus ausgelöst wurde. Denn er ließ Truppen, die nach Jerusalem ins Winterquartier gingen, ihre Feldzeichen mitsamt den dort angebrachten Kaiserbildern mitführen.[4] Seine Vorgänger hatten dies, so jedenfalls Josephus, nicht getan. Wenn man dem Autor glauben dürfte, hätte hinter dem Vorgehen durchaus die Absicht des Präfekten gestanden, die Juden in Jerusalem zu provozieren. Allerdings kann man zweifeln, ob Josephus die Absicht, die Pilatus mit seinem Befehl verband, richtig deutete. Denn nach dem Bericht des Historikers wurden die Feldzeichen nachts und verhüllt in die Stadt gebracht, so dass die Bilder also nicht gesehen werden konnten. Am nächsten Morgen hätte jedoch die Nachricht darüber unter den Juden höchste Unruhe ausgelöst, die erst nach mehreren Tagen höchster Anspannung gelöst werden konnte, nachdem Pilatus den Befehl gegeben hatte, die Feldzeichen wieder aus Jerusalem zu entfernen. Die Unruhe, ja Revolte, der Juden in Jerusalem wurde von den Kaiserbildern ausgelöst, die an den Feldzeichen angebracht waren. Da das göttliche Gesetz, so wie es von manchen oder vielen Juden verstanden wurde, die Herstellung jeglicher Abbildungen von Menschen verbot, hätte folglich

---

4 Josephus, bell. 2, 169 ff. (= Eusebius, historia ecclesiastica 2, 6, 4); ant. 18, 55 ff.

Abbildung 2: Römische Soldaten mit ihrem Feldzeichen.

die Anwesenheit dieser Bilder den heiligen Status der Stadt verletzt. Das wäre noch weit gravierender gewesen, wenn Pilatus tatsächlich die Feldzeichen, σημεῖαι, im Tempel hätte aufstellen lassen, wie es nach Philo, den Eusebius zitiert, der Fall gewesen sein soll.[5] Von Josephus und Philo wurde der Vorfall also offensichtlich als bewusste Provokation durch Pilatus angesehen, da er nicht gewillt war, auf die religiösen Gefühle der Juden Rücksicht zu nehmen.

Man fragt sich nur, weshalb Pilatus die Feldzeichen verhüllt und zudem während der Nacht nach Jerusalem bringen ließ, wenn er damit bewusst die Absicht verfolgte, die Bevölkerung in ihren religiösen Gefühlen zu provozieren. Denn eine bessere Gelegenheit zur Provokation als den Einmarsch von Truppen mit den sichtbaren Zeichen hätte es doch kaum geben können. Man wird hier zwar kaum zu einer eindeutigen Antwort auf diese Frage kommen, da wir keine andere Überlieferung als die bei Josephus und Philo haben. Doch beide Autoren sind Partei, keine schlichten objektiven Beobachter, was nicht selten vergessen wird. Nimmt man jedoch den Hinweis auf den heimlichen Transport der zudem verhüllten Feldzeichen in der Nacht ernst, dann könnte es durchaus so gewesen sein, dass Pilatus auf der einen Seite die jüdischen Vorstellungen soweit möglich schonen wollte, indem er den Transport der Feldzeichen so unauffällig wie möglich gestaltete. Auf der anderen Seite aber dürfte es ihm auch darum gegangen sein, nichts von dem preiszugeben, was nach seiner Vorstellung zum Selbstverständnis römischer Herrschaft gehörte. Und dazu gehörte eben für einen Kommandeur, dass Truppen, die im Dienst des Kaisers standen, ihre Feldzeichen als Ausdruck von dessen Herrschaft mit sich führten, was eben auch die Bilder des Herrschers einschloss. Zumindest

---

[5] Eusebius, demonstratio evangelica 8, 2, 123; vgl. auch die kurze Diskussion bei E. M. Smallwood, Philonis Alexandrini Legatio ad Gaium, Leiden 1961, 302 f.

in ihrer Kaserne in Jerusalem sollten diese Zeichen und Bilder präsent sein, so wie in jeder anderen militärischen Einrichtung Roms. Mag sein, dass sich darin ein Verständnis römischen Stolzes und römischen Selbstbewusstseins des Pilatus manifestierte, mit dem er sich von manchen seiner Vorgänger abhob. Dass Pilatus zunächst trotz der massiven Proteste der Juden in Caesarea nicht zurückweichen wollte, es am Ende aber dennoch tat, könnte diese Interpretation stützen. Aus seiner Haltung spricht deutlich ein zumindest partielles Unverständnis gegenüber den Vorstellungen der Mehrheit der Bevölkerung, ebenso jedoch wohl auch seine Sicht von der Art und Weise, in der sich Rom durch sein Heer repräsentierte, was wiederum von Seiten eines Teils der Juden als unerträglich angesehen wurde.[6] Immerhin muss man festhalten, dass Pilatus wie alle seine Vorgänger und Nachfolger als Repräsentanten Roms in Judaea auf die sogenannten „Prokuratorenmünzen“ nicht etwa das Porträt der Tiberius setzen ließ, was bei der jüdischen Bevölkerung Anstoß hätte erregen können.[7] Wenn es ihm generell um Provokation gegangen wäre, dann hätte sich hier ein weites Feld eröffnet; schließlich erschien das Kaiserporträt auf der Vorderseite der Münzen zahlloser Städte des Reiches nicht weniger als auf den Reichsprägungen. In Judaea benutzte man Geld mit diesen Bildern ganz selbstverständlich, wie

[6] Die Literatur zu Pontius Pilatus ist inzwischen fast unüberschaubar. Hingewiesen sei auf J.-P. Lémonon, Pilate et le gouvernement de la Judée, textes et monuments, Paris 1981; H.K. Bond, Pontius Pilate in history and interpretation, Cambridge 1998 (repr. 1999); A. Demandt, Hände in Unschuld. Pontius Pilatus in der Geschichte, Köln 1999 (zu Pilatus als Statthalter ist das Buch an nicht wenigen Stellen irreführend).

[7] M. Goodman, Coinage and Identity: The Jewish Evidence, in: Coinage and Identity in the Roman Provinces, hg. Chr. Howgego/V. Heuchert/A. Burnett, Oxford 2005, 164.

die Geschichte bei Matthäus 22, 20 zeigt. Doch bei den in der Provinz selbst geprägten Münzen folgte man diesem Vorbild nicht, auch nicht von Seiten der Präfekten – falls sie überhaupt für die Prägung dieser Münzen verantwortlich waren. So darf man an der Deutung des Ereignisses durch Josephus und Philo durchaus deutliche Zweifel anmelden.[8] Herodes hatte den Namen von M. Vipsanius Agrippa, dem mächtigsten Mann nach Augustus, über dem Tor, das den Zugang zum Tempel in Jerusalem gewährte, anbringen lassen; damals hatte offensichtlich niemand daran Anstoß genommen, obwohl die Inschrift unübersehbar die Präsenz der Herrschaft Roms aufzeigte.[9]

Wenn Rom und seine Vertreter über viele Jahrzehnte zumeist mit einer gewissen Zurückhaltung ihre Herrschaft durch äußere Zeichen bemerkbar machten, dann ändert sich dies grundlegend mit der Eroberung Jerusalems und der bewussten Zerstörung des Tempels.[10] Dort war nunmehr

---

[8] In welchem Maß Autoren wie Josephus und Philo bei ihrem Urteil über Pilatus von Vorurteilen geleitet wurden, sieht man etwa, wenn Philo, Legatio ad Gaium 299 berichtet, die Anbringung von Schilden mit dem Namen des Tiberius durch Pilatus in Jerusalem, auf denen aber kein Bild zu sehen, sondern nur etwas geschrieben war, habe erneut zu erheblicher Spannung geführt. Nach Philo habe Pilatus dies weniger getan, um Tiberius zu ehren, als vielmehr, um die Juden zu provozieren, ohne dass er jedoch das benennt, was dies gewesen sei. Der Vorfall wird jedoch als Argument gegen Pilatus verwendet. Wenn man den Grund mit der neueren Literatur (siehe Wilker, Für Rom und Jerusalem 95 f.) in der Erwähnung der Filiation des Tiberius: *divi Augusti f(ilius), divi Iuli n(epos)*, sieht, ergibt sich wiederum, dass Pilatus nur etwas verwendet, was zur selbstverständlichen Praxis römischen Handelns in dieser Zeit gehörte. Die bewusste Provokation wird von Philo in das Handeln hineingelesen.

[9] Josephus, bell. 1, 416.

[10] T. D. Barnes, The Sack of the Temple in Josephus and Tacitus, in: Flavius Josephus and Flavian Rome, hg. J. Edmundson/St. Mason/

eine Legion stationiert, die *legio X Fretensis.* An die Stelle des ehemaligen religiösen Mittelpunktes und damit des Machtzentrums des Judentums war das römische Legionslager getreten – krasser hätte man nicht demonstrieren können, wer hier nun der Herr war und wem auch die jüdischen Bewohner der neuen Provinz zu gehorchen hatten. Die römische Militärmacht trat an die Stelle des religiösen Zentrums.

Obwohl immer noch nicht klar ist, wo sich das Lager der Einheit befand,[11] war dieses zweifelsohne so erbaut und ausgestattet, wie es für ein Lager römischer Legionen selbstverständlich war. Irgendwelche Rücksichtnahme gegenüber Vorstellungen des jüdischen Volkes war nunmehr hinfällig, zumindest innerhalb dieses militärischen Raumes und seiner unmittelbaren Umgebung. Statuen des Kaisers repräsentierten den Herrn der Welt gegenüber seinen Truppen und allen, die das Lager betraten. Opfer wurden vor dem Fahnenheiligtum für die Götter des Heeres und für die divinisierten Herrscher dargebracht. Am Ende der Regierungszeit Traians errichtete eine *vexillatio* der *legio III Cyrenaica* in Jerusalem einen Altar, um Iupiter Optimus Maximus Serapis für das Wohl und den Sieg Traians gnädig zu stimmen.[12] Man kann davon ausgehen, dass Monumente

J. Rives, Oxford 2005, 129ff.; J. Rives, Flavian Religious Policy and the Destruction of the Jerusalem Temple, in: ibid. 145ff.

[11] Siehe dazu zuletzt B. Isaac, Roman colonies in Judaea: The Foundation of Aelia Capitolina, in: Ders., Near East 87ff., bes. 88 Anm. 6; E. Dąbrowa, Legio X Fretensis, in: Les Légions 317ff.

[12] CIL III 13587: *[I]ovi O(ptimo) M(aximo) Sarapidi pro salute et victoria Imp(eratoris) Nervae Traiani Caesaris Optumi Aug(usti) Germanici Dacici Parthici et populi Romani vexill(atio) leg(ionis) III Cyr(enaicae) fecit* = „Für Jupiter Sarapis, den besten und größten, für das Wohl und den Sieg des Imperator Nerva Traianus Caesar Augustus mit den Beinamen der Beste, des Siegers über die Germanen, Daker und

dieser Art zahlreich in und außerhalb des Lagers den öffentlichen Raum der ehemaligen heiligen Stadt der Juden gestalteten.[13]

Eine ganz neue Qualität aber entfaltete sich an der Stelle der heiligen Stadt des Judentums, als Hadrian dort die *colonia Aelia Capitolina* gründete. Die Berichte über die Ausgestaltung der Kolonie mit Bauten, vor allem Tempeln, die sie zu einem Abbild des *populus Romanus* im Sinn des Schriftstellers Aulus Gellius machen konnten,[14] sind hoch umstritten.[15] Inschriften, die sich auf solche Bauten beziehen ließen, haben sich bisher nicht gefunden, was auch nicht weiter verwundern kann. Denn lateinische Inschriften, die man an solchen Bauten einer Kolonie erwarten muss, haben sich bisher insgesamt in Jerusalem nur in sehr beschränkter Zahl gefunden, und fast keine, die dem kultischen oder dem administrativen Bereich der Kolonie zuzuordnen wären.[16]

---

die Parther, und für das Wohl des römischen Volkes hat die Abteilung der *legio III Cyrenaica* (diesen Altar) errichtet."

[13] Vgl. etwa eine Weihung an Hadrian, CIL III 13589, die aus Flavia Neapolis stammen soll: *Imp(eratori) Caes(ari) Traiano Hadriano Aug(usto) p(atri) p(atriae) leg(ionis) X Fret(ensis) coh(ors) I* = „Für Imperator Caesar Traianus Hadrianus Augustus, den Vater des Vaterlandes hat die erste Kohorte der legio X Fretensis (dieses Denkmal aufgestellt)"; da auf der linken Seite des Monuments Neptun dargestellt ist, könnte man geneigt sein, den Stein als Altar anzusehen. Da jedoch keine Abbildung vorhanden ist, läßt sich keine definitive Entscheidung treffen.

[14] Gellius 16, 13, 9: Kolonien sind *quasi effigies parvae simulacraque populi Romani* = „gleichsam kleine Abbilder des römischen Volkes".

[15] Siehe vor allem Cassius Dio 69, 12, 1 = Stern Nr. Nr. 440; dazu zuletzt Y. Z. Eliav, The Urban Layout of Aelia Capitolina: A New View from the Perspective of the Temple Mount, in: The Bar Kokhba War Reconsidered 241 ff.; Ders., God's Mountain. The Temple Mount in Time, Place, and Memory, Baltimore 2005, 83 ff., bes. 85 ff.

[16] Siehe Kapitel 4.

Dennoch darf, ja muss man davon ausgehen, dass sich innerhalb der Mauern ein Tempel der kapitolinischen Trias erhob. Eine Kolonie, die den Namen Capitolina führte, konnte nicht auf einen solchen Tempel verzichten. Die Bilder der römischen Hauptgötter haben dort gethront, in anderen Tempeln haben andere Gottheiten sich ihren Verehrern gezeigt. So erwähnt eine etwas enigmatische Inschrift ein *templum,* das für den *Genius Africae* in Jerusalem erbaut wurde.[17] Auf diese Weise repräsentierte sich die römische Herrschaft durch die Götter des Imperiums.

Neben den Heiligtümern und den Götterbildern prägten auch verschiedenartig gestaltete Ehrenmonumente den öffentlichen Raum der Kolonie – ein durchgehender Charakterzug der urbanen Zentren im griechisch-römischen Kulturbereich. In welcher Form eine Person geehrt wurde, hing von vielerlei Umständen ab: dem Grund für die Ehrung der Person, die geehrt wurde, demjenigen, der ein Monument dedizierte, dessen finanziellen Möglichkeiten. Hinzu kam, dass gewisse Formen der öffentlichen Ehrung fast allein dem Kaiser und seiner Familie vorbehalten waren. Das galt insbesondere für Statuen, die auf Ehrenbögen (*arcus*) aufgestellt wurden. Manchmal sind solche Bögen aus Anlass eines siegreichen Krieges errichtet worden, die dann mit Recht als Triumphbögen bezeichnet werden können; doch zumeist ist der Grund nicht in einem kriegerischen Ereignis zu sehen, weshalb man sie auch neutral nur als Ehrenbögen benennen darf. *Arcus* der verschiedensten Form finden sich in vielen Städten an markanten Punkten, sogenannten *loci celeberrimi,* an denen sehr viele Menschen

---

[17] AE 1931, 111: *Pro salute Imperatoris templum Geniu* (sic) *Africe* (sic!) = „Für das Wohl des Kaisers ist der Tempel des Genius Afrikas (errichtet worden)". Die Inschrift wird heute im Museum des Armenischen Patriarchats in Jerusalem aufbewahrt.

mit diesen Monumenten und denn darauf präsentierten Herrschern konfrontiert wurden.[18] Kaum je fand dieser Typus des Ehrenmonuments innerhalb von Städten für Personen außerhalb der kaiserlichen Familie Verwendung; zu sehr war damit die Vorstellung verbunden, der Geehrte sei über die normalen Sterblichen hinausgehoben. Dagegen waren Statuen in der verschiedensten Form, als einfache Porträtstatuen, als Reiterstandbilder oder gar auf dem Wagen einer Biga oder Quadriga, für jeden Sterblichen als Ehrung zugänglich, jedenfalls bis weit ins dritte Jahrhundert hinein. Erst in der Spätantike wurden diese Formen seltener und wurden mehr und mehr auf die Kaiser konzentriert. Jedes größere, aber auch viele kleinere urbane Zentren präsentierten auf diese Weise die eigene Bedeutung der Öffentlichkeit. Die neue *colonia Aelia Capitolina* war in dieser Selbstdarstellung keine Ausnahme, trotz der nur sehr wenigen und meist nicht spektakulären Überreste. Das wenige, was überlebt hat, zeigt, dass diese Form der statuarischen Vergegenwärtigung in der von Hadrian gegründeten Stadt selbstverständlich gewesen war.

Die einzige Statuenbasis, die für einen höheren römischen Amtsträger in Jerusalem bis heute überlebt hat, zeugt davon, wie die Stadt einst mit solchen statuarischen Monumenten geschmückt war. Die Basis bildet heute den Untersatz für eine Laterne, die einen kleinen Platz beleuchtet, in einer Seitenstraße in der Nähe des Jaffatores. Ursprünglich aber diente der Stein als Basis für eine Statue eines Kommandeurs der *legio X Fretensis,* eines M. Iunius Maximus, der von

---

[18] W. Eck, Straßen und ihre Denkmäler, in: Siedlung und Verkehr im römischen Reich. Römerstraßen zwischen Herrschaftssicherung und Landschaftsprägung, Akten des Kolloquiums zu Ehren von Prof. H. E. Herzig vom 28. und 29. Juni 2001 in Bern, hg. R. Frei-Stolba, Bern 2004, 17 ff.

seinen beiden *stratores*, den Stallmeistern, auf diese Weise geehrt wurde:[19]

M. Iunio
Maximo
leg(ato) Augg(ustorum)
leg(ionis) X Fr(etensis) Antoninianae
G(aius) Dom(itius) Sergi(anus)
Iul(ius) Honoratus
str(atores) eius.

„Für Marcus Iunius Maximus, den Kommandeur zweier Kaiser bei der *legio X Fretensis Antoniniana,* haben die beiden Stallmeister Gaius Dom(itius) Sergianus und Iulius Honoratus (diese Statue errichtet)."

Vorstellbar ist durchaus, dass diese Statue innerhalb des Lagers der Legion aufgestellt war. Doch wäre auch ein ziviler Kontext inmitten der Kolonie nicht unmöglich, neben anderen Kommandeuren der Legion oder Statthaltern, die den Oberbefehl über alle Truppen der Provinz hatten.

Mehr noch muss man mit Statuen der Kaiser im Lager der Legion, vor allem aber auf dem Forum der Kolonie, in Portiken oder in den Vorhallen der Tempel der Stadt rechnen. Fast all dies ist verschwunden, außer einem einzigen Zeugnis. Es ist ein Stein, der heute in der Südmauer des Haram eingemauert ist und folgenden Text trägt:[20]

Tito Ael(io) Hadriano
Antonino Aug(usto) Pio
p(atri) p(atriae) pontif(ici) auguri
ex d(ecreto) d(ecurionum) p(ecunia) p(ublica).

---

19 CIL III 6641 = 12080a.

20 CIL III 116 = 6639 = Bieberstein/Bloedhorn, Jerusalem III 148f. Autopsie am 6. Juni 2006: Dabei wurde die Lesung in der oben gegebenen Form verbessert. Zur Einzelbegründung siehe W. Eck, Revision lateinischer Inschriften aus Jerusalem, ZPE (im Druck).

Abbildung 3: Basis für eine Statue des Antoninus Pius aus Jerusalem.

„Für Titus Aelius Hadrianus Antoninus Augustus Pius, den Vater des Vaterlandes, Pontifex und Augur, wurde auf Beschluss des Dekurionenrats mit Mitteln der Kolonie (diese Statue errichtet)."

Der Dekurionenrat der Colonia hat also auf Kosten der Gemeinde eine Statue des Kaisers errichten lassen. Es könnte sich nach den Maßen, die man erschließen kann, vielleicht sogar um eine Reiterstatue des Herrschers gehandelt haben. Wenn man den Platz, an dem sich die Inschrift heute befindet, als einen Indikator für den früheren Aufstellungsort der Statue des Antoninus Pius ansehen möchte, dann wäre der Bereich des Tempelberges der wahrscheinlichste Bereich. Das muss freilich hypothetisch bleiben, da es keine Regel gibt, wie weit Steine verschleppt wurden.

Das Zeugnis für Pius bleibt der kümmerliche Rest aller üblichen statuarischen Monumente für Kaiser, die man in der Kolonie voraussetzen muss. Doch seit wenigen Jahren kann man nun andererseits gerade die höchste Form monumentaler Ehrung, die Rom entwickelt hat, auch in der *colonia Aelia Capitolina* nachweisen: den Ehrenbogen, auf dem die Statue des Geehrten dem Publikum präsentiert wurde.[21] Kurz vor 1969, unmittelbar nach dem Sechstagekrieg, wurde nicht weit von der Stützmauer des herodianischen Tempels entfernt bei Ausgrabungen eine Steintafel gefunden, die einen Teil einer Inschrift aus severischer Zeit (193–211 n. Chr.) bewahrt. Ursprünglich hatte der Stein zum monumentalen herodianischen Pflaster vor der Südmauer des Tempels gehört. In nachrömischer Zeit wurde die Platte bei der Pflasterung der Omayyadenanlage auf dem Tempelberg wiederverwendet, vermutlich als eine Treppenstufe. Das erhaltene Inschriftenfragment weist auf die Verwendung der Platte in der Zeit dazwischen.[22] Der Text lässt noch erkennen, dass Septimius Severus und seine Familie genannt sind. Da, wie sich aus dem Namen von Iulia Domna ergibt, die Namen des Kaisers und seiner Angehörigen im Dativ stehen, ist klar, dass der Text in irgendeiner Form die Herrscherfamilie ehren sollte. Freilich ist bei der Interpretation eines solchen Textes zu beachten, dass eine Inschrift allein niemals eine Ehrung für einen Kaiser darstellen konnte. Entscheidend war vielmehr, wo der Text ursprünglich präsentiert worden war und ob und

[21] Siehe dazu allgemein A. WALLACE-HADRILL, Roman Arches and Greek Honours: The Language of Power at Rome, in: Proceedings Cambridge Philological Society 36, 1990, 143 ff.; speziell für Jerusalem W. ECK, Ehret den Kaiser. Bögen und Tore als Ehrenmonumente in der Provinz Iudaea, in: The Words of a Wise Man's Mouth are Gracious (Qoh 10, 12). Festschrift for G. Stemberger on the Occasion of his 65th Birthday, hg. M. PERANI, Berlin 2005, 153 ff.

[22] M. AVI-YONAH, A Fragment of a Latin Inscription from the Excavations in the Old City of Jerusalem, in: Eretz-Israel. Archaeological, Historical and Geographical Studies, Vol. 9, W. F. Albright Volume, hg. A. MALAMAT, Jerusalem 1969, 175 ff. (Hebräisch), Englische Zusammenfassung 139, mit Tafel 47, Abb. 6; DERS., The Latin Inscription from the Excavations in Jerusalem, in: The Excavations in the Old City of Jerusalem. Preliminary Report of the First Season, 1968, hg. B. MAZAR, Jerusalem 1969, 22 ff.

in welcher bildlichen Form der Kaiser vor der Öffentlichkeit erschien; entscheidend war also der Typ des gesamten Monuments.[23] Das Monument ist heute allerdings kaum je erhalten, sondern üblicherweise nur die Inschrift. Doch aus der Kombination der Größe sowie der Art des Inschriftenträgers lässt sich in Verbindung mit dem Text zumeist eine Aussage gewinnen, so auch in diesem Fall. Die Inschrift selbst kann man in folgender Form rekonstruieren:

> [*Imp. Caes. L. Septimio Severo Pio Pertinaci Aug. Arab.*] *Adiab. Parth.*
> [*max., pont. max., trib. pot. …, imp. XI* (?), *cos. III, p.p. et Imp.*] *Caes. M. Aur.*
> [*Antonino Aug. et L. Septimio Getae nobilissimo Caes.*] *et Iuliae Aug.*
> [*matri castrorum et ?Fulviae Plautillae Aug. col. Ael*]*ia Kap. Commo-*
> [*diana Pia Felix ---?prop*]*rio sumptu*
> [*fecit, dedicante? --- leg. Augg. pro*] *pr., curante*
> [---].[24]

„Für Imperator Caesar Lucius Septimius Severus Pertinax Augustus mit den Siegerbeinamen Arabicus, Adiabenicus, Parthicus maximus, der Oberpriester war, die tribunizische Gewalt inne hatte, elf Mal als Sieger akklamiert worden war, der dreimal als Konsul amtiert hatte und Vater des Vaterlandes war, und für Imperator Caesar Marcus Aurelius Antoninus Augustus und für Lucius Septimius Geta, den hochangesehenen Caesar, und für Iulia Augusta,

---

23 Siehe dazu generell W. Eck, Öffentlichkeit, Monument und Inschrift, in: Akten des 11. Intern. Kongresses für Griech. u. Lat. Epigraphik Rom 1997, hg. S. Panciera, Rom 1999, 55 ff.

24 H. M. Cotton/W. Eck, Ein Ehrenbogen für Septimius Severus und seine Familie in Jerusalem, in: Donum Amicitiae, hg. E. Dąbrowa, Krakau 1997, 11 ff. Auf einer längst überholten Textgrundlage kommt M. Küchler, Jerusalem. Ein Handbuch und Studienführer zur Heiligen Stadt, Göttingen 2007, 284 zu irrigen Schlussfolgerungen aus dieser Inschrift.

die Mutter der Militärlager, und für ? Fulvia Plautilla Augusta, hat die Colonia Aelia Kapitolina Commodiana mit den Beinamen die Ergebene und Glückliche auf eigene Kosten (den Bogen errichtet). Die Dedikation (des Bogens) erfolgte durch [---], den kaiserlichen Legaten im Rang eines ehemaligen Prätors; für die Durchführung der Arbeiten sorgte [---]."

Der so rekonstruierte Text stand auf mehreren Platten, die zusammen eine Breite von mindestens sechs Metern einnahmen. Bei einer solchen Breite sowie der korrespondierenden Höhe von mehr als einem Meter ist der Schluss unumgänglich, dass diese Inschrift nicht etwa auf einer Basis für eine Statuengruppe gestanden haben kann. Vielmehr weist alles darauf hin, dass die Platten ursprünglich an der Attika eines großen Ehrenbogens angebracht waren, auf dem die gesamte kaiserliche Familie statuarisch präsent war: Septimius Severus, seine Söhne Caracalla und Geta, die Gemahlin Iulia Domna und wohl auch Fulvia Plautilla, die junge Frau Caracallas. Das weist auf die Jahre zwischen 202 und 205 hin. Damals hielt sich der Herrscher nicht im Osten auf. Die *colonia Aelia Kapitolina Commodiana,* wie Jerusalem damals mit vollständigem Namen hieß, die, wie der Text zeigt, die Kosten für die Errichtung des Bogens trug, muss also einen anderen Grund als etwa den Besuch des Herrschers gehabt haben, um den monumentalen Bau zu errichten. Da allein die Inschrift mehr als sechs Meter breit war, darf man mit einem entsprechend großen Monument rechnen. Zum Vergleich sei auf den Titusbogen in Rom verwiesen, dessen Inschrift eine Breite von knapp unter sieben Meter erreicht.[25] Die Dedikation erledigte der

[25] Siehe CIL VI, VIII fasc. 2, p. 4308; vgl. Die Einsiedler Inschriftensammlung und der Pilgerführer durch Rom (Codex Einsidlensis 326), hg. G. WALSER, Stuttgart 1987, 87f.; siehe auch M. PFANNER, Der Titusbogen, Mainz 1983.

für uns anonym bleibende Statthalter der Provinz Syria Palaestina, wie die vorletzte Zeile zeigt. Zur Übergabe des Bogens an die Öffentlichkeit ist er wohl eigens aus seinem Amtssitz Caesarea nach Jerusalem gekommen.

Doch dieser Bogen war nicht der einzige und sicherlich nicht der früheste innerhalb der Kolonie, der einen der Kaiser hoch über seinen Untertanen zeigte. Eine Platte, die den linken Teil einer Inschrift bewahrt hat und sich heute im Vorhof der Kirche der Franziskaner, der Church of Flagellation, befindet, zeigt, dass ein Monument für Hadrian errichtet wurde. Der einfache Text lautet:

Imp. Cae[sari divi Traiani]
Parthic[i f. divi Nervae n.]
Traiano [Hadriano Aug.]
pont. ma[x. cos. III p. p.]
[d. d.?][26]

„Für Imperator Caesar Traianus Hadrianus Augustus, den Sohn des vergöttlichten Traianus Parthicus, den Enkel des vergöttlichten Nerva, der oberster Priester war, dreimal den Konsulat bekleidet hat, den Vater des Vaterlandes wurde (auf Grund des Beschlusses des Dekurionenrats dieses Monument errichtet)."

Die gesamte Inschrift war, wenn man sie rekonstruiert, vermutlich rund drei bis dreieinhalb Meter breit. Diese Breite wäre vielleicht auch noch für die Basis einer großen Statuengruppe, etwa eines Viergespanns, angemessen, aber wohl kaum die Höhe des Steines; dieser ist dafür zu hoch. Diese Form der Inschrift, verbunden mit der Tatsache, dass der Text auf mehrere Platten eingemeißelt wurde, macht es wahrscheinlich, dass der Inschriftenträger in die Attika eines Bogens eingelassen war. Darüber hätte dann eine Statue Hadrians gestanden, vermutlich auf einer Quadriga,

[26] P. Thomsen, ZDPV 44, 1921, 2 Nr. 3a; 64, 1941, 208 Nr. 3 = Bieberstein/Bloedhorn, Jerusalem II 144ff.

jedenfalls in einer monumentalen Gestaltung. Unterhalb der letzten erhaltenen Zeile folgt auf dem Stein ein etwa 40 cm hoher freier Raum, der insgesamt kaum völlig unbeschriftet gewesen sein kann. Doch war, wenn diese Voraussetzung zutrifft, der dort stehende, zentrierte Text so kurz, dass er in der Mitte der Inschrift stand, also im heute verlorenen Teil. Ein solch kurzer Text weist aber dann am ehesten auf eine Formel wie *d(ecurionum) d(ecreto)*, also auf einen Beschluss des Dekurionenrats, hin oder vielleicht auf das Wort *publice*, was ebenfalls öffentliches Handeln beschreiben würde. Das aber würde dann den Text in die Zeit nach der Errichtung der Kolonie durch Hadrian datieren, also frühestens in das Jahr 130, eher etwas später. Die Kolonie selbst hätte damit ihren Gründer, den Herrn der Welt, innerhalb ihrer Mauern bildlich gegenwärtig gemacht, in einer aufwendigen Form. Schon die Existenz der Kolonie selbst war ein markantes Zeichen für die Herrschaft Roms über diese Provinz. Eine römische Kolonie hatte das ehemalige religiöse und politische Zentrum des Judentums ersetzt.[27]

Ein weiteres Inschriftenfragment könnte ein ähnliches Monument bezeugen. Auf einem Kalksteinquader mit den Maßen: Höhe 38 cm, Breite 49 cm, das heute in eine Mauer des Museum der Kaiserlich Russischen Orthodoxen Palästinagesellschaft eingelassen ist, steht mit großen Buchstaben folgender Text:[28]

IMP [---]
PART[---].

[27] Siehe dazu auch Kap. 5.

[28] CIL III 6640 = 12080 = Bieberstein/Bloedhorn, Jerusalem II 208. Den Stein konnte ich im Juni 2006 kontrollieren. Vgl. Eck, Ehret den Kaiser (Anm. 21) 158ff. (geschrieben vor der Autopsie des Fragments im Museum der Kaiserlich Russischen Orthodoxen Palästinagesellschaft).

Vervollständigt man das Fragment nach dem, was mit größter Wahrscheinlichkeit erwartet werden kann, dann ergeben sich folgende zwei Möglichkeiten:

IMP [CAESARI DIVI TRAIANI]
PART[HICI F DIVI NERVAE N]
[TRAIANO HADRIANO AVG]
[PONTIF MAX COS III P P?]
[----]

oder

IMP [CAES DIVI TRAIANI]
PART[H F DIVI NERVAE N]
[TRAIANO HADRIANO AVG]
[PONTIF MAX COS III P P?]
[----]

Imp(eratori) [Caesari divi Traiani] Part[hici f(ilio), divi Nervae n(epoti) Traiano Hadriano Aug(usto) pontif(ici) max(imo) co(n)s(uli) III, p(atri) p(atriae)? ---].

Da die drei Buchstaben der 1. Zeile eine Breite von mehr als 30 cm einnehmen, braucht man bei gleichmäßiger Verteilung der folgenden 14 bis 18 Buchstaben noch einen Platz von mindestens 1, 50 oder sogar 2 Metern. Das ergibt eine Gesamtbreite der Inschrift von mindestens 2 bis 2, 50 Metern. Da die Buchstaben in Zeile 1 eine Höhe von 16 cm, die der 2. von mindestens 11 cm haben, zudem der Text auf einem Quader steht, weist auch dies am ehesten darauf hin, dass der Text relativ hoch an einem Bauwerk angebracht war. Das aber verweist wiederum am ehesten auf einen Bogen, auf dem eine Statue Kaiser Hadrians aufgestellt war. Gekennzeichnet wird er durch die Hinweise auf seine kaiserlichen Vorfahren Nerva und Traian sowie durch seine kaiserlichen Rechte als Oberpriester (*pontifex maximus*), Konsul (*consul III*) und Vater des Vaterlandes (*pater patriae*).

Wenn Hadrian in dieser von ihm gegründeten Kolonie mehrfach mit einem Bogen geehrt worden wäre, bräuchte uns das keineswegs zu überraschen.

Noch nicht zutreffend publiziert ist schließlich ein Inschriftenfragment, dessen genauer Fundort nicht bekannt ist,[29] das heute im Museum des Felsendomes in Jerusalem aufbewahrt wird.[30] Folgendes ist zu lesen:

[------------------]
[- - -]OS·D[- - -]
[[[- - -]Ṿ· Ḷ· F̣ḶẠṾỊ[- - -]]]
[- - -]Ṃ·ARCVM·DE·P̣[- - -]
[- - -]IO·ATHENAG[ORA - - -]
[- - -]MAXIMO·[- - -]

Die Buchstaben sind jeweils ca. 11,5 cm hoch, also relativ groß und passen damit bestens zu der Aussage der Inschrift,

[29] Hanswulf Bloedhorn teilte mir freundlicherweise brieflich mit, Robert Schick habe ihm am 14.12.1996 Folgendes über die Fundumstände des Steines geschrieben: „This morning Khader Salameh took me into one of the storerooms of the Islamic Museum on the Haram and showed me a stone slab with a Latin inscription that he had recently brought inside – for years it had been leaning face down against the outer wall of the museum in the courtyard among all the column capitals. Khader did not know anything about its provenance, and I can only speculate that it is a British Mandate discovery found on the Haram, perhaps during the al-Aqsa Mosque renovations between 1938 and 1942." Damit haben sich alle Spekulationen über nähere Fundumstände erledigt.

[30] Siehe die vorläufige Beschreibung bei Eck, Ehret den Kaiser (Anm. 21) 160ff. Vor Kurzem hat T. Grüll eine kurze, aber in vieler Hinsicht nicht befriedigende Veröffentlichung des Fragments im Internet vorgestellt: http://www.aiar.org/pastfellows2004-2005.html (auf Seite 8 des AIAR 2004–2005 Fellows-Reports), sodann aber den Stein auch unter dem Titel: A Fragment of a Monumental Roman Inscription at the Islamic Museum of Haram al – Sharif, Jerusalem, in: IEJ 56, 2, 2006, 183ff. publiziert.

Abbildung 4: Inschriftfragment von einem Ehrenbogen in Jerusalem.

die von der Errichtung eines Bogens, eines *arcus,* handelt; denn die Inschrift befand sich hoch oben an der Attika, zu der der Betrachter aufsehen musste, um die Statue des Geehrten auf dem Bogen zu sehen und die Inschrift zu lesen. Das Wort *arcus* steht in der 3. Zeile des erhaltenen Textes. In der Zeile davor ist eine Rasur vorhanden, die die Buchstaben zwar nicht völlig getilgt hat; die erkennbaren Reste sind allerdings auch nicht zweifelsfrei zu deuten; deshalb soll hier auf Spekulationen verzichtet werden.[31] Immerhin ist zu erkennen, dass in den letzten beiden Zeilen zwei verschiedene Personen erscheinen, die mit der Errichtung des Bauwerks zu tun hatten, weshalb sie überhaupt im Text genannt sind. Die eine Person trägt den griechischen Namen Athenagoras. Ohne hier ins Detail zu gehen, ist die

[31] Nach Grüll soll der Name des Flavius Silva, des Eroberers von Masada, eradiert worden sein; doch verbietet sich beim fragmentarischen Zustand der Inschrift diese Ergänzung aus verschiedenen Gründen; siehe dazu schon Eck, Ehret den Kaiser (Anm. 21) 160 ff.

Deutung dieser Person als führendes Mitglied der Kolonie am wahrscheinlichsten. Dann aber müsste auch dieser Bogen in die Zeit seit Hadrian gehören und für einen Kaiser errichtet worden sein. Denn für eine Privatperson ist innerhalb eines städtischen Zentrums ein solch herausragendes Monument kaum errichtet worden. Dazu müsste der Text dies eindeutig sagen.

Wegen der kontinuierlichen Besiedlung Jerusalems über zweitausend Jahre hin ist die epigraphische Überlieferung für die Stadt insgesamt sehr bescheiden; man könnte sie für einzelne Perioden sogar als schlecht bezeichnen. Wenn wir aber trotz dieser Voraussetzungen bereits drei, wenn nicht vier Ehrenbögen für verschiedene Kaiser nachweisen können, so darf man vermuten, dass solche und ähnliche Monumente in der Realität weit zahlreicher gewesen sein dürften. Rom und seine Herrscher dominierten diese Stadt, die an die Stelle des religiösen Mittelpunkts des Judentums getreten war, für alle so sichtbar, dass für anderes wenig Raum blieb. Für jeden jüdischen Besucher, der etwa trotz des hadrianischen Verbots, Jerusalem zu betreten, durch das ehemalige politische und religiöse Zentrum seines Volkes ging, musste diese Inbesitznahme des heiligen Bodens eine schockierende Erkenntnis sein. Für ihn, seine Religion und seine Kultur blieb da kein Platz mehr. In ähnlicher Weise hatte Vespasian in Rom nach der Eroberung Jerusalems den Sieg über das jüdische Volk an vielen Stellen der Stadt durch Bauten und Monumente verewigt; der jüdische Besucher konnte der Niederlage seines Volkes nirgends entkommen.[32]

[32] S. Panzram, Der Jerusalemer Tempel und das Rom der Flavier, in: Zerstörungen des Jerusalemer Tempels. Geschehen – Wahrnehmung – Bewältigung, hg. J. Hahn, Tübingen 2002, 166 ff.; F. Millar, Last Year in Jerusalem: Monuments of the Jewish War in Rome, in: Flavius Josephus & Flavian Rome, hg. J. Edmondson/S. Mason/J. Rives, Oxford

Die römische Herrschaft besetzte den öffentlichen Raum mit ihren Zeichen der Dominanz, gerade im ehemaligen Zentrum des Judentums.[33] Und das galt in nicht geringem Maß auch für die übrige Provinz.

Ein Reisender, der von Jerusalem aufbrach, begegnete der römischen Herrschaft auf seinem Weg. An fast allen von den Römern erbauten oder ausgebauten Straßen erhoben sich die Meilensteine, auf denen stets der Name des Herrn des Weltreiches, des Kaisers, zu lesen war. Er war derjenige, auf den offiziell der Ausbau der Straßen zurückging, mit denen die Provinz erschlossen wurde. Bisher hat man mehr als 500 solcher Steine im Gebiet des heutigen Israel gefunden.[34] Meile um Meile begleiteten sie so den Reisenden. Nicht auf allen war freilich die Inschrift eingemeißelt. Nur auf rund 150 der heute erhaltenen Steine sind noch Buchstaben zu lesen, die anderen erscheinen uns heute unbeschrieben gewesen zu sein. Dennoch sind es Zeugnisse, die noch heute sprechen, freilich weniger beredt als früher. Denn ursprünglich hatten natürlich auch auf diesen Steinen Texte gestanden. Nur waren sie auf vielen nicht eingemeißelt worden, sondern auf den Verputz, mit denen diese Meilensteine überzogen wurden, aufgemalt. Das hing partiell damit zusammen, dass

---

2005, 101 ff.; W. Eck, Rom und das jüdische Volk: Orte der Niederlagen und triumphale Erinnerungen, in: Erinnerungsorte der Antike, hg. K.-J. Hölkeskamp/E. Stein-Hölkeskamp, München 2006, 570 ff.

[33] Ein sehr frühes Beispiel für die sichtbare Präsenz der Herrschaft Roms war es, dass Herodes den Namen von M. Vipsanius Agrippa, des mächtigsten Mannes nach Augustus, über dem Tor, das den Zugang zum Tempel in Jerusalem gewährte, anbringen ließ (Josephus, bell. 1, 416).

[34] Siehe dazu vor allem Isaac/Roll, Roman Roads in Judaea I; Fischer/Isaac/Roll, Roman Roads in Judaea II. Alle Meilensteine werden, außer in Band XVII des CIL, auch in Band 9 des Corpus Inscriptionum Iudaeae/Palestinae (siehe Kap. 4) publiziert werden.

das Steinmaterial, aus dem die *milliaria* hergestellt wurden, oft sehr porös war, weshalb Buchstaben nur mit großer Mühe eingemeißelt werden konnten; so behalf man sich mit Farbe. Für den reisenden Betrachter machte das keinen Unterschied, die Texte sagten, eingemeißelt oder gemalt, dasselbe, wie es sich noch an einem Stein nachweisen lässt, der aus der Zeit Constantins stammt, auf dem sich die gemalte Inschrift erhalten hat.[35]

Der früheste bisher bekannte Meilenstein aus Judaea stammt aus der zweiten Hälfte des Jahres 69, unmittelbar nach der Akklamation Vespasians durch die Truppen des Ostens. Er wurde nahe der heutigen Stadt Afula entdeckt:[36]

Imp(erator)
Caesar [Ve]spa-
sianus Aug(ustus) M(arco) [Ul-]
pio Tr[ai]an[o] leg(ato)
leg(ionis) X Fret(ensis).
(milia passuum) XXXIV.

„Imperator Caesar Vespasianus Augustus hat unter der Leitung des Marcus Ulpius Traianus, des Legaten der legio X Fretensis, (diesen Meilenstein errichten lassen). 34. Meile."

Der Text des Meilensteins berichtet von Bauarbeiten an der Verbindungsstraße von Caesarea über Caparcotna nach Scythopolis. Bezeugt ist die 34. Meile. Ähnliche Steine dürfen wir jeweils nach jeder Meile erwarten. Obwohl die Mehrheit derjenigen, die auf dieser Straße reisten, kaum Latein verstanden haben werden, wurde überall dieser Text

[35] Isaac/Roll, Roman Roads in Judaea I Nr. 21.

[36] B. Isaac/I. Roll, A Milestone of A. D. 69 from Judaea: The Elder Trajan and Vespasian, JRS 66, 1976, 15 ff. = in: Isaac, Near East 36 ff. (= AE 1977, 829).

präsentiert, der die immer gleiche Botschaft verkündete, dass nämlich Vespasian der (neue) Herr der römischen Welt sei. Die Inschrift sagt aber auch, wer durch diese Straße das römische Herrschaftsgebiet erschloss: Denn neben Vespasian, dessen Name als Bauherr im Nominativ erscheint, wird der damalige Kommandeur der *legio X Fretensis,* M. Ulpius Traianus, der Vater des späteren Kaisers, genannt[37] und die Legion, die in diesem Fall nach aller Wahrscheinlichkeit die eigentlichen Arbeiten durchgeführt hat. Den Befehl hatte sicher Vespasian selbst gegeben, in einer Zeit, als Titus noch nicht offiziell die Position des Nachfolgers in der Öffentlichkeit übernommen hatte.

Das erfolgte aber kurz darauf. Wiederum geben zwei Meilensteine, diesmal aus Jerusalem, davon Kunde; sie müssen unmittelbar vor dem ehemaligen Stadtgebiet gestanden haben:[38]

Imp(erator) Caesar
Vespasian[us]
Aug(ustus), Imp(erator) T(itus) [Cae-]
sar Vesp(asiani) Aug(usti) [f(ilius)]
L[[--- leg(ato)]]
Aug(usti) pr(o) pr(aetore)
legio X Fr(etensis)
[m(ilia) p(assuum) I.]

---

[37] Vgl. E. Dąbrowa, Legio X Fretensis 23 ff.

[38] B. Isaac / M. Gichon, A Flavian Inscription from Jerusalem, IEJ 24, 1974, 117 f. = R. Syme, Antonius Saturninus, JRS 68, 1978, 12 ff. = AE 1978, 825 = W. Eck, Sextus Lucilius Bassus, der Eroberer von Herodium, in einer Bauinschrift aus Abu Gosh, SCI 18 1999, 109 ff.: Appendix: S. 119 f. J. P. Roth, The army and the economy in Judaea and Palestine, in: The Roman army and the economy, hg. P. Erdkamp, Amsterdam 2002, 389 kennt weder diese beiden Steine noch den von Afula, weshalb er schreiben kann, unter den Flaviern seien in Iudaea keine Straßenbauarbeiten bezeugt. Irrig Küchler (Anm. 24) 292 f.

„Imperator Caesar Vespasianus Augustus und Imperator Titus Caesar, Sohn des Vespasianus Augustus, (haben) unter L[---], ihrem Statthalter im prätorischen Rang, (den Meilenstein aufstellen lassen). Die legio X Fretensis (hat die Arbeit durchgeführt). Meile 1."

Ein zweiter, vor kurzem publizierter Meilenstein mit demselben Text hat die Meilenzahl I bewahrt.[39] Da die beiden Steine fast an derselben Stelle gefunden wurden, sollten sie auch am selben Ort gestanden haben. Wiederum haben wir dieselbe Sachaussage: Die Herrscher ordnen den Bau an, der Statthalter ist verantwortlich, die Legion führt die Arbeiten durch. Dass zu diesen Arbeiten vermutlich Juden, die während oder gegen Ende der Revolte gefangen worden waren, eingesetzt wurden, ganz ähnlich wie bei der Belagerung von Masada durch Flavius Silva im Jahr 73 oder 74, fand hier notwendigerweise keine Erwähnung. Sie gehörten nicht zum herrschenden Teil der Welt.

Der fiktive Reisende, wie wir ihn uns vorstellen, kam auf dem Weg nach Caesarea über den heutigen Ort Abu Gosh. An einem Bauwerk, das an der Straße stand, konnte er folgende Inschrift lesen:[40]

Imp(erator) Caes(ar) [Vespasianus Augustus]
Imp(erator) T(itus) [Caesar Vesp(asiani) Aug(usti) fil(ius)]
Sex(to) Lu[cilio Basso leg(ato) Aug(usti) pr(o) pr(aetore)]
coh(ors) [---].

„Imperator Caesar Vespasianus Augustus und Imperator Titus Caesar, Sohn des Vespasianus Augustus, haben unter Sextus Lucilius Bassus, ihrem Statthalter in prätorischem Rang, (das Gebäude errichten lassen), die Kohorte [---] führte die Arbeit aus."

---

39 Y. Billig/R. Reich, Another Flavian Latin Inscription from the Excavations near the Temple Mount, Jerusalem, Atiqot 44, 2003, 243 ff. = AE 2003, 1810.

40 Eck, Lucilius Bassus (Anm. 38) 109 ff.

Von welchem Gebäude die Botschaft herabsah, lässt sich nicht mit Sicherheit sagen. Es könnte ein Auxiliarkastell gewesen sein oder vielleicht eine Herberge (*mansio*) oder eine Wechselstation für Zugtiere und Wagen (*mutatio*), die dem Überlandverkehr römischer Amtsträger und Militärs dienten. Wie auch immer, hier wurde dem Betrachter und Leser mitgeteilt, dass der Kaiser und sein Sohn zur Festigung der Herrschaft Roms beigetragen hatten. Und solches wiederholte sich immer wieder an den Überlandstraßen. Meilensteine und *praetoria,* wie solche offiziellen Rastplätze manchmal bezeichnet wurden, waren überall präsente Zeugnisse römischer Herrschaft, nicht anders als die Kastelle von Alen und Kohorten wie etwa dem in Yotvata im Wadi Araba, dessen Dedikationsinschrift die Kaiser der Tetrarchie als die Bringer der *pax aeterna* pries.[41] Diese Dokumente sind zwar oft banal, sie sprechen dennoch sehr beredt. Man muss sie nur aus ihrer konkreten Umwelt heraus sprechen lassen.

Das eigentliche Zentrum römischer Herrschaft und deren Präsentation im Lande aber war Caesarea, das der Reisende auf der Straße von Jerusalem über Abu Gosh, Emmaus-Nicopolis, Lydda-Diospolis und Joppe erreichte. Tacitus nennt Caesarea *caput provinciae* = Zentrum der Provinz.[42]

---

[41] I. Roll, A Latin Imperial Inscription from the time of Diocletian at Yotvata, IEJ 39, 1989, 239 ff.; W. Eck, *Alam Costia constituerunt.* Zum Verständnis einer Militärinschrift aus dem südlichen Negev, Klio 74, 1992, 395 ff. = AE 1990, 1015 = 1992, 1714 = AE 2002, 1563: *Perpetuae Paci Diocletianus Augus(tus) et [[Maximianus August(us)]] Constantius et Maximianus nobilissimi Caesar(e)s alam Costia constituerunt per providentia(m) Prisci pr(a)esidis [[provinciae]] [[Palaestinae]]* = „Zur Schaffung des ewigen Friedens haben Diocletianus Augustus und Maximianus Augustus, Constantius und Maximianus, die hochedlen Caesares, in Costia eine Reitereinheit stationiert durch die Umsicht des Priscus, des Statthalters der Provinz Palaestina".

[42] Tac., hist. 2, 78, 4 = Stern Nr. 278.

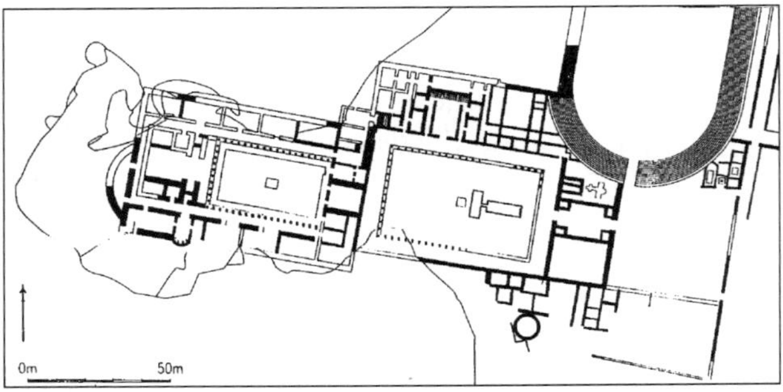

Abbildung 5: Plan des Statthalterpalastes in Caesarea.

Schon Herodes hatte dafür gesorgt, dass sich durch die Stadt seine Verbindung mit Rom und speziell mit Augustus manifestierte, vor allem durch den mächtigen Tempel der Roma und des Augustus, der sich über dem inneren Hafen erhob. Auch die beiden Leuchttürme an der Einfahrt zum Hafen zeigten durch ihre Benennung, wo die Basis seiner Herrschaft lag.[43] Sein eigener Palast aber erhob sich auf einer ins Meer hinausragenden Landzunge, einem Kap, ganz im Süden der Stadt, auf drei Seiten vom Meer umgeben.[44]

Gleich nach der Übernahme der Herrschaft hatte der Präfekt Coponius den Palast des Herodes in Besitz genommen, ein wahrhaft königlicher und adäquater Sitz für den Vertreter Roms. In der Apostelgeschichte wird berichtet, der Prozess gegen den Apostel Paulus habe ἐν τῷ πραιτωρίῳ

[43] Siehe Kap. 1.

[44] L. I. Levine / E. Netzer, Excavations at Caesarea Maritima: 1975. 1976. 1979. Final Report, Jerusalem 1986, 180 ff.; E. Netzer, The Promontory Palace, in: Caesarea Maritima. A Retrospective after Two Millenia, hg. A. Raban / K. G. Holum, Leiden 1996, 193 ff. Siehe allgemein auch L. Levine, Caesarea under Roman Rule, Leiden 1975, 12 ff.

τοῦ ῾Ηρῴδου, im Praetorium des Herodes, stattgefunden.[45] Das ist eine Kontamination der Tatsache, dass Herodes die repräsentative Anlage erbaut hat und der römische Vertreter den Palast zu seinem *praetorium* gemacht hatte. Als König Agrippa II. und seine Gemahlin Berenike in Caesarea den damaligen unmittelbaren Vertreter Roms in Judaea, Porcius Festus, besuchten, wurden sie in das ἀκροατήριον, die Audienzhalle, innerhalb des Palastes geführt, um dort an einer Gerichtsverhandlung über den Apostel Paulus teilzunehmen.[46] Ob bereits einer der Präfekten diese repräsentative Anlage erweiterte, lässt sich nach den bisherigen Berichten über die archäologischen Befunde in den Ausgrabungen noch nicht sagen.[47] Sehr wahrscheinlich ist es nicht. Doch immerhin hat Pilatus dafür Sorge getragen, dass der imposante städtebauliche Eindruck Caesareas und damit der römischen Herrschaft keinen Schaden nahm. Denn er hat veranlasst, dass einer der beiden Leuchttürme an der Einfahrt in den Hafen mit dem Namen *Tiberieum* erneuert wurde, zum Wohl der Seefahrer: *[nauti]s,* wie man das erste Wort der bekannten Inschrift mit dem Namen des Präfekten Pontius Pilatus wohl ergänzen darf. Es ging ihm nicht um die Ausweitung des Herrscherkults, was man lange Zeit gerade aus diesem Text hatte ableiten wollen.[48] Der Tempel für Roma und Augustus über dem inneren Hafen

---

[45] Acta apost. 23, 35.

[46] Acta apost. 25, 23 ff. Später wird dieser Funktionsbereich bei Eusebius, historia ecclesiastica 6, 39, 2 f.; 7, 15, 4 f. als ἡγεμονικὰ δικαστήρια = Gerichtsort des Statthalters bezeichnet.

[47] B. Burrell, Palace to Praetorium: The Romanization of Caesarea, in: *Caesarea Maritima: a Retrospective After Two Millennia,* hg. A. Raban/K. G. Holum, Leiden 1996, 228 ff.; Dies., Two Inscribed Columns from Caesarea Maritima, in: ZPE 99, 1993, 287 ff. = AE 1993, 1619 ff.

[48] Oben Kap. 1 zu Anm. 31 und 32.

war das für jeden unmittelbar sichtbare Zeichen, wer der Herr der Welt, auch der jüdischen, war.

Das wirkliche Zentrum der römischen Herrschaft in ganz Judaea wurde Caesarea jedoch erst nach der Niederschlagung der großen Revolte im Jahr 70 n. Chr., als die Region eine eigenständige Provinz unter einem senatorischen Legaten geworden war. Vespasian erhob die Stadt als Dank für ihre Unterstützung während des Krieges in den Rang einer römischen Kolonie:[49] *Colonia Prima Flavia Augusta Caesarea,* wie der volle Titel lautete.[50] Was dies für die Stadt selbst bedeutete, soll später in anderem Zusammenhang behandelt werden. Nur eines sei schon hier vorweggenommen: entgegen der bisherigen Forschungsmeinung müsste es, wenn man von normalen Voraussetzungen ausgeht, doch zu einer deutlichen Ansiedlung von lateinischsprachiger Bevölkerung gekommen sein, vermutlich vor allem von Legionsveteranen.[51] Für den römischen Charakter der Stadt und deren herrschaftliche Funktion war dies von nicht geringer Bedeutung.

Seit dem Jahre 70 amtierte ein Senator als Statthalter in prätorischem Rang, als *legatus Augusti pro praetore pro-*

---

[49] Plinius, naturalis historia 5, 69 = Stern Nr. 204: *inde Apollonia, Stratonis Turris, eadem Caesarea ab Herode rege condita, nunc colonia Prima Flavia a Vespasiano Imperatore deducta* = „danach folgt Apollonia, Stratonsturm, ebenso Caesarea (genannt), von König Herodes gegründet, das jetzt Colonia Prima Flavia heißt und von Vespasian als Kolonie gegründet wurde."

[50] CIL III 12082 = Dessau 7206 = Lehmann / Holum Nr. 3; Lehmann / Holum Nr. 44 = W. Eck, Zu lateinischen Inschriften aus Caesarea in Iudaea/Syria Palaestina, ZPE 113, 1996, 129ff., bes. 138ff.

[51] Dazu Kap. 4 und 5 sowie W. Eck, Presence, role and significance of Latin in the epigraphy and culture of the Roman Near East, Kolloquium Institute for Advanced Studies, Jerusalem Juni 2003, hg. H. Cotton / J. Price / D. Wasserstein (im Druck).

vinciae Iudaeae, wie der offizielle Titel lautete. So steht er z.B. auf den beiden Meilensteinen, die an der ersten Meile von Jerusalem unter Vespasian und Titus aufgestellt wurden, ebenso in nicht wenigen späteren Inschriften, etwa des Legaten Q. Pompeius Falco unter Traian.[52] Die Position des vorherigen ritterlichen Funktionsträgers war mit der des neuen Statthalters kaum vergleichbar. Schon allein die sozio-politische Stellung als Senator in der römischen Gesellschaft und Mitglied im Senat hob den Legaten weit über den gesellschaftlichen Rang und den Einfluss eines normalen Ritters hinaus. Der Senat umfasste insgesamt nur 600 Personen, die bereits aus vielen Provinzen des Reiches rekrutiert waren. Fast alle wichtigen machtpolitischen Funktionen im Reich waren Senatoren anvertraut. Die Zahl der Ritter ist nicht näher zu beziffern, doch gehörten mehrere Zehntausende zu dieser sozio-politischen Gruppe, die wichtige, aber doch meist untergeordnete Aufgaben erfüllten. Das Selbstbewusstsein eines solchen zum Herrschen erzogenen Senators und die Vorstellung von dem, was er vertrat, unterschieden sich deutlich von der üblichen Mentalität eines Ritters, jedenfalls noch in dieser frühen Zeit des Prinzipats.

In der Provinz kommandierte der Legat jetzt eine Legion, die *legio X Fretensis,* dazu etwa 10 Hilfstruppeneinheiten. Seit spättraianischer oder frühhadrianischer Zeit waren es sogar zwei Legionen und fast zwanzig Auxiliareinheiten.[53]

---

[52] Siehe oben Anm. 34 und 39; Dessau 1035. 1035a; auch in den Bauinschriften, die der Eroberer von Masada, Flavius Silva, über den Eingängen eines von ihm in Urbs Salvia (das heutige Urbisaglia) in Italien erbauten Amphitheaters anbringen ließ, ist dieser Titel partiell erhalten: W. Eck, Senatoren von Vespasian bis Hadrian, München 1970, 93ff.

[53] Siehe das folgende Kap.3.

Einige Abteilungen dieser Truppen befanden sich stets in der unmittelbaren Umgebung des obersten Kommandeurs des Provinzheeres. Bei öffentlichen Auftritten wurde er von fünf Liktoren begleitet, die ihm als Zeichen seiner Amtsgewalt die *fasces,* die Rutenbündel mit den Beilen, voran trugen.[54]

Natürlich übernahm er den Amtssitz der ritterlichen Vorgänger, der bald erheblich erweitert wurde. Das Zentrum des herodianischen Palastes lag, wie schon beschrieben, auf dem ins Meer hinausragenden Kap im Süden der Stadt. Dieser Teil des Palastes wurde auf weit höherem Niveau durch einen zweiten, wesentlich größeren Neubau erweitert. In dessen Mitte umgab eine Säulenhalle einen großen rechteckigen Hof, um den sich zahlreiche Räume unterschiedlicher Funktion erstreckten. Einer dieser Räume hat in der späteren Zeit wohl auch die Funktion des ἀκροατήριον übernommen, das von Anfang an im Herodespalast vorhanden war und in dem das *tribunal* für die Gerichtssitzungen gestanden hat, von dem in der Apostelgeschichte beim Prozess gegen den Apostel Paulus gesprochen wird.[55] Fluchtafeln, die im Bereich des Praetoriums gefunden wurden, scheinen auf die dort stattfindenden Prozesse zu verweisen.[56]

---

[54] H. M. Cotton, Cassius Dio, Mommsen and the quinquefascales, Chiron 30, 2000, 217 ff.

[55] Acta apost. 25, 23. Ein Praetorium stand dem römischen Repräsentanten auch in Jerusalem zur Verfügung mit einem entsprechenden *tribunal,* Joh. 18, 28; 19, 13. Siehe allgemein R. Egger, Das Praetorium als Amtssitz und Quartier römischer Spitzenfunktionäre, Sitzungsberichte der Österreichischen Akademie der Wissenschaften, Philosophisch-historische Klasse 250, 1966, 4. Abhandlung; Haensch, Capita provinciarum 227 ff. 548 ff.

[56] Die Texte, die auf Bleitäfelchen geschrieben wurden, sind noch nicht publiziert.

Der Palast selbst grenzte unmittelbar an den Circus an, zu dem es vom Statthaltersitz aus einen direkten Zugang gab. Im östlichen Vorbereich des *praetorium* erstrecken sich zahlreiche Räume, die für das Personal des Statthalters und deren Tätigkeit bestimmt waren. In einigen dieser Räume wurden Inschriften in situ gefunden, die unmittelbar deren Funktionen benannt haben, die bisher noch bei keinem kaiserzeitlichen *praetorium* irgendwo im römischen Reich so klar zu erkennen waren. Dadurch wird etwas deutlicher, wie der Zugang zum eigentlichen Träger der Macht, dem Statthalter, gestaltet war und welche Personengruppen ihn bei seiner Tätigkeit unterstützten.

Ein Raum, der sich mit seiner Rückwand direkt an den Circus anlehnt, enthält noch jetzt einen Tisch, eine *mensa,* vor dem eine kleine Rundbasis mit folgendem Text gefunden wurde:[57]

Cl(audius) Severus
cust(os) sc(olae) (centurionum)
s(ua) p(ecunia) f(ecit).

„Claudius Severus, Verwalter und Aufseher des Versammlungslokals der Zenturionen, hat (die Statue) aus eigenen Mitteln aufgestellt.“

Der Dedikant, der sich *custos scolae centurionum* nennt, stiftete diese Basis zusammen mit der Statue, wohl des *Genius* der *centuriones.* Diese benutzten den Raum vermutlich in doppelter Funktion als *officium,* d. h. als Amtslokal, und als Klubhaus, wie wir es beispielsweise auch aus dem Lager der *legio III Augusta* in Lambaesis in Africa kennen.[58] Zumindest könnte die *mensa* auf diese Funktion hinweisen. Die Zenturionen kamen aus den beiden Legionen, die in

[57] Cotton/Eck, Latin Inscriptions 215 ff.
[58] CIL VIII 2552–2569.

Abbildung 6: Caesarea: Scola Centurionum.

der Provinz stationiert waren und standen zur besonderen Verfügung des kaiserlichen Legaten. Von ihrem Dienstraum aus war der Eingangsbereich des Praetorium leicht zu überwachen; möglicherweise gehörte dies zum Aufgabenbereich dieser kleinen speziellen Gruppe von Offizieren. Auf jeden Fall hatten sie sich jederzeit zur Disposition des Statthalters bereit zu halten und so die römische Macht gegenüber den Untertanen, die sich zum Statthalter begaben, sichtbar zu machen.

Nur wenige Schritte östlich der *scola* der *centuriones* wurde bei den Ausgrabungen ein anderer Raum freigelegt, in dessen Mitte ein Fußbodenmosaik folgenden Text aufweist:[59]

Sanct[o]
Genio fru[m-]
entarioru[m]
omnia
felicia.

„Der heiligen Kraft der *frumentarii* ein glückliches Gelingen."

[59] Cotton/Eck, Latin Inscriptions 232 ff.

Abbildung 7: Mosaik aus dem Büro der Gefängnisverwaltung im Statthalterpraetorium.

Die *frumentarii* waren Soldaten, die ebenfalls aus den Legionen genommen waren. Ihre genauen Funktionen sind umstritten.[60] Auch sie standen jedenfalls zur besonderen Verfügung des kaiserlichen Legaten, was allein schon die räumliche Nähe ihres Dienstsitzes zum Zentrum des Praetoriums zeigt. Dass sie unter anderem für polizeiliche Aufgaben eingesetzt wurden, kann nicht bezweifelt werden.

[60] R. M. Sheldon, Intelligence Activities in Ancient Rome. Trust in the Gods, but Verify, London 2005, 250–260 über die *frumentarii*; J. C. Mann, The Organization of Frumentarii, ZPE 74, 1988, 149 f.

Das machte sie bei der Bevölkerung keineswegs besonders beliebt, für die römische Ordnungsmacht aber waren sie essentiell. So ist es kein Zufall, dass ihr Dienstraum unmittelbar am Zugang zum Praetorium lag, nicht anders als die *scola* der Zenturionen.

Auf der gegenüberliegenden Seite des Eingangsbereichs zum Praetorium lag ein weiterer Raum, in dem ebenfalls Personal tätig war, das mit der statthalterlichen Kriminaljustiz verbunden war. Erneut gibt ein Fußbodenmosaik über die Funktion Auskunft:[61]

Spes bona
adiutorib(us)
offici
custodiar(um).

„Eine glückliche Zukunft den Hilfsfunktionären im Büro der Gefängnisverwaltung."

Wenn die Bezeichnung *officium custodiarum* richtig verstanden wird, dann gehörte der Raum und seine unmittelbare Umgebung zum Gefängnistrakt des Praetorium, in dem Personen festgehalten wurden, die auf ihren Prozess warteten, ähnlich wie der Apostel Paulus. Ob sich freilich sein Gefängnis gerade an dieser Stelle befand, lässt sich nicht sagen, da zumindest das Mosaik erst später gelegt, vielleicht sogar dieser gesamte Teil des Praetorium erst im 2. Jahrhundert erbaut wurde.

Diese drei Inschriften lassen somit als pars pro toto erkennen, wie sich um den Statthalter eine größere Anzahl von Personen gruppierte. Hinzuzurechnen sind zudem die *singulares,* die berittene Begleittruppe des Legaten, von der sich stets ein Teil in dessen unmittelbarer Umgebung

---

[61] Cotton/Eck, Latin Inscriptions 230 ff.

befand. Sie sind zwar für Caesarea nicht bezeugt, aber man muss sie wie in jeder anderen Provinz voraussetzen.

Ferner hatten die *beneficiarii consularis,* also die Legionssoldaten, die zum besonderen Dienst beim Statthalter abgeordnet waren, innerhalb des Praetorium ihren Standort, wo sie zu Ehren Hadrians bei seinem Besuch in der Stadt im Jahr 130 eine Statue errichteten.[62] Sie waren u. a. für die Sicherheit im Lande zuständig, waren an neuralgischen Straßenknoten stationiert, aber eben auch in der Umgebung des Legaten. Ihr Abzeichen war die sogenannte Benefiziarierlanze, die jedem deutlich machte, dass sie im Auftrag der römischen Macht tätig waren. Tineius Rufus, der in der genannten Inschrift als ihr Chef erscheint, ist der Statthalter, unter dem im Jahr 132 der Bar Kochba-Aufstand ausbrach. Als die Statue errichtet wurde, ahnte noch keiner der Beteiligten, welche existentielle Unsicherheit in den unmittelbar darauf folgenden Jahren die römische Herrschaft im Lande erleben würde.

Die Statue Hadrians war nicht die einzige, die einen der Herrscher oder andere Träger der römischen Herrschaft innerhalb des Praetorium bildlich den Besuchern zeigte. Von den bildlichen Repräsentationen selbst ist nichts

---

[62] Cotton / Eck, Latin Inscriptions 235 ff.: *[Imp. Caes(ari) divi Traiani Parth(ici) f(ilio), divi Nervae nep(oti) Traiano Hadriano] / Aug(usto) pont(ifici) ma[x(imo), tr(ibunicia) pot(estate) XIV(?), co(n)s(uli) III, p(atri) p(atriae)] / b(eneficiarii) Tinei Rufi [leg(ati) Aug(usti) pr(o) pr(aetore) ---] / [---]* = „Für Imperator Caesar Traianus Hadrianus Augustus, den Sohn des vergöttlichten Traianus Parthicus und Enkel des vergöttlichten Nerva, der Oberpriester war, die tribunizische Gewalt zum 14. (?) Mal ausübte, dreimal Konsul gewesen war und Vater des Vaterlandes, haben die *beneficiarii* des kaiserlichen Legaten Tineius Rufus (eine Statue aufgestellt?)." Zu den Aufgaben dieser Soldaten siehe J. Nelis-Clément, Les beficiarii militaires et administrateurs au service de l'empire (Ier s. a.C. – VIe s. p.C.), Bordeaux 2000, bes. 211 ff.

erhalten geblieben, nur einige wenige Inschriften zeugen noch davon. Am wichtigsten sind zwei fast zwei Meter hohe Säulen, auf denen einst Statuen gestanden hatten. Sie wurden innerhalb des Praetorium gefunden und zeigen, dass sie jeweils viermal als Basis wiederverwendet wurden, für Statuen von Statthaltern und auch von Kaisern. Eine dieser Inschriften lautet:[63]

D(ecimo) Seio D(ecimi) f(ilio) Quir(ina tribu) Senecae
leg(ato) Aug(usti) pro pr(aetore) provinc(iae)
Syriae Palaest(inae)
mandatu
Sex(ti) Corneli Quirina (tribu)
Taurini IIviral(is)
Cornel[[ius Quintianus]]
filius[[---]].

„Für Decimus Seius Seneca, den Sohn eines Decimus, aus der Tribus Quirina, den Legaten des Kaisers im prätorischen Rang, hat Cornelius Quintianus, der Sohn, im Auftrag seines Vaters Sextus Cornelius Taurinus, aus der Tribus Quirina, des ehemaligen Duumvirn, (eine Statue errichtet)";

Der Legat Decimus Seius Seneca amtierte zwischen etwa 155 und 157 in Caesarea.[64] Geehrt wurde er von einem Bürger Caesareas, der der Führungsschicht der Stadt angehörte, mit einer Statue, die im Innern des Praetorium stand.

Mehr als hundert Jahre später wurde die Basis auf den Kopf gestellt, um sie für die statuarische Präsentation eines

[63] B. Burell, Two Inscribed Columns (Anm. 47) 287 ff. = Lehmann-Holum, Inscriptions Nr. 15: dazu W. Eck, Topoi 10, 2000, 536 ff.

[64] W. Eck/A. Pangerl, Eine Konstitution für die Truppen von Syria Palaestina aus dem Jahr 158, ZPE 157, 2006, 185 ff.; Dies., Eine Konstitution für die Hilfstruppen von Syria Palaestina vom 6. Febr. 158 n. Chr., ZPE 159, 2007, 283 ff.

Abbildung 8: Statuenbasis aus dem Statthalterpalast in Caesarea.

Herrschers, nämlich von Kaiser Probus, zwischen 276 und 282 wiederzuverwenden:[65]

Omn[[ium gentium]]
vere [[victoriosiss(imo)]]
ac feli[[ciss(imo) indulgent(issimo)]]
Caes(ari) n(ostro) M(arco) [[Aur(elio) Probo]]
invict(o)[[Aug(usto) [---]]]
Acilius Cleobulus v(ir) c(larissimus)
prae[[(ses) prov(inciae) Syr(iae) Pal(aestinae)]]
[[d(evotus) n(umini) m(aiestatique) e(ius)]].[66]

„Unserem über alle Völker siegreichen und glücklichsten und nachsichtigsten Caesar Marcus Aurelius Probus, dem unbesiegten Augustus, hat seine Eminenz Acilius Cleobulus, Statthalter der Provinz Syria Palaestina, seiner göttlichen Majestät ergebener Diener, (diese Statue errichtet)."

Und wenig später, wohl im Jahr 304, wurde eine weitere Inschrift auf die Basis gemeißelt, auf der nun die Statue des Caesar Constantius stand:[67]

[Fortissimo et] consultissimo
iuv[en]tut[is] principi
Fl(avio) Valerio Constantio
p(io) f(elici) invic(to) nobilis(simo) Caes(ari)
Aufidius Priscus v(ir) p(erfectissimus) praes(es) prov(inciae)
Pal(aestinae) d(evotus) n(umini) m(aiestati)q(ue) eor(um).

„Dem tapfersten und klügsten Anführer der Jugend Flavius Valerius Constantius, dem frommen und glücklichen, unbesiegten erhabensten Caesar, hat seine Exzellenz Aufidius Priscus, Statthalter

---

65 Burell (Anm. 47) 287 ff. = Lehmann-Holum, Inscriptions Nr. 16.

66 Die doppelten eckigen Klammern [[---]] zeigen, dass der Text eradiert wurde, aber nicht so vollständig, dass der Text heute nicht doch noch gelesen werden kann.

67 Burell (Anm. 47) 287 ff. = Lehmann-Holum, Inscriptions Nr. 17.

der Provinz Syria Palaestina, deren göttlicher Majestät ergebener Diener, (diese Statue errichtet)."

Da es am Ende der Devotionsformel des *praeses provinciae Palaestinae* Aufidius Priscus nicht *d(evotus) n(umini) m(a-iestati)q(ue) eius* heißt, sondern *eor(um),* zeigt klar, dass diese Statue nicht allein stand, sondern vereint mit den Statuen der anderen Mitglieder der ersten Tetrarchie: Diocletian, Maximian und Galerius.[68] Eine Vierergruppe von Statuen auf hohen Postamenten verkündete die neue Form der kaiserlichen Herrschaft in der Gestalt von vier Herrschern. Tatsächlich steht auch auf einer zweiten Säulenbasis, die mit der anderen zusammen gefunden wurde, der Name des Galerius.[69] Die beiden anderen Basen für die Statuen von Diocletian und Maximian sind verloren.

Doch neben diesen Statuen darf man noch andere innerhalb des Praetorium vermuten. So fand sich eine Säule, auf der ein anderer *praeses* der Provinz Palaestina, Arbaeus Africanus, für Maximianus Augustus zwischen 288 und 304 eine Statue hatte errichten lassen.[70] Und der eben genannte *praeses* Aufidius Priscus ließ zusätzlich eine weitere Vierergruppe auf mehr als dreieinhalb Meter hohen Säulen wohl unmittelbar vor dem Eingang des Praetorium an der Straßenkreuzung errichten.[71] Was wir heute noch

---

[68] W. Eck, Worte und Bilder. Das Herrschaftskonzept Diocletians im Spiegel öffentlicher Monumente, in: Die Tetrarchie: Ein neues Regierungssystem und seine mediale Präsentation, hg. D. Boschung/ W. Eck, Wiesbaden 2006, 323 ff.

[69] Burell (Anm. 47) 287 ff. = Lehmann-Holum, Inscriptions Nr. 14.

[70] Lehmann-Holum, Inscriptions Nr. 9; dazu W. Eck, Prosopographische Klärungen zu Statthaltern von Syria Palaestina, ZPE 155, 2006, 253 ff., bes. 254 ff.

[71] W. Eck, *Devotus numini maiestatique eorum.* Repräsentation und Propagierung der Tetrarchie unter Diocletian, in: Medien in der Antike.

unmittelbar von diesen Monumenten erhalten haben, sind allein die Basen. Vermutlich sind die Statuen, die mehrheitlich aus Bronze gegossen waren, bald eingeschmolzen worden. Doch nicht nur deswegen geben die Überreste nur ein sehr reduziertes Bild von der Vielfalt der Statuen, die einst in dieser weitläufigen Anlage des Statthalterpalastes zu sehen waren. Die komplette spätere Wiederverwendung der Anlage für ganz andere Zwecke hat wohl die meisten Zeugnisse beseitigt. Doch ursprünglich müssen sie außerordentlich zahlreich gewesen sein. Platz war ausreichend vorhanden; schließlich dürfte das Praetorium eine Fläche von mindestens 25.000 qm umfasst haben.

Diese imposante Anlage kann man noch heute unmittelbar in ihrer enormen Ausdehnung sehen; doch die stufenweise Entwicklung, die spezifischen Funktionen und die außergewöhnliche äußere Pracht können wir uns erst wirklich vorstellen, wenn die detaillierten Ausgrabungsergebnisse vorliegen.

Dies war aber nicht der einzige Palast, in dem ein hoher Amtsträger in Judaea Rom repräsentierte. Seit dem Jahr 70 fungierte neben dem senatorischen Legaten noch der ritterliche Prokurator, der für den Steuereinzug sowie für die Versorgung des Heeres zuständig war.[72] Zwar deutlich im Rang unter dem kaiserlichen Legaten eingestuft, war er doch bald eine machtvolle Persönlichkeit, allein schon

---

Kommunikative Qualität und normative Wirkung, hg. H. v. HESBERG/W. THIEL, Köln 2003, 51 ff.; DERS., Worte und Bilder (Anm. 68).

[72] Zur Heeresversorgung gehörte auch die Bereitstellung von Metallen, die für Bauten und Ausrüstungsgegenstände des Heeres notwendig waren, beispielsweise Blei. Bleibarren hat man im Hafen von Caesarea aufgefunden: A. RABAN, The lead ingots from the wreck site (area K8), in: Caesarea Papers 2, hg. K. G. HOLUM/A. RABAN/J. PATRICH, Portsmouth 1999, 179 ff. = AE 1999, 1683; vgl. AE 1994, 1777.

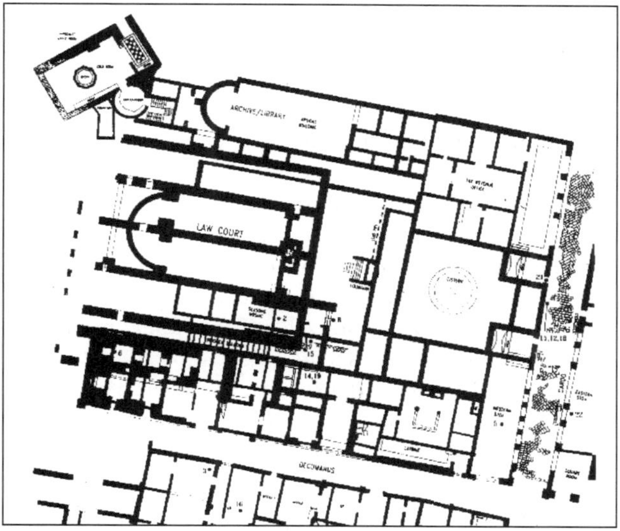

Abbildung 9: Plan des Praetorium des Prokurators in Caesarea.

deswegen, weil durch seine Hände gewaltige Summen ge- gangen sind, vor allem die gesamte Besoldung des Heeres, die seit hadrianischer Zeit mindestens einen Umfang von 28 Millionen Sesterzen erreichte. Schon aus Sarmizegetusa in Dakien wussten wir, welch große bauliche Anlage einem Prokurator für seine Tätigkeit zur Verfügung stehen konnte.[73] Caesarea hat darüber noch weiteren Aufschluss gegeben.

Im Norden der weitgeschwungenen Bucht, an der im Süden der Statthalterpalast lag, erhob sich, zunächst mit der Front zum Meer, später mit der Front zum *cardo maximus,*

[73] Siehe I. Piso, Inschriften von Prokuratoren aus Sarmizegetusa (I.), ZPE 50, 1983, 233ff.; Ders., Inschriften von Prokuratoren aus Sarmizegetusa (II.), ZPE 120, 1998, 253ff.

der Nord-Süd-Achse der Stadt, ein weiterer stattlicher Palast, der durch Inschriftenfunde als Sitz des Finanzprokurators von Judaea/Syria Palaestina identifiziert werden konnte.[74] Der Gesamtkomplex umfasste wiederum zahlreiche Räume, die auf einen nicht geringen Publikumsverkehr hindeuten. In einer mit einer Apsis abschließenden Halle wurden Besucher empfangen, vermutlich auch Gerichtssitzungen abgehalten; ein den Komplex an der Nordseite abschließender Raum diente offensichtlich als Archiv, da in den Wänden hohe Schränke eingelassen waren. Schließlich weist eine große Latrine auf zahlreiches Publikum hin, das den Gebäudekomplex besuchte.

In diesen Räumen entfaltete sich vor allem das offizielle Leben des Prokurators und seines Stabes. Denn die Ausstattung mit Mosaiken schon im Eingangsbereich, in dem lateinische Inschriften, in der Spätantike nur noch griechische, den Ankömmling begrüßten,[75] die wertvollen Marmorsäulen und die weitläufige Anlage mussten den Besucher beeindrucken, ähnlich wie im Praetorium des kaiserlichen Legaten. Allerdings erstreckte sich der Palast des Prokurators, soweit dies nach den Ausgrabungen zu erkennen ist, über eine relativ kleinere Fläche als der des Statthalters, vielleicht nur über rund 8.500 qm.[76] Der Unterschied im Rang der Amtsträger und der mit ihm

---

[74] W. Eck, New Inscriptions from Caesarea in Judaea/Syria Palaestina (abgeschlossen 1999). Erscheint im Final Report, hg. J. Patrich.

[75] Eine der Mosaikinschriften lautete knapp: *Feliciter*; eine weitere zeigt, dass wohl ein *optio*, ein Offiziersanwärter, ein Büro mit einem Mosaik hat ausstatten lassen; siehe Eck, New Inscriptions (Anm. 74).

[76] Allerdings ist die Abgrenzung des gesamten Komplexes schwieriger als beim Statthalterpalast, weil mit dem Sitz des Prokurators auch Stapelhäuser verbunden gewesen sein können, in denen die angelieferten Waren aufbewahrt wurden. Zudem kann die Nutzung des Palastes durch den spätantiken Statthalter die Grenzen verschoben haben.

jeweilig verbundenen Funktionen drückte sich wohl auch in den differierenden Dimensionen aus. Dennoch war auch dies eine imponierende, die römische Herrschaft deutlich repräsentierende Anlage.

Dieser Eindruck wird noch klarer erkennbar durch die große Zahl von Statuen oder zumindest Büsten von Kaisern und Amtsträgern, die innerhalb dieses Praetoriums zu sehen waren. Zum einen fanden sich dort ebenfalls hohe Säulenbasen mit den Statuen von Prokuratoren. Mindestens vier lassen sich dort lokalisieren. Auf einer Rundbasis, die ebenfalls viermal verwendet wurde, stand zunächst die Statue eines Lucius Valerius Valerianus, der unter Caracalla für die Steuern der Provinz Syria Palaestina zuständig war. Später verwendete man sie außer für eine Person, die wegen der Rasur der zugehörigen Inschrift unbekannt bleibt, für einen weiteren Finanzprokurator, Aurelius Maron, der gleichzeitig die Aufgaben eines Statthalters versehen hat. Am Ende wurde zwischen 284 und 305 n. Chr. auf die Basis eine Statue Kaiser Diocletians gesetzt.[77] Auch die Statue des Furius Timesitheus, des späteren Prätorianerpräfekten und Schwiegervaters von Kaiser Gordian III., war auf einer solchen Säulenbasis errichtet.[78] Im Detail braucht diese

---

[77] Lehmann-Holum, Inscriptions Nr. 4: *L. Valerio Valeriano [[proc(uratori) provin(ciae)]] Syr(iae) Palaest(inae) … Mevius Romanus (centurio)[[leg(ionis) VI Ferr(atae)]] f(idelis) c(onstantis) Antoninianae/… viro i[[ncompara]]bili* = „Zu Ehren von Lucius Valerius Valerianus, des Prokurators der Provinz Syria Palaestina, …, eines Mannes von unvergleichlicher Qualität, hat Mevius Romanus, Centurio der legio VI Ferrata, der treuen und standhaften, (benannt nach dem Kaiser) Antoniniana, (diese Statue errichtet)"; ferner Nr. 5 f.

[78] Lehmann-Holum, Inscriptions Nr. 7: *C. Furio Timesitheo proc(uratori) Aug(usti) Aur(elius) Iustinus (centurio) strat(or) eius* = „Zu Ehren von Gaius Furius Timesitheus, des kaiserlichen Prokurators, hat Aurelius Iustinus, Zenturio und Stallmeister (diese Statue errichtet).

Abbildung 10: Basis für die Statue des Timesitheus im Prätorium von Caesarea

Form der Präsentation der verschiedenen ritterlichen Funktionsträger nicht verfolgt zu werden. Erwähnenswert ist aber noch, dass lange vor all diesen Statuen, bereits in der flavischen oder vielleicht traianischen Zeit, für einen kaiserlichen Freigelassenen (*Augusti libertus*), Titus Flavius Callistus, eine gleichartige Ehrung erfolgt war, und zwar auch innerhalb

Abbildung 11: Basis für die Ehrenstatue eines kaiserlichen Freigelassenen aus Caesarea

des prokuratorischen Praetorium: Ein bemerkenswertes Beispiel, welche Macht ein kaiserlicher *libertus* ausüben konnte, da er wie ein freigeborener ritterlicher Amtsträger innerhalb des Amtssitzes geehrt wurde.[79] Denn Statuen im öffentlichen Bereich sind immer Reflex von Macht, Einfluss und Prestige.

---

[79] LEHMANN-HOLUM, Inscriptions Nr. 2: *T(ito) Flavio Aug(usti) liber(to) Callisto C. Aurunculeius amico suo h(onoris) c(ausa)* = „Dem Titus Flavius Callistus, dem kaiserlichen Freigelassenen, hat Gaius Aurunculeius als seinem Freund (diese Statue), um ihn zu ehren, (errichtet).

Die Masse der Statuen oder Büsten war in diesem Praetorium auf gemauerten Sockeln aufgestellt, an denen Inschriftenplatten befestigt waren. Vor allem Prokuratoren wurden auf diese Weise geehrt. Bei nicht wenigen wurde ihre gesamte Laufbahn angeführt, während der sie als Repräsentanten der römischen Herrschaft in vielen Teilen des Reiches tätig gewesen waren. Damit wurde für das Publikum, soweit es sich die Mühe machte, die Texte zu lesen, das weit gespannte Netz kaiserlicher Macht sichtbar. Die vielen Inschriftentafeln sind uns ausnahmslos nur in Fragmenten erhalten; aber sie lassen genug über den Rang und die Funktion der Personen, die bildlich geehrt wurden, erkennen. Ein Beispiel verweist etwa auf einen Ritter, von dessen Namen zwar nur noch der Rest des Cognomens *[---]ninus* erhalten ist, dessen öffentliche Laufbahn sich jedoch in den einzelnen Stationen verfolgen lässt. Sie begann mit einem Richteramt in der Stadt Rom, setzte sich mit mindestens zwei höheren militärischen Kommanden bei zwei verschiedenen Einheiten fort, worauf zivile prokuratorische Ämter folgten; abgeschlossen wurde der *cursus honorum* aller Wahrscheinlichkeit nach mit der Finanzprokuratur in Syria Palaestina.[80]

In ähnlicher Weise wurden zahlreiche andere ritterliche Funktionsträger innerhalb des Amtssitzes geehrt und damit

---

[80] Unpublizierte Inschrift: *[---]nino / [... equ(o) publ(ico) iud(ici) selecto] ex V [dec(uriis), ?trib(uno) mil(itum) leg(ionis) ---]ic(ae), praef(ecto) [alae?..., proc(uratori) --u]rbis [---, proc(uratori) ---]uriae/yriae/briae [--- procurat. prov. Syriae Palaestinae?]* = „Für [---]ninus, der Besitzer eines Staatspferdes war, Mitglied in den fünf Richterdekurien (in Rom), Militärtribun in einer Legion, Präfekt einer Reitereinheit, Prokurator für ... in Rom, Prokurator (in einer bestimmten Region mit dem Namen ---), [Prokurator in der Provinz Syria Palaestina, hat ... diese Statue errichet.“].

Abbildung 12: Inschrift unter einem Porträt des Prokurators Calpurnius Quintianus in Caesarea.

gleichzeitig die römische Macht durch ihre Repräsentanten den Untertanen vor Augen gestellt. Bei manchen beschränkte man sich nur auf die aktuelle Prokuratur, doch blieb die Aussage im Grund immer dieselbe: Dieser Mann vertritt die Interessen Roms und des Kaisers in der Provinz, wie etwa in folgendem Beispiel:

[..?*Calp*]*urnio Quin-*
[*tian*]*o proc*(*uratori*) *Aug*(*usti*)
[*prov*]*inc(iae) S*[*y*]*r*(*iae*) *Pal*(*aestinae*)
[--/--].

„Für Calpurnius Quintianus, den kaiserlichen Prokurator der Provinz Syria Palaestina, hat [---] (diese Statue/Porträtbüste aufgestellt).

Calpurnius Quintianus wird als Prokurator von Syria Palaestina genannt. Er kann durch einen Papyrus, auf den in anderem Zusammenhang noch eingegangen wird, auf die frühen

50er Jahre des 2. Jahrhunderts n. Chr. datiert werden.[81] Aus seiner Amtszeit ist bekannt, dass Amtshandlungen wie etwa Gerichtsverfahren öffentlich in der Vorhalle eines Tempels stattfanden. Der Prozess hoheitlicher Rechtsfindung geschah vor den Augen der Öffentlichkeit, wo zudem die Bilder der früheren Amtsinhaber zu sehen waren.

Insgesamt lassen sich mindestens rund fünfzehn solcher Inschriften unter Bildnissen von Prokuratoren, außerdem aber auch von Kaisern, ihren Frauen oder von Statthaltern nachweisen,[82] die wohl alle in dem Gebäudekomplex aufgestellt waren: Es war eine Galerie römischer Macht und ihrer Träger.

Welche Wirkung diese und ähnliche Zeichen der römischen Präsenz und Macht in der Provinz ausübten, ist schwierig abzuschätzen. Ganz wirkungslos können sie nicht gewesen sein, da sie nicht nur Selbstzweck waren. Dennoch, darauf allein beruhte die römische Herrschaft gewiss nicht, vielleicht nicht einmal in erster Linie, weder in Judaea, noch in anderen Provinzen. Nicht zu vergessen ist das römische Heer, das immer präsent war, direkt oder indirekt, nicht zuletzt in der direkten Umgebung des Statthalters, aber z. B. auch des Finanzprokurators; die dort agierenden Soldaten zeigten, wer notfalls die Befehle der hohen Amtsträger durchsetzen würde. Gerade in einem Land wie Judaea ist das Heer für Rom von lebenswichtiger Bedeutung gewesen.[83] Repression war immer möglich, wenn es nötig erschien. Mittel dazu waren vor allem die über das Land verstreuten Truppen. Doch der Aufrechterhaltung von Ruhe und

---

81 W. Eck, Ein Prokuratorenpaar von Syria Palaestina in P. Berol. 21652, ZPE 123, 1998, 249 ff.

82 Das inschriftliche Material wird im Rahmen des Final Reports, hg. von J. Patrich, erscheinen (siehe Anm. 74).

83 Siehe das folgende Kapitel.

Ordnung im Sinne Roms diente nicht weniger die Kapitalgerichtsbarkeit, die einzig und allein von römischen Funktionsträgern ausgeübt werden durfte. Sie war schon den Präfekten übertragen worden, nicht erst den ordentlichen senatorischen Statthaltern. Nirgendwo hat Rom diese Macht anderen als den eigenen Amtsträgern überlassen, auch nicht in Judaea.[84] Die Kreuze, die sie errichten ließen und an denen die umkamen, die Feinde der römischen Herrschaft waren oder zu sein schienen, kündeten von Roms Macht. Das Kreuz Christi mit dem *titulus crucis* auf Golgatha ist ein Beispiel, ebenso die Kreuze auf den Anhöhen um Jerusalem, an denen Titus im Jahre 70 grausig demonstrierte, wie Rom mit seinen Feinden verfuhr.[85]

---

[84] Zu dem umstrittenen Problem einer Kapitalgerichtsbarkeit des jüdischen Patriarchen im späteren 2. und 3. Jahrhundert siehe zuletzt A. Oppenheimer, Jewish Penal Authority in Roman Judaea, in: Ders., Between Rome and Babylon 173 ff., dem ich aber in seinen Ergebnissen nicht folgen kann. Deutlich anders zur Frage der Jurisdiktion jüdischer Autoritäten unter römischer Herrschaft H. M. Cotton, Jewish Jurisdiction under Roman Rule: Prolegomena, in: Zwischen den Reichen: Neues Testament und Römische Herrschaft. Vorträge auf der Ersten Konferenz der European Association for Biblical Studies, hg. M. Labahn/J. Zangenberg, Tübingen 2002, 5 ff. Siehe dazu noch Kapitel 5. Vgl. auch K. Strobel, Aspekte des politischen und sozialen Scheinbildes der rabbinischen Tradition: Das spätere 2. und das 3. Jh. n. Chr., in: Klio 72, 1990, 478 ff.; S. Schwartz, in: The Cambridge History of Judaism IV, Cambridge 2006, 27 f.

[85] Josephus, bell. 5, 449 ff.; vgl. ant. 17, 295: Varus läßt 2000 Juden kreuzigen, die an dem Aufstand nach dem Tod des Herodes teilgenommen hatten; bell. 7, 202: Lucilius Bassus droht mit der Kreuzigung eines Gefangenen, um die Übergabe eines Ortes zu erzwingen; Josephus, ant. 20, 102: Tiberius Iulius Alexander läßt zwei Brüder kreuzigen. Zum Prozeß Jesu siehe vor allem F. Millar, Reflections on the Trials of Jesus, in: Ders., Rome, The Greek World, and the East. Vol. 3: The Greek World, the Jews, and the East, hg. H. M. Cotton/G. M. Rogers, Chapel Hill 2006, 139 ff.

3. Repression und Entwicklung: Das römische Heer in Judaea

Fast alle Provinzen des römischen Reiches sind durch Kriege erworben worden. Damit war auch allen Bewohnern bewusst, wie das römische Heer selbst nach vorhergehenden Niederlagen am Ende über (fast) jeden Gegner triumphiert hatte. Nicht bei allen, aber doch sehr vielen Völkern war diese Kenntnis in das gemeinsame Gedächtnis übergegangen und hatte so ihre Wirkung entfaltet. Nur in wenigen Fällen stand am Anfang der Geschichte einer römischen Provinz nicht die intensive Erfahrung, durch militärische Gewalt zu einem Dasein als Untertanen eines fremden Volkes gezwungen worden zu sein; zu den wenigen gehören vor allem solche, die durch Erbschaft ans römische Volk gekommen waren. Doch auch sie haben bald erfahren, wie Rom auf Revolte und Illoyalität reagierte.

Judaea gehörte weder zur einen noch zur anderen Gruppe. Die römische Militärmacht aber kannte man wohl. Denn als man zum ersten Mal mit Vertretern der römischen Macht direkt im Osten zusammentraf, da geschah dies keineswegs friedlich.[1] Obwohl Pompeius, wie geschildert, ursprünglich versucht hatte, die innerjüdische Auseinandersetzung nur durch ein politisches Urteil zu klären, folgte darauf wegen

---

[1] Siehe oben Kapitel 1. Zur Thematik dieses Kapitels ist insgesamt B. Isaac, Limits of Empire, Oxford ²1992, zu vergleichen, vor allem 101 ff.: The Army of the Principate: An Army of Occupation.

des Verhaltens des Aristobulus und der daraus resultierenden Revolte in Jerusalem die Belagerung und Einnahme der Stadt durch Pompeius. Gerade weil Pompeius danach das höchste jüdische Tabu brach, indem er das Allerheiligste des Tempels betrat, blieb dieser Anfang als ein Menetekel, wozu Römer fähig sein konnten, in der Erinnerung, jedenfalls bei der jüdischen Bevölkerung.[2] Vertreter Roms waren fähig, ähnlich rücksichtslos zu handeln wie Antiochus IV., wenn es ihnen nötig erschien.

Im Gegensatz zur Erfahrung des Jahres 63 v. Chr. erfolgte der Übergang zur direkten Herrschaft durch die Römer im Jahr 6 n. Chr. vergleichsweise friedlich. Das war nicht zum wenigsten durch die vorausgehende Regierung des Archelaus bedingt, den vor allem die Führer der jüdischen Gruppierungen nicht mehr akzeptierten. Gerade auf ihre Intervention hin wurde er abgesetzt. Selbst wenn sie vielleicht gehofft hatten, in eine von ihnen selbst geleitete Autonomie entlassen zu werden, mussten sie sich dennoch Augustus' Entscheidung unterordnen, der sie einer direkten römischen Herrschaft durch den Statthalter von Syrien unterwarf. Dessen Heer, insgesamt damals drei Legionen und eine unbekannte Zahl von Hilfstruppen, garantierte die Macht Roms, auch in Judaea, der Erweiterung der Provinz Syrien nach Süden hin.[3]

---

[2] Josephus, ant. 14,72.

[3] Zum Heer in Syrien A. Gebhardt, Imperiale Politik und provinziale Entwicklung. Untersuchungen zum Verhältnis von Kaiser, Heer und Städten im Syrien der vorseverischen Zeit, Berlin, 2002; zu den Hilfstruppen W. Eck/A. Pangerl, Syria unter Domitian und Hadrian: Neue Diplome für die Auxiliartruppen der Provinz, Chiron 36, 2006, 205 ff.; P. Weiss, Die Auxilien des syrischen Heeres von Domitian bis Antoninus Pius. Eine Zwischenbilanz nach den neuen Militärdiplomen, Chiron 36, 2006, 249 ff. Ferner die verschiedenen Artikel zu den einzelnen Legionen Syriens in: Les Légions.

Dagegen hatte der nach Judaea abgesandte Präfekt eine nicht sehr große Zahl von Truppen unter seinem Kommando. Dies waren allerdings keine neuen Einheiten, die damals von außen gekommen wären; es waren vielmehr diejenigen, die bereits Herodes und Archelaus aufgestellt hatten, insgesamt wohl eine berittene Einheit, eine Ala, und fünf Kohorten Infanterie.[4] Man hatte sie aus der nichtjüdischen Bevölkerung des Herrschaftsgebiets rekrutiert, speziell aus Bewohnern von Ascalon, Sebaste und Caesarea. Keine der Einheiten wurde aufgelöst, sie blieben vielmehr bestehen und unterstanden von da an dem römischen Präfekten. Ob auch Juden in diesen Truppen dienten, ist nicht bekannt. Ausgeschlossen ist es zwar nicht, doch wären sie dann von den Angehörigen des eigenen Volkes als Abtrünnige betrachtet worden. Die Majorität der Juden berief sich ohne Zweifel auf die von Rom gewährten Privilegien, sich aus religiösen Gründen vom Dienst in der Armee einer anderen Macht fernzuhalten. Wenn das in letzter Zeit teilweise anders gesehen wird, dann ruht das nicht auf dem Fundament der Quellen.[5]

---

[4] Vgl. dazu auch D. B. Saddington, Roman Military and Administrative Personnel in the New Testament, ANRW II 26.3, 2409 ff. Zum römischen Heer in Judaea im Überblick: H. M. Cotton, The Role of the Roman Army in the Province of Judaea/Syria Palaestina, in: The Impact of the Roman Army (200 BC – AD 476): Economic, Social, Political, Religious and Cultural Aspects. Proceedings of the Sixth Workshop of the International Network Impact of Empire (Roman Empire, 200 BC – AD 476), Capri, Italy, March 29–April 2, 2005, hg. L. de Blois/E. Lo Cascio, Leiden 2007, 393 ff.; R. Haensch, Das römische Heer und die Heere der Klientelkönige im frühen Prinzipat, in: Neues Testament und Antike Kultur 158 ff.

[5] Siehe J. P. Roth, Jews and the Roman Army: Perceptions and Realities, in: The Impact of the Roman Army (Anm. 4) 409 ff. Zu Juden im römischen Heer der Hohen Kaiserzeit und in der Spätantike A. Oppenheimer, Jewish Consripts in the Roman Army?, in: Ders.,

Sowohl diese sechs Einheiten als auch die Armee unter dem Statthalter der Provinz, dem *legatus provinciae Syriae,* waren im Leben der Bewohner von Judaea stets ein präsenter Faktor. Gerade weil Judaea Teil der Provinz Syrien war, lag innerhalb des Befehlsbereichs des Präfekten keine Legion; wenn nötig, konnte jederzeit eine römische Bürgertruppe in die Region abgeordnet werden, wie es tatsächlich nicht selten bis zum Jahr 66 geschehen ist. Das hinderte freilich nicht, dass einzelne Angehörige der syrischen Legionen für längere Zeit auch im jüdischen Gebiet eingesetzt waren. Für die große Domäne in Jamnia war jedenfalls in den ersten Jahrzehnten nach der Provinzialisierung ein ritterlicher Prokurator verantwortlich, was sowohl Josephus als auch Philo bezeugen. Als einziger Inhaber der Funktion ist ein Herennius Capito bekannt. Von ihm wissen wir durch eine Inschrift aus Teate Marrucinorum in Italien, dass er auf Grund des Testaments eines M. Pulfennius, der aus derselben Stadt stammte, eine silberne Büste des Tiberius aufgestellt hat. Pulfennius hatte zuletzt als *centurio* bei der *legio VI Ferrata* gedient, die in Syrien stand.[6] Wenn er vor seinem Tod unter Herennius in dessen *officium* gedient hat, wäre es leicht vorstellbar, dass er seinen Vorgesetzten im Testament bestimmt hatte, um seinen letzten Willen durchzuführen. Dass der Stab des Domänenprokurators aus den Truppen der Provinz, also des syrischen Heeres, genommen worden ist, entspricht nur dem, was wir aus vielen anderen Provinzen kennen.[7]

Between Rome and Babylon 183ff.; H. Castritius, Militärdienst von Juden in der Spätantike, in: Aschkenas 13, 2003, 3ff.

[6] AE 1941, 105; vgl. oben S. 43 Anm. 85.

[7] Z.B. Dessau 1370. 1389; Inschriften von Ephesus III 660E; AE 1981, 788; 1988, 1018. 1022; 1996, 1604. 1641; Lehmann/Holum, Inscriptions Nr. 4. Vgl. D. Erkelenz, Optimo praesidi. Untersuchungen

Mit der großen Revolte von 66 n. Chr. änderte sich die militärische Besatzung des nunmehr zu einer eigenständigen Provinz gewordenen Judaea. Von jetzt an gehörten noch mehr als zuvor auch die von anderen ethnischen Gruppen bewohnten Regionen zu diesem Administrationsbereich, vor allem in den Küstenebenen. Dieses gegenüber früher deutlich vergrößerte Gebiet, das dennoch vor der Eingliederung des Negev und des Wadi Araba in die Provinz kaum mehr als rund 15.000 qkm umfasste, also der Fläche nach eine recht kleine Provinz war, wurde nun wie die meisten Provinzen mit einer römischen Besatzung ausgestattet. Eine Legion wurde nach Judaea gelegt, die *legio X Fretensis,* die vorher zur Besatzung von Syrien gehört hatte.[8] Sie hatte seit dem Jahr 66 am Kampf gegen die aufständischen Juden teilgenommen. Jerusalem wurde ihr Standort, wo sie bis zum Ende des 3. Jahrhunderts blieb. Die Besonderheit, die mit der Verlegung der Legion nach Judaea verbunden war, bestand darin, dass der Statthalter, der *legatus Augusti pro praetore,* gleichzeitig auch Kommandeur dieser Legion war. Bis zum Jahr 70, als das Doppelkommando zum ersten Mal einem Senator prätorischen Ranges, Sextus Vettulenus Cerialis, übertragen wurde, war das bisher noch nie innerhalb des Imperiums geschehen. Denn es gab damals noch keine Provinz, in der nur eine einzige Legion stationiert war. In allen Provinzen mit einer Besatzung von mindestens zwei Legionen führte ein konsularer Statthalter das oberste Kommando über das gesamte Heer, aber jede einzelne Legion unterstand einem eigenen senatorischen Legaten (*legatus legionis*), der seinerseits dem Befehl des Statthalters

---

zu den Ehrenmonumenten für Amtsträger der römischen Provinzen in Republik und Kaiserzeit, Bonn 2003, 291 ff.

[8] E. DĄBROWA, Legio X Fretensis; DERS., Legio X Fretensis, in: Les Légions 317 ff.

untergeordnet war. Das galt zunächst selbst in Africa, wo zuerst unter, dann neben dem Prokonsul einer von dessen Legaten das aktuelle Kommando über die *legio III Augusta* in Händen hielt; doch dessen Zuständigkeitsbereich, der später Numidia genannt wurde, galt in flavischer Zeit noch nicht als eigenständige Provinz. Warum Vespasian für Judaea diese Konstruktion erfand, die später auch auf andere Provinzen übertragen wurde, ist schwer zu sagen. Vielleicht war es eine pragmatische Entscheidung. Zum einen war Judaea während seines eigenen Kommandos gegen die Aufständischen zu einer selbständigen Provinz geworden; zum anderen standen ihm aber maximal eine Legion als Besatzung für die Provinz zur Verfügung, da er u.a. auch noch zwei Legionen für das neu organisierte Kappadokien brauchte. Jedenfalls ernannte er einen der unter Titus kommandierenden Legionslegaten, der prätorischen Ranges war, zum ersten Statthalter der neuen Provinz. Die Aufgabe als Provinzgouverneur trat also nur neben die alte. Dies könnte dann als kombiniertes Kommando beibehalten worden sein. Schon der zweite Legat, Lucilius Bassus, kam direkt aus Italien und übernahm beide Aufgaben zur selben Zeit.[9]

Neben die neue Legion traten neue Auxiliareinheiten. Die Hilfstruppen, die bis 66 dem Präfekten unterstanden und die nach Josephus' Bericht nicht unwesentlich zur Vergiftung der Atmosphäre in Judaea beigetragen hatten, wurden von Vespasian offensichtlich ganz bewusst in andere Reichsteile versetzt. An ihre Stelle kamen völlig neue Einheiten. Ein erst vor kurzem publiziertes Militärdiplom aus dem Jahr 90 n. Chr. führt folgende Truppen auf:[10]

---

[9] PIR² L 379.

[10] H.M. Cotton/W. Eck/B. Isaac, A Newly Discovered Governor of Judaea in a Military Diploma from 90 CE, in: Israel Museum Studies in Archeology 2, 2003, 17ff. = RMD V 332. In einem weiteren, noch

Abbildung 13: Militärdiplom für die Truppen Judaeas im Jahr 90 n. Chr.

Alen	Kohorten
I Thracum Mauretana	*I Augusta Lusitanorum*
Veterana Gaetulorum	*I Damascena Armeniaca*
	I milliaria sagittariorum
	I Thracum
	II Thracum
	II Cantabrorum
	III Callaecorum Bracaraugustanorum

Es sind insgesamt zwei Alen und sieben Kohorten, eine dieser Kohorten ist eine *milliaria,* d. h. in ihr dienten 1000 Mann, während die anderen 500 umfassten. Das sind also rund 5000 Soldaten, was in etwa der Zahl der Soldaten in einer Legion entspricht. Vergleicht man die rund 10.000 Mann,

unpublizierten Diplom aus dem Jahr 87 werden ebenfalls zwei Alen, aber nur sechs Kohorten genannt, was freilich nichts mit einer Veränderung des gesamten Heereskontingents zu tun hat.

die von jetzt an in Judaea stationiert waren, mit den vorher eingesetzten sechs Hilfstruppeneinheiten, dann ermisst man, als wie schwerwiegend Vespasian und seine Ratgeber die Konsequenzen aus der Revolte beurteilten. Die hier stationierten Truppen sollten eine Bedrohung wie die eben überwundene in der Zukunft verhindern.

Diese Hoffnung wurde allerdings enttäuscht. Denn in die Revolte, die während des Partherkrieges durch Teile der jüdischen Bevölkerung in verschiedenen östlichen Provinzen ausgelöst wurde, ist mit aller Wahrscheinlichkeit auch Judaea verwickelt worden. Wie massiv freilich die Beteiligung jüdischer Gruppen in der Provinz war und wann sie sich zeigte, ist umstritten.[11] Immerhin wurde Lusius Quietus als Statthalter nach Judaea gesandt.[12] In den jüdischen Quellen erscheint er als der „Judenschlächter", von Traian wurde er aber wegen seiner militärischen Kompetenz geschätzt, weshalb er ihn kurz vor dem Kommando in Judaea in den Senat aufgenommen hatte, da der Statthalter dieser Provinz senatorischen Rang haben musste. Noch vor dem Tod Traians bekleidete Quietus, offensichtlich in der Provinz, den Konsulat, vielleicht sogar direkt im Zusammenhang mit der Ernennung zum Legaten von Judaea. Bald darauf ließ Hadrian diesen militärischen Haudegen beseitigen, zusammen mit drei anderen Konsularen.[13] Die Ernennung des Lusius

[11] Siehe die Gesamtdarstellung von M. Pucci Ben Zeev, Diaspora Judaism in turmoil, 116/117 CE; ancient sources and modern insights, Leuven 2005, die selbst, m. E. zu Recht, davon ausgeht, dass Judaea involviert war.

[12] PIR² L 439.

[13] Zu Lusius Quietus PIR² L 439; zuletzt S. Bussi, Lusio Quieto: un „maghrebino" ai vertici dell' Impero, in: Africa Romana 16, 2, 2006, 721 ff.; ferner G. Firpo, La „guerra di Quieto" e l'ultima fase della rivolta Giudaica del 115–117 d. C., in: Rivista storica dell' Antichità 35, 2005, 99 ff. Letztlich bleibt es ein hoffnungsloses Unterfangen, bei den

Quietus zum Konsul, während er in der Provinz amtierte, ist deswegen von Bedeutung, weil sie darauf hindeuten könnte, dass schon damals Judaea konsularen Rang erhielt, wenn es ihn nicht sogar schon ein Jahrzehnt früher erhalten hatte. Denn kurze Zeit später ist dies auf jeden Fall schon nachweisbar. So hat man einen Meilenstein aus dem Jahr 120 publiziert, auf dem nach aller Wahrscheinlichkeit die *legio II Traiana* genannt ist.[14] Vor kurzem wurden bei Lajjun Ziegel mit dem Namen dieser Legion gefunden, also an dem Ort, an dem seit der Spätzeit Hadrians das Lager der zweiten in Judaea stationierten Legion nachgewiesen ist.[15] Die Ziegel könnten bedeuten, dass dort zunächst die *legio II Traiana* stationiert war und dass sie möglicherweise das Lager aufgebaut hat. Das muß aber vor 127 der Fall gewesen sein, weil sie dann nach Ägypten verlegt wurde.[16] Wenn jedenfalls diese Legion spätestens um 120 neben der *legio X Fretensis* zur Provinzbesatzung von Judaea gehörte, dann musste damals nach den allgemeinen Regeln der römischen Reichsadministration ein konsularer Statthalter amtiert haben. Denn

---

wenigen, zumeist sehr späten Quellen zweifelhaften Charakters zu einer fundierten Aussage über die Person des Quietus und sein Handeln in Judaea zu kommen.

[14] B. Isaac/I. Roll, Legio II Traiana in Judaea, in: ZPE 33, 1979, 149 ff.; Dies., Legio II Traiana in Judaea – A Reply, in: ZPE 47, 1982, 131 f. = Isaac, Near East 198 ff. 208 ff.

[15] Dies könnte die Überlegung stützen, dass diese Legion bald nach den Dakerkriegen nach dem Osten verlegt wurde und zunächst in Judaea stationiert wurde, von wo aus sie dann am Partherkrieg teilnahm; siehe W. Eck, Zum konsularen Status von Iudaea im frühen 2. Jh., in: Festschrift F. Gilliam, BASP 21, 1984, 55 ff. Dass eine zweite Legion nicht schon in dieser Zeit in Judaea stationiert gewesen sein kann, wie S. Schwartz, in: The Cambridge History of Judaism IV, Cambridge 2006, 25 mit. Anm. 4 meint, ist keineswegs sicher. Siehe das Folgende.

[16] S. Daris, Legio II Traiana Fortis, in: Les Légions 359 ff.

bei zwei Legionen hatte stets ein ehemaliger Konsul, nicht ein ehemaliger Prätor das Kommando. Bisher war der erste konsulare Legat in Judaea erst nach 127 nachweisbar; denn Tineius Rufus, unter dem im Jahr 132 der Bar Kochba-Aufstand ausbrach, hatte 127 n. Chr. die *fasces* geführt. Durch eine Inschrift aus Caesarea, die vor kurzem publiziert wurde, kennen wir nunmehr bereits zwischen 117 und 120 einen Lucius Cossonius Gallus Vecilius Crispinus Mansuanius Marcellinus Numisius Sabinus, wie er mit einem für diese Zeit typischen, vielgliedrigen Namen heißt, als konsularen Statthalter; er war im Jahr 116 zum Konsulat gekommen und anschließend nach Judaea gesandt worden.[17]

Cossonius Gallus ist also wahrscheinlich der unmittelbare Nachfolger des Lusius Quietus geworden. Da er schon als Konsular in die Provinz ging, sollte der Provinzstatus schon vor ihm, also spätestens unter Lusius Quietus, verändert gewesen sein, was umgekehrt heißt, dass dann spätestens im Jahr 117 auch schon eine zweite Legion in der Provinz stationiert gewesen sein muss.

Dieses Ergebnis kann man auf zweifache Weise erklären: Entweder war die von Traian im Zusammenhang mit der Eroberung Dakiens zwischen 101 und 106 neu aufgestellte *legio II Traiana,* bevor sie am Partherkrieg (113–117 n. Chr.) teilnahm, bereits nach Judaea versetzt worden, also um 107/8;

---

[17] Cotton/Eck, Latin Inscriptions 215 ff. = AE 2003, 1801: *[L(ucio) Coss]onio L(ucii) f(ilio) S[tel(latina) Gallo / Vecil]io Crispino Ma[nsuanio / Marc]ellino Numi[sio Sabino / co(n)s(uli), VI]I vir(o) epul(onum) [leg(ato) Imp(eratoris) Hadri/ani Aug(usti) p]r(o) pr(aetore) [p]rovin[ciae Iudaeae]/ [---]* = „Für Lucius Cossonius, den Sohn eines Lucius aus der Tribus Stellatina, Gallus Vecilius Crispinus Mansuanius Marcellus Numisius Sabinus. Er war Konsul, Mitglied im Siebenmännerkollegium zur Durchführung von Göttermahlzeiten, Statthalter des Kaisers Hadrianus Augustus im Rang eines Prätors in der Provinz Judaea…“

denn in irgendeiner Provinz muss sie damals stationiert gewesen sein. Dann war Judaea schon Mitte der traianischen Zeit konsular. Oder die Legion wurde gerade 116/117 in die östliche Provinz gesandt.[18] Das aber wäre dann angesichts des fortdauernden Partherkriegs der Beweis dafür, dass es damals in Judaea zu erheblichen Unruhen gekommen wäre, die eine weit stärkere Militärpräsenz als vorher erforderten. Die *legio II Traiana* wäre diese Verstärkung gewesen.

Die neue Legion war zweifellos von weiteren Hilfstruppen begleitet, wie es römischer Militärpraxis entsprach. Die bisherige Zahl der Hilfstruppen müsste damals erheblich aufgestockt worden sein. Das bedeutete innerhalb kürzester Zeit etwa eine Verdoppelung der Truppenpräsenz in Judaea auf rund 20.000 Mann, fast genauso viele wie im 2. Jahrhundert beispielsweise in Germania inferior mit seiner langen Grenze gegenüber dem freien Germanien stationiert waren.

All das hat freilich nicht verhindert, dass es zu einem weiteren Aufstand kam, dem des Bar Kochba, dessen Folgen für das jüdische Volk vielleicht noch tiefgreifender waren als die des ersten großen Aufstandes. Hier kann es nicht um die Gesamtbehandlung dieses Aufstandes, seiner Voraussetzungen und Folgen gehen, sondern nur um den militärischen Aspekt und dessen Folgen für die Provinz.[19]

---

[18] Nach Firpo (Anm. 13) 107 ff. soll die Anwesenheit einer *vexillatio* der *legio III Cyrenaica* und die Errichtung eines Altars für Iupiter Serapis durch diese Einheit (CIL III 13587 = Dessau 4393) die Ursache für eine Rebellion von Juden in Judaea erst am Ende der Regierungszeit Traians gewesen sein; das ist zu spekulativ und wenig glaubhaft.

[19] Die Literatur zum Bar Kochba-Aufstand ist sehr umfangreich, so dass es nicht möglich ist, hier alles anzuführen. Verwiesen sei auf einige Arbeiten, die im Folgenden öfter zitiert werden: P. Schäfer, Der Bar Kokhba-Aufstand. Studien zum zweiten jüdischen Krieg gegen Rom, Tübingen 1981; B. Isaac/A. Oppenheimer, The Revolt of Bar Kokhba: Ideology and Modern Scholarship, in: Isaac, Near East

Die römische Militärführung wurde von der Erhebung offenbar völlig überrascht. Die Anfangserfolge der Rebellen müssen gewaltig gewesen sein. Allerdings gelang es ihnen nach aller Wahrscheinlichkeit nie, Jerusalem zu erobern, wie man freilich längere Zeit gedacht hatte.[20] Hier hat man auch keine größere Anzahl von Münzen gefunden, die im Namen Bar Kochbas geprägt worden waren, die man aber voraussetzen müsste, wenn Jerusalem unter dessen Herrschaft geraten wäre.[21] Dagegen lässt sich aus den an vielen Plätzen gefundenen Münzen einigermaßen deutlich erkennen, welches Gebiet der Führer mit seinen Anhängern für einige Zeit sicher beherrscht hat. Es war das im engeren Sinn jüdische Siedlungsgebiet in Judaea (siehe Anm. 81). Denn dort zirkulierten die von der Administration Bar Kochbas überprägten Münzen als „nationale" Wirtschaftswährung. Wie weit sich die *Erhebung* ausgedehnt hat, lässt sich daraus

---

220 ff. = OPPENHEIMER, Between Rome and Babylon 197 ff.; ECK, The Bar Kokhba Revolt; DERS., Rom herausfordern: Bar Kochba im Kampf gegen das Imperium Romanum. Das neue Bild des Bar Kochba-Aufstandes im Spiegel der epigraphischen Überlieferung. – Sfidare Roma: Bar Kochba in battaglia contro l'Impero Romano, Rom 2007 (im Druck); zahlreiche Artikel in: The Bar Kokhba War Reconsidered. New Perspectives on the Second Jewish Revolt against Rome, hg. P. SCHÄFER, Tübingen 2003; A. R. BIRLEY, Hadrian. The restless Emperor, London 1997; DERS., Hadrian. Der rastlose Kaiser, Mainz 2006; eine allgemeine Zusammenfassung der Literatur zum Bar Kochba-Aufstand bei S. MORTENSEN, Hadrian. Eine Deutungsgeschichte, Bonn 2004, 142 ff.; zuletzt H. ESHEL, The Bar Kokhba Revolt, 132–135, in: The Cambridge History of Judaism Bd. IV, Cambridge 2006, 105 ff. (ein ausgewogener Überblick).

[20] So auch noch MORTENSEN, Hadrian (Anm. 19) 142 f.

[21] Siehe zuletzt H. ESHEL/M. BROSHI/A. T. J. JULL, Four Murabba'at Papyri and the Alleged Capture of Jeruslaem by Bar Kokhba, in: Law in the Documents from the Judean Desert, hg. R. KATZOFF/D. SCHAPS, Leiden 2005, 45 ff.

Einheiten in den Diplomen der Jahre 86–90:	Einheiten in den Diplomen der Jahre ab 136
Alen	Alen
I Thracum Mauretana	*Gallorum et Thracum Constantia*
Veterana Gaetulorum (später in Arabia)	*Antiana Gallorum et Thracum sagittaria*
	VII Phrygum
Kohorten:	Kohorten
I Augusta Lusitanorum	*V Gemella*
I Damascena Armeniaca	*I Thracum* ∞
I milliaria sagittariorum	*I Sebastenorum* ∞
I Thracum	***I Damascenorum Armeniacum sagittaria***
II Thracum	*I Montanorum*
II Cantabrorum	*I Flavia c. R.*
III Callaecorum Bracaraugustanorum	*I Ulpia Galatarum*
	II Ulpia Galatarum
	III Callaecorum Bracaraugustanor(um)
	IV Callaecorum Bracaraugustanor(um)
	IV Ulpia Petreorum
	VI Ulpia Petreorum

jedoch nicht genau erschließen. Das Aufstandsgebiet, in dem es also zu Kämpfen kam, ist damit noch nicht definiert; dieses hat vermutlich weit größere Dimensionen erreicht.

Doch unabhängig von dieser Frage wird aus der Überlieferung sehr deutlich, dass die Anfangsverluste der Römer gewaltig waren. Vieles spricht für die Vernichtung einer ganzen Legion, vermutlich der *legio XXII Deiotariana,* in der Anfangphase der Revolte.[22] Ebenso wurden offenbar nicht

---

[22] Siehe zuletzt S. Daris, Legio XXII Deiotariana, in: Les Légions 365 ff.

wenige Hilfstruppeneinheiten ausgelöscht. Darauf verweist ein Vergleich der Namen der Einheiten, die wir für das Jahr 90 kennen, und derer, die ab 136 bezeugt sind (siehe Tabelle S. 117).[23]

Von den neun Einheiten des Jahres 90 ist eine Ala bei der Eingliederung Arabiens im Jahr 106 in diese Provinz versetzt worden. Von den übrigen acht Einheiten finden sich nach 136 nur noch zwei in Judaea, die *cohors I Damascena Armeniaca* und die *cohors III Callaecorum Bracaraugustanorum* als Teil des *exercitus* in Judaea, alle anderen sind verschwunden und erscheinen auch nicht mehr in anderen Provinzen. Deshalb darf man den Schluss ziehen, dass sie jedenfalls in der Zeit nach dem Bar Kochba-Aufstand nicht mehr existierten. Zwar ist es nicht zwingend, dass alle während dieser Jahre vernichtet wurden; so könnten einige von ihnen theoretisch schon in den Kämpfen gegen die Parther zwischen 114 und 117 n. Chr. ausgelöscht worden sein. Aber es ist ganz unwahrscheinlich, dies für fast den gesamten Heeresbestand einer Provinz anzunehmen. Dann aber ist es aus Gründen der zeitlichen Koinzidenz mehr als naheliegend, ihr Verschwinden mit dem Bar Kochba-Aufstand in Verbindung zu bringen. Cassius Dio berichtet u. a., dass Hadrian während des Krieges an den Senat schrieb und dabei die übliche Formel: „Wenn ihr und eure Kinder gesund seid, dann ist es gut; ich und die Legionen fühlen uns gesund",[24] weggelassen habe.[25] Da, wie immer mehr deutlich wird, dem Bericht Cassius Dios in vollem Umfang

[23] In der Liste auf S. 117 sind die Namen der Einheiten, die vor und nach dem Krieg gegen Bar Kochba bezeugt sind, herausgehoben.

[24] Die lateinische Form, die z. B. auch in der Novella 1, 3 Valentinian III bezeugt ist, lautet: si *vos liberique vestri valetis, bene est. Nos exercitusque valemus.*

[25] Cassius Dio 69, 14, 3 = Stern Nr. Nr. 440.

vertraut werden darf,[26] kann das nur heißen, dass das Heer in Judaea in größten Schwierigkeiten steckte und sehr hohe Verluste zu beklagen hatte. Nicht nur, aber gerade auch aus dem Verzicht auf diese Formel kann man schließen, dass Hadrian selbst für eine kurze Zeit im Kriegsgebiet gewesen ist, vermutlich spät im Jahr 132, bevor er dann nach Rom zurückgekehrt ist.[27] Rom und sein Kaiser mussten mit außergewöhnlichen Anstrengungen auf die Notlage antworten.

Eine solch schwierige Situation der römischen Seite ist in der Forschung nicht selten geleugnet worden,[28] mit nicht sehr überzeugenden Gründen. Denn schon die literarischen Nachrichten bei Cornelius Fronto und Cassius Dio lassen erkennen, in welcher Bedrängnis das römische Heer in

---

[26] Siehe dazu mit umfangreicher Detailargumentation ECK, Rom herausfordern (Anm. 19).

[27] Vgl. dazu R. SYME, Journeys of Hadrian, in: ZPE 73, 1988, 159 ff., bes. 165 f. = Roman Papers VI, Oxford 1991, 346 ff., bes. 353 f.; MILLAR, Roman Near East 107 f.; BIRLEY, The restless emperor (Anm. 19) 272; DERS., Hadrian. Der rastlose Kaiser (Anm. 19) 101 f.; ebenso SCHÜRER 549 f., wo freilich mit einem relativ langen Aufenthalt gerechnet wird; doch im April 133 war Hadrian bereits wieder in Rom (RMD III 158); vgl. zum Aufenthalt Hadrians in den Provinzen in dieser Zeit W. ECK, Suffektkonsuln der Jahre 132–134 und Hadrians Rückkehr nach Rom im Jahr 132, in: ZPE 143, 2003, 234 ff. (RMD IV 297 ist allerdings, anders als dort gesagt, kein Beweis für die Rückkehr Hadrians nach Rom bereits im September 132).

[28] Siehe G.W. BOWERSOCK, A Roman Perspective on the Bar Kochba War, in: Approaches to Ancient Judaism II, hg. W.S. GREEN, Missoula 1980, 131 ff. und zuletzt M. MOR, The Roman Legions and the Bar-Kokhba Revolt (132–135 A.D.), in: Akten des 14. Internationalen Limeskongresses 1986 in Carnuntum 1, hg. H. VETTER/M. KANDLER, Wien 1990, 163 ff.; DERS., The Geographical Scope of the Bar Kokhba Revolt, in: The Bar Kokhba War Reconsidered 107 ff.

Judaea zeitweise war.[29] Beide Autoren sind – auch als Historiker – römische Senatoren geblieben, die keinen Grund hatten, die eigenen Verluste zu übertreiben.[30] Somit sollten sie ernst genommen werden.

Doch neben den literarischen Zeugnissen sprechen vor allem dokumentarische Quellen ganz entschieden für eine höchst ernste Lage des römischen Heeres in Judaea. Partiell sind diese Quellen schon seit langem bekannt, doch wurden sie bisher nicht in ihrer vollen Aussagekraft ernst genommen. Hinzu kommen aber nunmehr neue Dokumente, die erst in den letzten zwei Jahrzehnten, manche überhaupt erst in den letzten Jahren zugänglich geworden sind. Alle diese Quellen sind zeitgenössisch, sie können also nicht durch irgendwelche späteren Interpretationen beeinflusst worden sein, wie das bei literarischen Quellen natürlich immer wieder geschieht, gerade auch bei den Berichten zu Bar Kochba. Alle Dokumente beziehen sich auf das römische Heer, auf die Hilfstruppen und auf die in Judaea stationierten Legionen.

Der Großteil der neuen Quellen sind sogenannte Militärdiplome, d.h. Abschriften von Kaiserkonstitutionen, durch die den Soldaten der Hilfstruppen nach abgeleistetem Militärdienst das römische Bürgerrecht, die *civitas Romana,* verliehen wurde.[31] Das einzelne Diplom bestand aus zwei

---

[29] Fronto, de bello Parthico 2 (van den Hout, 1988, p. 221) = Stern Nr. 342; Cassius Dio 69, 12–14, 3 = Stern Nr. 440.

[30] Das gilt auch für Cornelius Fronto, trotz einer gewissen Voreingenommenheit des Autors gegenüber Hadrian.

[31] Eine umfassende Darstellung aller mit den Diplomen verbundenen Probleme von Herbert Nesselhauf in CIL XVI p. 147ff., ferner in den inzwischen fünf Bänden der Roman Military Diplomas, 1978–2006, hg. M.M. Roxan und P. Holder. Als allgemeine Einführung ist auf N. Lambert/J. Scheuerbrandt, Das Militärdiplom. Quelle zur römischen Armee und zum Urkundenwesen, Stuttgart

Bronzetäfelchen, auf die der Text des kaiserlichen Erlasses mit dem Namen des jeweiligen Soldaten eingraviert wurde. Da im 2. Jahrhundert die Privilegierung am Ende der Dienstzeit nach der Entlassung erfolgte, also nach 25 bzw. im Fall von Flottensoldaten nach 26 Dienstjahren, sagen diese Diplome etwas über die Zahl der Rekruten, die 25 bzw. 26 Jahre früher in bestimmte Einheiten aufgenommen wurden. Und gerade dies ist relevant bei der Frage nach den Verlusten im Bar Kochba-Aufstand und der dadurch notwendig gewordenen schnellen und massenhaften Wiederauffüllung der einzelnen Einheiten der Provinz.[32] Die wichtigsten Beispiele, die Judaea bzw. Syria Palaestina betreffen, zeigen mit erstaunlicher Deutlichkeit die militärische Ausnahmesituation in den Jahren des Aufstandes.

Im Verlauf weniger Jahre sind vier Diplome bekannt geworden, die im Jahr 160 an Soldaten ausgegeben wurden, die in den Hilfstruppen von Syria Palaestina gedient hatten. Die Namen der Veteranen sowie die ihrer Einheiten sind erhalten, ebenso auch die Namen der Gemeinden, aus denen die einzelnen Soldaten stammten. Es sind folgende:

Ein Serpodius, Sohn eines Epaphra (*Serpodius Epaphrae filius*) aus Telmessus in Lycia, Soldat in der *ala Antiana Gallorum et Thracum sagittaria*.[33]

2002 zu verweisen. Vgl. ferner W. Eck, Der Kaiser als Herr des Heeres. Militärdiplome und kaiserliche Reichsregierung, in: Documenting the Roman Army, hg. J. J. Wilkes, London 2003, 55 ff.

[32] W. Eck, Die Militärdiplome im römischen Heer. … und was sie über den Bar-Kochba-Aufstand erzählen, in: Welt und Umwelt der Bibel 2007, 72 ff.

[33] W. Eck, Ein Militärdiplom für die Auxiliareinheiten von Syria Palaestina aus dem Jahr 160 n. Chr., in: Kölner Jahrbuch 26, 1993, 451 ff. = RMD III 173.

Ein Muta, Sohn eines Mutes (*Muta Mutetis filius*) aus Aspendus in Pamphylien, Soldat in der *cohors I Damascenorum Armeniaca*.[34]

Ein Vaxade, Sohn eines Vaxade (*Vaxade Vaxadi filius*) aus Suedra in Pamphylien, Soldat in der *cohors I Sebastenorum milliaria*.[35]

Ein Galata, Sohn eines Tala (*Galata Talae filius*) aus Sagalassus in Pisidien, Soldat in der *cohors VI Petreorum*.[36]

Alle vier waren 25 Jahre, bevor sie im Jahr 160 ihr Bürgerrechtsdiplom erhielten, also 135 n. Chr. für das Heer von Syria Palaestina rekrutiert worden. Sie waren aber nicht die einzigen, die damals rekrutiert wurden und dann 160 ein Diplom erhielten. Vielmehr können wir ungefähr abschätzen, wie viele der in römischer Zeit ausgegebenen Diplome bis heute überlebt haben: Insgesamt ist dies nur ein sehr kleiner Teil, wohl kaum wesentlich mehr als 0,5 %.[37] Das heißt aber dann, dass über die vier bekannten Soldaten hinaus noch zahlreiche andere, vermutlich mehrere Hunderte, aus dem Heer von Syria Palaestina im Jahr 160 das Bürgerrecht erhalten hatten, nachdem sie 25 Jahre Militärdienst abgeleistet hatten. Doch nicht das Datum 160 ist dabei für uns das Interessante, sondern das Jahr 135. Denn in diesem Jahr waren alle, die 160 entlassen wurden, für das Heer in Syria Palaestina rekrutiert worden. Das bedeutet aber, dass es analog zur massenhaften Bürgerrechtsverleihung im Jahr 160

[34] B. Pferdehirt, Römische Militärdiplome und Entlassungsurkunden in der Sammlung des Römisch-Germanischen Zentralmuseums, Mainz 2004, I 119f. Nr. 41 (= RGZM).

[35] W. Eck/A. Pangerl, Neue Militärdiplome für die Provinzen Syria und Judaea/Syria Palaestina, in: SCI 24, 2005, 101ff.

[36] Das Diplom, das im Besitz des Hecht-Museums in Haifa ist, wird in Kürze von H. M. Cotton und mir publiziert werden.

[37] W. Eck, Der Kaiser als Herr des Heeres (Anm. 31) 57f.

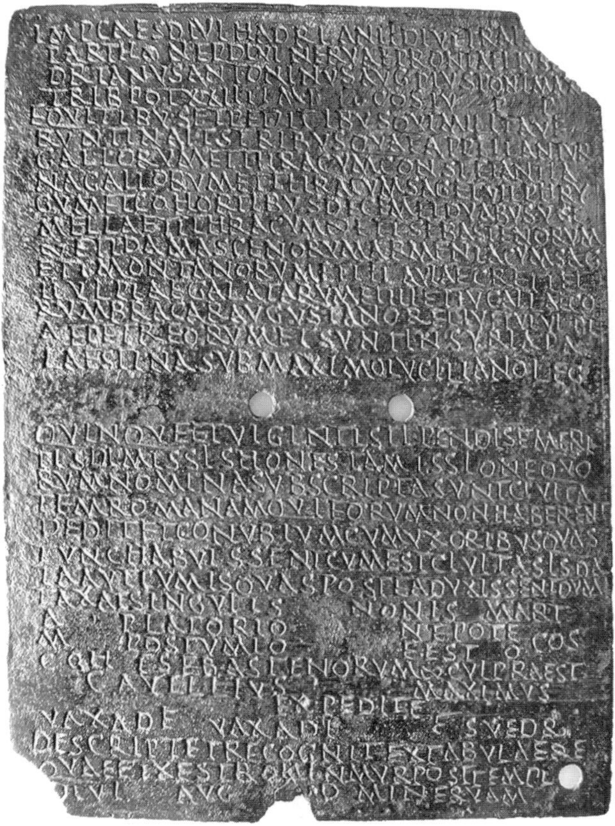

Abbildung 14: Diplom für das Heer Syria Palaestinas aus dem Jahr 160 n. Chr.

fünfundzwanzig Jahre früher eine massenhafte Rekrutierung für Judaea gegeben haben muss, die sicherlich weit mehr Personen betroffen hatte, als im Jahr 160 entlassen wurden.

Denn natürlich überlebte nur ein Teil eines Rekrutenjahrgangs den anstrengenden und oft gefährlichen Dienst im Heer – man rechnet mit maximal 60%.[38] Dann gab es jedoch im Jahr 135 einen ungewöhnlichen Bedarf an Rekruten in diesen Einheiten. Ein massenhafter Bedarf an Rekruten in einem einzelnen Jahr entsteht aber, nach allem was wir wissen oder erschließen können, im römischen System nur aus anormalen Situationen; der Bar Kochba-Aufstand war eine solche Situation. Die Lücken, die durch die Kämpfe in den Mannschaftsbestand gerissen wurden, mussten durch gezielte Zwangsaushebungen, was damals nicht das Übliche gewesen zu sein scheint, geschlossen werden.[39] Eines der Rekrutierungsgebiete war, wie die Heimatangaben der vier Veteranen zeigen, die genannte Region im Südosten Kleinasiens, die Provinz Lycia-Pamphylia. Das deutet darauf hin, dass ein spezielles Rekrutierungskommando aus der schon so lange vom Krieg betroffenen Provinz Judaea dorthin geschickt worden war, um dringende Aushebungen durchzuführen. Auf genügend Freiwillige zu warten, wie das sonst in der Kaiserzeit wohl nicht ungewöhnlich war, erschien nicht als der geeignete Ausweg. Da die Aushebung in einer

---

[38] W. Scheidel, Measuring sex, age and death in the Roman empire: explorations in ancient demography, Ann Arbor 1996, 97 ff.; ders., Roman age structure: evidence and models, in: Journal of Roman Studies 91, 2001, 1 ff.

[39] Siehe zur Diskussion um *dilectus* = Zwangsaushebung und andererseits Freiwilligenwerbung P. Brunt, Conscription and Volunteering in the Roman Imperial Army, in: Roman Imperial Themes, Oxford 1990, 188 ff.; ferner G. R. Watson, Conscription and Voluntary Enlistment in the Roman Army, in: Proceedings of the African Classical Association 16, 1982, 46 ff.; ferner in Kürze: W. Eck, Friedenssicherung und Krieg in der römischen Kaiserzeit. Wie ergänzte man das römische Heer? in: Die römische kaiserzeitliche Armee und ihre Verwaltung. Kolloquium Passau Februar 2007, hg. A. Eich (in Vorbereitung).

anderen Provinz stattgefunden hat, muss der Kaiser dazu die Anweisung gegeben haben.

Auch für die Jahre 157 und 158 sind nunmehr drei Konstitutionen bekannt, nach denen an Veteranen der Hilfstruppen von Syria Palaestina das Bürgerrecht vergeben wurde.[40] Nach dem normalen Ablauf müssten diese Veteranen einst spätestens im Jahr 133 rekrutiert worden sein. Für den hier wichtigen Kontext der großen Verluste zu Beginn des Aufstandes ist ein Umstand entscheidend: Alle drei Diplome wurden an ehemalige Reiter in der *ala VII Phrygum* ausgegeben. Bei der eben schon geschilderten Relation von noch erhaltenen Diplomen und der Zahl von Rekruten 25 Jahre früher, kann dies aber nur heißen, dass diese berittene Einheit um 133 schwerste Verluste, mehrere Hundert, erlitten haben muss, was wiederum kaum anders als durch den Bar Kochba-Aufstand zu erklären ist. Ansonsten ist die Zahl von gleich drei Diplomen für dieselbe Einheit nicht zu erklären.

Bei unserer mehr als lückenhaften Überlieferung ist diese deutliche Dokumentation für einen massiven Bedarf an Rekruten für die Auxiliartruppen von Judaea/Syria Palaestina innerhalb weniger Jahre durchaus beeindruckend. Doch noch deutlicher als bei diesen Hilfstruppeneinheiten lassen sich große Verluste auch bei den Legionen, den römischen Bürgertruppen, nachweisen. Aus einem Papyrus, der in Ägypten gefunden wurde, wussten wir seit vielen Jahrzehnten, dass aus der Flotte, die in Italien bei Misenum

[40] Das eine von P. Weiss, in: ZPE 117, 1997, 256ff. publizierte Diplom (= RMD V 421) ist sicher ins Jahr 157 zu datieren, die beiden anderen gehen auf eine Konstitution vom 6. Februar 158 zurück: W. Eck/A. Pangerl, Eine Konstitution für die Truppen von Syria Palaestina aus dem Jahr 158, in: ZPE 157, 2006, 185ff.; Dies., Eine Konstitution für die Hilfstruppen von Syria Palaestina vom 6. Febr. 158 n. Chr., in: ZPE 159, 2007, 283ff.

stationiert war, der *classis Misenensis,* unter Hadrian Soldaten direkt in die *legio X Fretensis* versetzt wurden, offensichtlich in großem Stil.[41] Freilich ist der Zeitpunkt, zu dem das geschah, in dem Papyrus nicht direkt genannt, weshalb auch behauptet werden konnte, diese Versetzung habe schon längst vor dem Aufstand stattgefunden und habe mit der militärischen Situation in Judaea im Zusammenhang des Bar Kochba-Aufstandes nichts zu tun gehabt. Diese Sichtweise berücksichtigt freilich nicht, dass vor der Versetzung der Flottensoldaten in die Legion erst eine außergewöhnliche Maßnahme durch den Kaiser erfolgen musste: Die für die Versetzung vorgesehenen Soldaten wurden zu römischen Bürgern gemacht, da in der Flotte nur Personen minderen Rechts gedient haben. All das ist nur in einer Notsituation vorstellbar.

In den letzten Jahren sind zahlreiche Diplome für Veteranen der Flotte von Misenum aus dem Jahr 160 n. Chr. gefunden geworden; sie betreffen also dieselbe Einheit, die in dem Papyrus aus dem Jahr von 150 erwähnt ist. Bisher sind 13 Diplome für diese Flotte bekannt geworden, die höchste Zahl von Diplomen überhaupt, die auf dieselbe Konstitution zurückgehen.[42] Es sind folgende Dokumente:

---

[41] R. Cavenaile, Corpus papyrorum latinarum, Wiesbaden 1958, Nr. 117: *Cum militaverimus, domine, in classe praetoria Misenensis (!) et ex indulgentia divi Hadriani in leg(ionem) Fr(etensem) translatis [a(nnos)] super XX omnia nobis uti bonis militibus constituerint…* = „Da wir, Herr, in der Flotte von Misenum und, nachdem wir durch die Gunst des vergöttlichten Hadrian in die Legio Fretensis versetzt worden waren, dort über mehr als 20 Jahre unseren Dienst, wie es guten Soldaten zukommt, versehen haben…" (sinngemäße Übersetzung).

[42] Der Diplomtext lautet in den wichtigsten Partien: *Imp(erator) Caes(ar) T(itus) Aelius Hadrianus Antoninus Aug(ustus) Pius, pont(ifex) max(imus), trib(unicia) pot(estate) XXIII, imp(erator) II, co(n)s(ul) IV, p(ater) p(atriae), iis qui militaverunt in classe praetoria Misenensi quae est*

Abbildung 15a: Diplom für einen Veteranen der Flotte von Misenum vom Jahre 160 n. Chr.

---

sub Tuticano Capitone praef(ecto) sex et viginti stipendis emeritis dimissis honesta missione, ...civita[tem Romanam dedit e]t conubium... A(nte) d(iem) VII id(us) Febr(uarias) [App(io) Annio At]ilio Bradua, [T(ito) Vibio] Varo co(n)s(ulibus) = „Imperator Caesar Titus Aelius Hadrianus Antoninus Augustus Pius, Oberpriester, zum dreiundzwanzigsten Mal Inhaber der tribunizischen Amtsgewalt, zweimal als Sieger akklamiert, viermal Konsul, Vater des Vaterlandes, hat denen, die in der prätorischen Flotte von Misenum, die unter dem Kommando des Präfekten Tuticanus Capito steht, die 26 Jahre gedient haben und ehrenhaft entlassen worden sind, das römische Bürgerrecht verliehen und das Recht, eine gültige Ehe schließen zu können... Am siebten Tag vor den Iden des Februar unter den Konsuln Appius Atilius Bradua und Titus Vibius Varus" (= 7. Febr. 160 n. Chr.)".

Abbildung 15b: Diplom für einen Veteranen der Flotte von Misenum vom Jahre 160 n. Chr.

Beleg	Fundort	Empfänger	Ehefrau
RMD 105	Paestum	*C. Iulius Seuthi f. Philippop. ex Thr.*	*Marcia Actie Secunda ux. eius Italic*
RMD 172	unbekannt	*[---]*	*[---]*
RMD 277	unbekannt	*P. Lucretius Prili f. Firmus Philippop. ex Thrac.*	
RMD 425	unbekannt	*C. Iulius Epta[--- f. ---, Ni]copol[i ex Thracia]*	
RMD 426	unbekannt	*[----]*	*[----]*
RGZM 39	östl. Balkan?	*C. Valerius Dineti f. Dento[---]*	*Scures Dolentis fil. ux. eius [---]*
ZPE 155, 2006, 239 ff.[43]	östl. Balkan?	*[--- f.] Tacitus Aug(usta) Tr(aiana) ex Thrac(ia)*	*[et ---]e fil(ia) uxor eius, Thraiss(a)*

Abbildung 15c: Diplom für einen Veteranen der Flotte von Misenum vom Jahre 160 n. Chr.

Beleg	Fundort	Empfänger	Ehefrau
ZPE 155, 2006, 241 ff.	östl. Balkan?	*[---]lius/nius Amatoci f. M[--- Philip]popol(i) ex Thra[c(ia)*	*[--- ?Pi]th-erotis fil(ia) T[hraiss(a)*
ZPE 155, 2006, 243 f.	östlicher Balkan?	*[---]*	
ZPE 155, 2006, 244 f.	östlicher Balkan?	*[---]*	
ZPE 155, 2006, 245 f.	östlicher Balkan?	*[---]*	
Unpubliziert[44]	östlicher Balkan?	*M. Ann[--]tius Bithi f. [--]lens Philipp. ex Thr(acia)*	*Nisa Muzaceni f(ilia) ux(or) eius Thraissa*

[43] W. Eck – A. Pangerl, Die Konstitution für die classis Misenensis aus dem Jahr 160 und der Krieg gegen Bar Kochba unter Hadrian, in: ZPE 155, 2006, 239 ff. (fünf Exemplare).

[44] Das Diplom wird in Kürze von John Casey in der ZPE publiziert werden. Ferner ist jetzt ein 13. Diplom bekannt geworden.

Möglicherweise gehört noch ein weiteres, eben bekannt gewordenes Diplomfragment zu dieser Konstitution; doch ist die Zugehörigkeit nicht sicher, so dass es außer Betracht bleiben soll.[45]

Wenn, wie oben schon ausgeführt, die Zahl der heute noch aus einer Konstitution erhaltenen Diplome etwas über die Zahl der Entlassungen und damit noch mehr über die Menge der vorausgehenden Rekrutierungen aussagt, dann muss die Zahl der Rekruten für die Flotte von Misenum bei mindestens dreizehn noch vorhandenen Diplomen besonders hoch gewesen sein. Da Flottensoldaten damals 26 Jahre Dienst taten, führen diese Zeugnisse auf eine Rekrutierungswelle eben im Jahr 133/34, also gerade in den ersten beiden Jahren des Bar Kochba-Aufstandes. Damals müssen plötzlich riesige Lücken im Mannschaftsbestand der Flotte von Misenum aufgetreten sein, Lücken, wie sie durch die natürliche Fluktuation nicht entstehen können, sondern nur durch einen besonderen Anlass. Dies war, wie der Papyrus schon gezeigt hat, der Transfer der Flottensoldaten in die *legio X Fretensis* in Judaea – und möglicherweise auch in die zweite in dieser Provinz stationierte Legion.[46] Da die Flottensoldaten keine römischen Bürger zu sein brauchten, mussten diese Soldaten, wie bereits erläutert, vor dem Transfer in die Legionen noch zu römischen Bürgern gemacht werden, eine ausgesprochene Notmaßnahme, die

---

[45] Siehe dazu in Kürze W. Eck / A. Pangerl, Neue Diplome für Flotten in Italien, ZPE 2008 (im Druck).

[46] Dieser Gedanke wurde zuerst von M.M Roxan, A Diploma of the Misene Fleet: 160 Febr. 7, in: Römische Inschriften – Neufunde, Neulesungen und Neuinterpretationen. Festschrift für Hans Lieb, hg. R. Frei-Stolba/M.A. Speidel, Basel 1995, 101 ff., bes. 110 geäussert; ferner Eck/Pangerl, Die Konstitution für die classis Misenensis (Anm. 43); Eck, Rom herausfordern (Anm. 19).

nur unter Sonderbedingungen erfolgte. Doch die Verluste in Judaea waren offensichtlich so groß, dass man alle sonstigen Regeln auf den Kopf stellte, um möglichst schnell die Lücken in den Kampftruppen der Provinz wieder zu schließen. Denn diese bisherigen Flottensoldaten waren bereits geübt und konnten ohne lange Verzögerung, wie es bei normalen Rekruten zu erwarten gewesen wäre, in die Truppen als vollgültige Kräfte eingefügt werden. Mehrere tausend Soldaten sind damals offensichtlich aus Misenum nach Judaea transferiert worden, um die dortigen Legionen aufzufüllen.

Und auch noch auf andere völlig unübliche Weise wurde in den Jahren zwischen 132 und 134 der Rekrutennachschub für die Legionen beschafft: Während sonst Italien von Aushebungen verschont blieb,[47] wurde dieses faktische „Privileg“ damals außer Kraft gesetzt, indem Hadrian in Italien einen *dilectus,* eine Zwangsaushebung, durchführen ließ. Bezeugt ist sie für zwei Regionen, in den Abruzzen und in Oberitalien;[48] doch darf man mit gutem Grund annehmen, dass neben diesen in Einzeldokumenten genannten Regionen noch andere in die Rekrutierungsmaßnahmen einbezogen wurden. Hadrian hat diese Befehle gewiss nicht ohne zwingenden Grund gegeben; denn der Akzeptanz seiner Herrschaft bei der Bevölkerung im Herzland des Reiches konnte dies kaum dienen.

---

[47] Siehe die Literatur oben Anm. 39.

[48] AE 1986, 686 = SEG 31, 1300 = S. Şahin, Inschriften von Perge, Bonn 1999, 182 f. Nr. 154: *Curia et populus Quintum Voconium Saxam Fidum … curatorem viae Tiburtinae, qui et per eundem tractum dilectum egit…*; CIL VIII 7076 = Dessau 1068 (Cirta): *T(ito) Caesernio … Statio Quintio Statiano Memmio Macrino… misso ad dilectum iuniorum a divo Hadriano in regionem Transpadanam…*; vgl. Eck, The Bar Kokhba Revolt 80.

So bestätigt sich von verschiedenen Seiten, welche dramatischen Verluste die Römer erlitten haben müssen, vor allem in der ersten Phase des Aufstandes, als man von den Aufständischen überrascht wurde und sich noch nicht auf deren Kampftaktik, die die offene Feldschlacht vermied und den Römern in Guerillamanier zusetzte, eingestellt hatte.[49] Für die hohen Verluste mag auch mitverantwortlich gewesen sein, dass zumindest die Jerusalemer Legion nicht in ihrem Stammlager konzentriert, sondern über viele kleine Lager verteilt und mit Aufgaben außerhalb des Standortes betraut war.[50] Die so verstreuten Abteilungen wurden leicht eine schnelle Beute der unvermutet angreifenden Aufständischen.

Die Schwere des Kampfes ergibt sich ferner daraus, dass Hadrian am Ende des Kampfes eine zusätzliche militärische Akklamation annahm, was sich im Titel *imperator* manifestierte, der in der kaiserlichen Titulatur erschien. Vor dem Bar Kochba-Krieg hatte er, trotz siegreicher Kämpfe, stets davon Abstand genommen, seine militärischen Erfolge auf

---

[49] Zu weiteren Hinweisen auf die Auswirkungen des Bar Kochba-Aufstandes auf die Rekrutierung siehe P. Holder im Kommentar zu RMD V 418: „An ex-infantryman, Antipatrus has a Greek name. Only part of his father's name survives but Her[---] is also suggestive of a Greek name. The presence of a Greek in *cohors I Antiochensium* from Syria is not necessarily surprising. But the recipient of RGZM 37, Himerus, came from Laodicea in Asia Minor. He too had joined the Roman army in 132 which might indicate a connection with increased recruitment because of the Bar Kokhba revolt." Ferner der Kommentar zu RMD V 422 und W. Eck/D. MacDonald/A. Pangerl, Neue Militärdiplome für Truppen in Britannia, Pannonia superior, Pannonia inferior sowie in Thracia, in: REMA 1, 2004, 63 ff., bes. 80 ff.

[50] Zur Dislokation kleiner Abteilungen Isaac, Limits of Empire 427 ff. Vgl. z. B. auch die Hinweise bei F. v. Saldern, Ein kaiserliches Reskript zur Entlassung eines Angehörigen der *vigiles*, in: ZPE 156, 2006, 293 ff. zu Abordnungen an verschiedene Einsatzorte.

diese Weise der Öffentlichkeit, vor allem dem Heer und den Führungsschichten des Reiches, mitzuteilen. Nach dem Aufstand in Judaea geschah aber genau dies. Natürlich ließ er die Akklamation erst zu, als die Kämpfe abgeschlossen waren. Wann das der Fall war, ist bis heute umstritten. Inzwischen aber rückt der Termin immer mehr hinaus auf das Ende des Jahres 135 hin oder sogar ins Jahr 136. Man kann zumindest mit Sicherheit sagen, dass in einem Militärdiplom, also einem Dokument aus der kaiserlichen Kanzlei, das frühestens am 1. September 135 ausgestellt wurde, die zweite Imperatorenakklamation Hadrians noch nicht vermerkt ist.[51] Damit ist der Krieg jedenfalls zu diesem Zeitpunkt noch nicht zu Ende gewesen. Andere Hinweise deuten auf die ersten Monate des Jahres 136, in denen der Krieg ein Ende gefunden haben könnte.[52] Da der Krieg im Frühjahr 132 ausgebrochen war, hat er somit mehr als dreieinhalb, vielleicht sogar fast vier Jahre gedauert. Alle Kämpfe ereigneten sich in einem kleinen Gebiet von kaum mehr als tausend Quadratkilometern und sie wurden mit einem Widerstandsgeist geführt, der viele Vorstellungen der römischen Militärs überstieg.

Hadrian hatte deshalb nicht umsonst, über die in der Provinz ohnehin vorhandenen Truppen hinaus, eine gewaltige Militärmacht aufbieten müssen. Der Senator, den Hadrian für den fähigsten Militär seiner Zeit hielt, Sextus

---

[51] W. Eck/D. MacDonald/A. Pangerl, Neue Diplome für die Auxiliartruppen von Unterpannonien und die dakischen Provinzen aus hadrianischer Zeit, in: Acta Musei Napocensis 39, 2002, 25 ff., bes. 38 ff.

[52] Siehe W. Eck/G. Foerster, Ein Triumphbogen für Hadrian im Tal von Beth Shean bei Tel Shalem, in: JRA 12, 1999, 294 ff.; W. Eck, Hadrian, the Bar Kokhba Revolt, and the Epigraphic Transmission, in: The Bar Kokhba War Reconsidered 153 ff.

Iulius Severus, wurde eigens aus Britannien, wo er damals als Statthalter das Kommando hatte, nach Judaea gesandt, eine ausgesprochene Notmaßnahme, da Britannien im Rang weit höher stand als Judaea.[53] Im Normalfall wäre eine solche Versetzung einer Degradierung gleichgekommen; jetzt erfolgte sie dennoch, weil die militärische Lage sie erforderte. Auch der Statthalter Syriens, Poblicius Marcellus, war für einige Zeit in die Kämpfe involviert, wie es eine Inschrift aus Ancyra, dem heutigen Ankara, zeigt; denn es wird erwähnt, Poblicius sei in seiner Funktion als Statthalter von Syrien durch einen seiner Legionslegaten, der wie der Statthalter Judaeas Iulius Severus hieß, vertreten worden, weil er sich wegen des jüdischen Aufstands (der *kinesis Ioudaike*) außerhalb seiner Provinz befand. Ebenso war der Legat der Nachbarprovinz Arabia, Haterius Nepos, an den Kämpfen beteiligt.[54] Aus seiner Provinz hatten sich Juden und Nabatäer dem Aufstand angeschlossen. Darauf verweist eine Inschrift eben aus der Provinz Arabia, die von einem Krieg gegen einen Nepos berichtet.[55] Damit ist vermutlich eben Haterius Nepos gemeint. Diejenigen aber, die nach

---

[53] PIR[2] J 576. A.R. Birley, The Roman Government of Britain, Oxford 2005, 129 ff. Dass Tineius Rufus, unter dem der Aufstand ausgebrochen war, nicht unter Iulius Severus in anderer Funktion in der Provinz blieb, sondern von Severus abgelöst wurde, ist aus den epigraphischen Quellen und dem römischen System heraus eindeutig; siehe die Diskussion, die darüber von manchen geführt wurd, bei Eshel (Anm. 19) 123 f.

[54] PIR[2] P 1042; IGR III 174 (Ancyra); Eck, The Bar Kokhba Revolt 83 ff.; Eck, Hadrian, the Bar Kokhba Revolt, and the Epigraphic Transmission, in: The Bar Kokhba War Reconsidered 153 ff.

[55] S. Abbadi / F. Zayadine, Nepos the Governor of the Provincia Arabia in a Safaitic Inscription, in: Semitica 46, 1996, 155 ff.; vgl. dazu auch Bowersock, The Tel Shalem Arch and P. Naḥal Ḥever/Seiyal 8, in: The Bar Kokhba War Reconsidered 177 ff.

Abbildung 16: Basis für eine Statue des Legionslegaten Iulius Severus aus Ancyra.

diesem epigraphischen Text gegen Nepos kämpften, sind keine Juden, sondern gehören den Nabatäern an. Dazu passt, dass Cassius Dio berichtet, auch viele Angehörige fremder Völker hätten aus Gewinnsucht mit den Rebellen gemeinsame Sache gemacht und darüber sei fast die ganze Erde in Unordnung geraten.[56] Dass aber Nabatäer sogar ganz direkt mit Bar Kochba verbündet waren, ergibt sich mit besonderer Deutlichkeit aus einem Schreiben, das sich unter den Briefen gefunden hat, die von dem Führer des Aufstandes selbst stammen oder an ihn gerichtet waren. Denn in den Höhlen von Naḥal Ḥever haben sich auch zahlreiche Briefe und Anweisungen dieses Anführers des jüdischen Aufstandes gefunden. Ein besonderes Schreiben, aus den letzten Monaten des Kampfes gegen Rom, zeigt einen Soumaios, der im Herrschaftsgebiet Bar Kochbas mit diesem militärisch kooperiert.[57] Er ist, wie sein Name erkennen lässt, ganz sicher ein Nabatäer. Noch mehr aber dürften Juden aus Arabia sich dem Aufstand angeschlossen haben. Zwei jüdische Frauen, Babatha und Salome Komaise, waren in das von den Aufständischen beherrschte Gebiet geflohen, wohl weniger, weil sie und vielleicht ihre männlichen Begleiter von vorneherein deren Kampf aus ideologischer Verbundenheit unterstützen wollten, als deswegen, weil es eben selbst in Arabien zu Kampfhandlungen im Zusammenhang der Rebellion gekommen war. In einer Höhle im Wadi Naḥal Ḥever hatten sie zuletzt Zuflucht gefunden, wo schließlich in den 60er Jahren des 20. Jahrhunderts ihre Dokumente gefunden wurden: das inzwischen berühmte

---

[56] Cassius Dio 69, 13, 2 = Stern Nr. 440.

[57] H.M. Cotton, The Bar Kokhba Revolt and the Documents from the Judaean Desert: Nabataean Participation in the Revolt (P. Yadin 52), in: The Bar Kokhba War Reconsidered 133 ff.; vgl. auch Bowersock, The Tel Shalem Arch (Anm. 55) 177 ff.

Abbildung 17a: Reste eines römischen Lagers über den Höhlen von Naḥal Ḥever.

Abbildung 17b: Blick aus der Höhle, in der das Archiv der Babatha gefunden wurde.

Babathaarchiv und das nicht weniger wichtige, wenn auch kleinere Archiv der Salome Komaise.[58] Über den Höhlen, deren Eingänge sich in den senkrechten Wänden dieses Wadi befinden, sieht man noch heute Teile der Umwallung der römischen Truppenlager, von denen aus das Militär die in die Höhlen Geflüchteten aushungerte. Am Ende ist dies auch gelungen, dank der Überlegenheit und der im Verlauf des Aufstandes immer vorsichtigeren Strategie der römischen Militärmacht. Rom war durch diesen Aufstand in ungeheurer Weise herausgefordert worden. Niemand unter den römischen Offizieren hätte wohl zu Beginn gedacht, dass es einer solchen Anstrengung bedurfte, um dieses kleine Herrschaftsgebiet Bar Kochbas, das nur einen Teil der Provinz umfasste, wieder botmäßig zu machen.[59] Am Ende der Kämpfe muss alle auf römischer Seite Beteiligten ungeheure Erleichterung erfasst haben. Hadrian verlieh den

---

[58] Siehe die Papyri, die von N. LEWIS, The Documents from the Bar-Kokhba Period in the Cave of Letters. Greek Papyri, Jerusalem 1989, von A. Yardeni/B.A. Levine/J.C. Greenfield, Documents from the Bar Kokhba Period in the Cave of Letters: Hebrew, Aramaic and Nabatean Aramaic Papyri, Jerusalem 2002, sowie von H.M. COTTON und A. YARDENI, Aramaic, Hebrew and Greek documentary texts from Nahal Hever and other sites, Oxford 1997, publiziert wurden.

[59] Zur Größe des Herrschaftsgebiets Bar Kochbas, das vor allem durch Münzfunde bestimmt werden kann, siehe D. BARAG, A Note on the Geographical Distribution of Bar-Kokhba Coins, in: Israel Numismatic Journal 4, 1980, 30 ff.; B. ZISSU/H. ESHEL, The Geographical Distribution of the Bar Kokhba Coins, in: New Studies on the Bar Kokhba Revolt, hg. B. ZISSU/H. ESHEL, Ramat Gan 2001, 17 ff. (hebräisch); DIES., The Geographical Distribution of Coins from the Bar Kokhba War, in: Israel Numismatic Journal [Studies in Memory of Leo Mildenberg, Jerusalem 2002] 14, 2000–2, 160 ff.; zusammenfassend auch B. ISAAC/A. OPPENHEIMER, The Revolt of Bar Kokhba: Ideology and Modern Scholarship, in: ISAAC, The Near East 220 ff. = OPPENHEIMER, Between Rome and Babylon 197 ff.

drei kommandierenden Generälen: Iulius Severus, Poblicius Marcellus und Haterius Nepos, die höchste Auszeichnung, die er damals vergeben konnte: die *ornamenta triumphalia.*[60] Niemals zuvor hatte dieser Kaiser irgendeinen seiner Offiziere so herausgehoben, nunmehr blieb ihm keine andere Wahl. Der ehemalige Statthalter Syriens Poblicius Marcellus ließ in Aquileia, seiner Heimatstadt, auf einer gewaltigen Basis ein Denkmal, vielleicht eine Statue der Victoria, errichten, das an diesen Sieg erinnern sollte.[61] Für Hadrian aber wurde rund 12 km südlich der Stadt Scythopolis, nahe Tel Shalem, ein großer Triumphbogen errichtet, mit einer mehr als elf Meter breiten Inschrift, die in riesigen Lettern geschrieben war. Vermutlich hatten Senat und Volk von Rom, *Senatus Populusque Romanus,* den Beschluss gefasst, diesen Bogen zu erbauen, obwohl eine Legion als Bauherr nicht ausgeschlossen ist.[62] Es war ein gewaltiges Erinnerungsmal,

---

[60] Eck, The Bar Kokhba Revolt 83 ff. Zum Dokument für die *ornamenta triumphalia* von Poblicius Marcellus siehe die folgende Anm.; für Haterius Nepos CIL XI 5212 = Dessau 1058 (Fulginiae): *T(ito) Haterio Nepoti Atinati Probo Publicio Mateniano co(n)s(uli) pontif(ici) triumphalib(us) [ornamentis honorato---]* = „Für Titus Haterius Nepos Atinas Probus Publicius Matenianus, der Konsul und Pontifex war, der mit den *ornamenta triumphalia* geehrt wurde ...(hat ... diese Statue errichtet)".

[61] AE 1934, 231= G. Alföldy, Römische Statuen in Venetia et Histria, Heidelberg 1984, 99 f. = G. Brusin, Inscriptiones Aquileiae, Aquileia 1991, I 236 Nr. 499: *G(aius) Quinctius G(ai) fil(ius) Vel(ina tribu) Certus Poblicius Marcellus, co(n)s(ul), augur, legat(us) divi Hadrian(i) provinc(iarum) Syriae et German(iae) superior(is), ornament(is) triumphalibus* = „Gaius Quinctius Certus Poblicius Marcellus; er war Konsul, Augur, Legat des vergöttlichten Hadrian in den Provinzen Obergermanien und Syrien; er war mit den *ornamenta triumphalia* ausgezeichnet worden; (er hat dieses Monument errichtet)".

[62] Eck / Foerster, Ein Triumphbogen für Hadrian (Anm. 52) 294 ff.; anders Bowersock, The Tel Shalem (Anm. 55) 171 ff., der jedoch

Abbildung 18: Basis für ein Siegesmonument des Poblicius Marcellus aus Aquileia.

das den endgültigen Sieg verkünden sollte.[63] Doch schon in der frühbyzantinischen Zeit war der Bogen zerstört. Die Platten mit der stolzen lateinischen Inschrift endeten als Abdeckplatten für bescheidene Gräber der dort lebenden Bevölkerung. Warum ausgerechnet dieser Ort, nicht weit vom Jordantal entfernt, für die Errichtung des Bogens gewählt wurde, lässt sich nicht sagen; Spekulationen sind jedoch erlaubt. Wenn der Platz nicht eine bedeutungsvolle Rolle in dem gnadenlosen Kampf gegen Bar Kochba gespielt hätte, wäre er kaum für den Bogen gewählt worden.

---

m. E. einige wesentliche Überlegungen nicht genügend beachtet hat; siehe Eck, Hadrian, the Bar Kokhba Revolt, and the Epigraphic Transmission, in: ibid. 153 ff. Oberflächlich und negativ dekretierend, ohne die spezifischen Bedingungen zu bedenken, sind die Bemerkungen von Simone Follet im AE 1999, 1688.

[63] In Rom selbst hat Hadrian den endgültigen Sieg kaum öffentlich in Erscheinung treten lassen. Vielleicht sind zwei Monumente mit Inschriften aus Rom auf den Aufstand zu beziehen: CIL VI 974 = 40524: *[S(enatus) p(opulus)q(ue)] R(omanus) [Imp(eratori) Caes(ari) divi Traiani] Parthici f(ilio) [divi Nervae nep(oti) Traiano Ha]driano Aug(usto), [pont(ifici) max(imo), trib(unicia potest(ate) XX (?), imp(eratori)] II, co(n)s(uli) III p(atri) p(atriae), [quod summo pugnandi a]rdore misso [exercitu suo superatis imperat]oribus max[imis Syriam Palaestinam ab ho]ste liberaverit* = Senat und Volk von Rom errichten dieses Monument zu Ehren von Imperator Caesar, Sohn des vergöttlichten Traianus Parthicus, Enkel des vergöttlichten Nerva, den Oberpriester, der die Gewalt eines Volkstribunen zum 20.(?) Mal innehat, der zweimal als Sieger akklamiert wurde, der dreimal Konsul war, den Vater des Vaterlandes, weil er mit höchstem Kampfeseifer sein Heer gesandt, selbst die größten Feldherrn übertroffen und so Syria Palaestia vom Feind befreit hat". Im Text der Inschrift ist hier (gegen die Fassung im CIL) die *tribunicia potestas* vor die 2. Imperatorenakklamation gesetzt, wie dies in allen offiziellen Inschriften Hadrians seit der Annahme von *imp. II* geschieht; vgl. Eck/Foerster, Ein Triumphbogen für Hadrian (Anm. 52) 301 ff.; ferner CIL VI 1565 = 37054 = VI, VIII 3, p. 4713 (siehe Eck, Hadrian, the Bar Kokhba Revolt [Anm. 19] 158 f.).

Abbildung 19a: Rekonstruktion der Inschrift vom Hadriansbogen bei Tel Shalem.

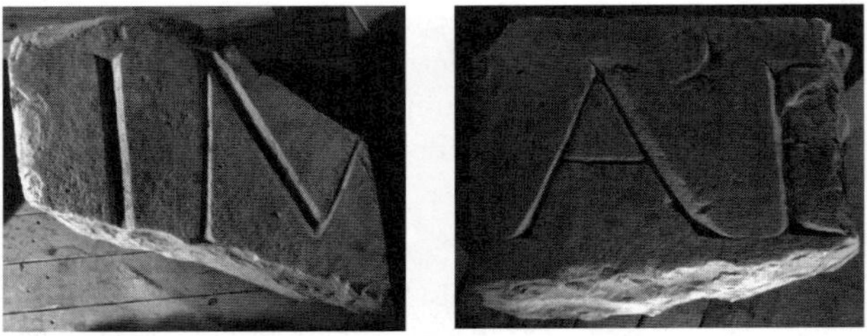

Abbildung 19b/c: Fragmente der Inschrift vom Bogen von Tel Shalem.

Für Rom war am Ende die Erhebung erfolgreich bekämpft, erkauft aber mit äußerst hohen Verlusten. Das galt, wie schon ausgeführt, für die eigenen Truppen, aber noch mehr für die jüdische Bevölkerung des Landes. Nach Cassius Dio wurden fünfzig der wichtigsten Festungen und 985 Dörfer zerstört. 580.000 Juden aber seien umgekommen.[64] Vermutlich sind dies keine erfundenen Zahlen, sondern dem Bericht entnommen, den Hadrian nach aller Wahrscheinlichkeit im Senat vorgelegt hat, gleichzeitig mit dem Antrag, den drei senatorischen Generälen die *ornamenta triumphalia* zu verleihen. Denn der Senat hatte über den Triumph für Hadrian, den dieser freilich ablehnte, und über die *ornamenta triumphalia* zu beschließen.

---

[64] Cassius Dio 69, 14, 1–3 = Stern Nr. 440.

Abbildung 20: Bronzestatue Hadrians aus der Nähe von Tel Shalem.

Inzwischen hat man in Judaea mehr als 400 Plätze in dem ehemals von den Aufständischen beherrschten Gebiet entdeckt, an denen unterirdische Verstecke angelegt waren, fast stets tief unter Siedlungen gelegen. Dass die auf der Oberfläche sichtbaren Siedlungen zerstört wurden, ist selbstverständlich. Diese Zahlen sprechen für sich. Das gesamte engere Judaea, in dem Bar Kochba seine Herrschaft errichtet hatte, war nach den archäologischen Funden bis zum Ende des 2. Jahrhunderts fast siedlungsleer.[65] Das passt zu den Verlustangaben, die Cassius Dio gibt. Die Zahlen mussten die Römer weder erfinden, noch sich auf reine Schätzungen verlassen. Der regelmäßig durchgeführte *census* hatte entsprechende Angaben zur Verfügung gestellt und schon während des Krieges war klar geworden, wie sehr die Zahl der Bewohner und damit auch der Steuerzahler abgenommen hatte. Der ohne Zweifel bald nach Ende des Krieges in der Provinz durchgeführte *census* hatte nur nachgewiesen, was man schon vorher befürchtet hatte.[66] Die Zahlen dürften deshalb weitgehend vertrauenswürdig sein.[67]

Was waren die Konsequenzen für die Provinz, gerade unter dem Gesichtspunkt des Militärs? Eine wesentliche Verstärkung der militärischen Präsenz erfolgte jetzt überraschenderweise nicht mehr. Es blieb bei der Besatzung von zwei Legionen und rund 15 Auxiliareinheiten, von denen

---

[65] B. Zissu, Rural Settlement in the Judaean Hills and Foothills from the End of the Second Temple Period to the Bar Kokhba Revolt, PhD dissertation Hebrew University Jerusalem 2002; A. Kloner/B. Zissu, Hiding Complexes in Judaea: An Archaeological and Geographical Update on the Area of the Bar Kokhba Revolt, in: The Bar Kokhba War Reconsidered 181 ff.

[66] Dabei sind nicht notwendigerweise alle Juden, die nach dem Krieg nicht mehr in den römischen Unterlagen auftauchten, auch während des Krieges umgekommen. Nicht wenige haben ohne Zweifel die Provinz verlassen und damals die Diaspora in Babylonien verstärkt. Doch der Großteil der Verluste war dem Krieg zuzuschreiben.

[67] B. McGing, Population and Proselytism. How many Jews were there in the ancient world? in: Jews in the Hellenistic and Roman Cities, hg. J. R. Bartlett, London/New York 2002, 88 ff. bespricht fast alle Zahlenangaben, die für die jüdische Bevölkerung in der griechisch-römischen Zeit bekannt sind und macht recht deutlich, dass ihnen kaum in einem Fall vertraut werden kann. Die Zahl bei Cassius Dio fehlt allerdings in seiner Erörterung.

zwei *milliariae* waren.[68] Das mag zunächst erstaunen, aber vermutlich nahm die römische Militärführung an, die massiven Bevölkerungsverluste würden eine weitere Aufstockung der Besatzung unnötig machen. Die zweite Legion war nunmehr die *legio VI Ferrata,* deren genaues Ankunftsdatum in der Provinz auch heute noch nicht fixiert werden kann.[69] Ihr Hauptlager befand sich bei Lajjun in der Jezreel Ebene; doch wurde dieses Lager nicht erst durch diese Legion errichtet, es existierte schon seit einigen Jahrzehnten.[70] Da dort bisher keine Ausgrabungen durchgeführt wurden, ist über das Lager kaum etwas bekannt.[71] Die Römer nannten den Ort Caparcotna. Ein kleineres Lager, nur für eine Vexillation ausreichend, war nahe bei Tel Shalem erbaut, wo auch der gewaltige Bogen für Hadrian stand. Die nähere Funktion dieses Lagers und wie lange es benutzt wurde, ist bisher nicht erkannt worden.[72] Es scheint jedenfalls, dass der dramatische Aderlass, der die jüdische Bevölkerung betroffen hat, die Kontrolle der Provinz am Ende für Rom erleichterte. Dazu dienten auch weitere kleinere Kastelle, die wohl von Soldaten der *legio X Fretensis* besetzt waren.[73]

Eine große Armee in einer Provinz hatte üblicherweise deutliche Auswirkungen auf die Zusammensetzung der Bevölkerung, zumal wenn die Ergänzung der Truppen vornehmlich von außen her, also nicht aus der Provinzbevölkerung heraus erfolgte, wie das in Judaea offensichtlich

[68] RMD III 160 vom Jahr 136/7 und CIL XVI 87 vom Jahr 139. Ferner die oben in Anm. 33–36 und 40 angeführten Diplome.

[69] H. M. Cotton, The *Legio VI Ferrata*, in: Les Légions 351 ff.

[70] Siehe oben zu Anm. 15.

[71] Siehe dazu Isaac, The Limits of Empire (Anm. 1) 432 f.

[72] G. Foerster, A Cuirassed Bronze Statue of Hadrian, in: Atiqot 17, 1985, 139 ff.

[73] Isaac, The Limits of Empire (Anm. 1) 427 ff.

Zeit	Herkunft des Diploms	Herkunft des Soldaten	Beleg
13. Mai 86	Donauraum?	Cololetic?/?	XVI 33; Eck/Pangerl, SCI 2005
87	Donauraum?	----	Unpubliziert
90	Donauraum?	----	RMD V 332
136/7	Türkei	Anatolien?	RMD 160
22. Nov. 139	Aphek, am See Genezareth	Nicaia in Bithynien	CIL XVI 87
[15. Ian.] 142	Donauraum?	Philippopolis in Thrakien	RGZM 29 = Eck, ZPE 155, 2006
157	Donauraum?	----	AE 1997, 1768 =RMD V 421
6. Febr. 158	Donauraum?	Thraker	Eck/Pangerl, ZPE 157, 2006, 185 ff
6. Febr. 158	Donauraum?	Thraker	Eck/Pangerl, ZPE 159, 2007, 283 ff.
7. März 160 (vier Dokumente)	Türkei?	Telmessus in Lycia Suedra in Pamphylien Aspendus in Pamphylia Sagalassus in Pisidien	RMD III 173; Eck/Pangerl, SCI 24, 2005, 101 ff.; RGZM 41; unpubliziert
154/161	?	----	RMD I 60
24.–27. Nov. 186	Nahe Hebron	----	RMD I 69

weitgehend der Fall war. Denn üblicherweise haben sich nicht wenige Soldaten nach ihrem Ausscheiden aus dem Heer in der Provinz niedergelassen, selbst wenn sie nicht von dort stammten, in der sie jedoch meist ihre gesamte Dienstzeit absolviert hatten; manche siedelten sich in der unmittelbaren Umgebung des Lagers an. Dazu trug nicht wenig bei, dass viele Soldaten schon während des Dienstes Frauen kennen lernten, mit denen sie faktisch eine Familie gründeten. Dies aber schuf eine Bindung an das Land. Auch in Syria Palaestina traten diese Folgen der römischen Militärpräsenz ein, wie es an manchen Orten zu beobachten ist,[74] zumal in Caesarea, wie noch zu zeigen sein wird.[75] Dennoch ist eine Beobachtung auffallend, die sich wiederum aus den Militärdiplomen ergibt.

Insgesamt kennt man bisher folgende sechzehn Diplome, die an Soldaten dieser Provinz ausgegeben wurden (vgl. Tabelle auf S. 146).

Von diesen sechzehn Veteranen, an die die Diplome ausgegeben wurden, stammte kein einziger aus der Provinz selbst. Soweit erkennbar war ihre Heimat entweder eine der südlichen Provinzen der heutigen Türkei oder eine der östlichen Balkanprovinzen, vor allem Thrakien. Dieses Übergewicht von Soldaten, die von außen kamen, also anderer ethnischer Herkunft waren als die Provinzbevölkerung, könnte man zunächst mit der besonderen Überlieferungssituation für Militärdiplome erklären, die seit etwa 15 Jahren verstärkt in den zwei genannten Regionen gefunden werden.[76] Doch diese Erklärung allein trägt wohl nicht allzu weit. Denn

---

[74] Siehe unten zu Anm. 81 ff.

[75] Siehe Kap. 5.

[76] Die zahlreichen Neufunde im östlichen Balkan sind durch die neue politische Freiheit in den Balkanländern und die verbesserten technischen Mittel verursacht worden. Denn dadurch wurde die illegale

dass viele Soldaten auch tatsächlich aus anderen Provinzen gekommen sind und wieder in ihre Heimat zurückkehrten, sich also nicht in Syria Palaestina niederließen, zeigt der Umstand, dass jedenfalls bisher trotz der intensiven Ausgrabungstätigkeit in Israel nur zwei Diplome von dort bekannt geworden sind, die dort gefunden wurden. Allzu attraktiv scheint diese Region somit für die Soldaten nicht gewesen zu sein. Das wird durch zwei weitere Dokumente unterstrichen, die sich beide in Ägypten gefunden haben. Ein Dokument aus dem Jahr 93 bezeugt Veteranen, die in Jerusalem in der *legio X Fretensis* gedient hatten. Zumindest einer von ihnen kehrte, wie das Dokument zeigt, nach Ägypten zurück.[77] Zum andern haben wir einen Fall aus dem Jahr 150. Es sind die Soldaten, die von Hadrian aus der *classis Misenensis* in die *legio X Fretensis* versetzt worden waren. Mindestens 22 dieser Soldaten waren in Ägypten rekrutiert worden und wollten als Veteranen dorthin zurückkehren, wie sie selbst sagen: *in patriam Alexandriam ad Aegyptum ituri* = „sie wollten in ihre Heimatstadt Alexandria zurückkehren". Deshalb erbaten sie im Jahr 150 vom Statthalter von Syria Palaestina, Velius Fidus, eine Bestätigung über ihre ehrenvolle Entlassung.[78] Auch sie haben sich also nicht dazu entschlossen, in ihrer Stationierungsprovinz zu bleiben. Sie hatten, was nicht zu vergessen ist, die schlimme Zeit des Bar Kochba-Aufstandes in der Provinz erlebt. Das mochte die Entscheidung zusätzlich beeinflusst haben.

Suche nach antiken Metallgegenständen ermöglicht, was zu einer Überschwemmung mit Diplomen geführt hat.

[77] Dessau 9059 = CIL XVI p. 146 Appendix No. 12.

[78] Papyri della Società Italiana IX 1026 = CIL XVI p. 146, no. 13 = S. Daris, Documenti per la storia dell' esercito Romano in Egitto, 1964, Nr. 98 = Corpus Papyrorum Latinarum 117 = J. Rea, in: ZPE 26, 1977, 217 ff.

Das heißt nun freilich nicht, dass nicht doch auch manche Veteranen sich innerhalb der Provinz niederließen und in die Bevölkerung der Provinz integrierten, was vor allem für Caesarea deutlich werden wird.[79] Zudem ist uns ein zufälliges Dokument erhalten, das einen ungewöhnlichen Einblick in die Realität von Heeresangehörigen im lokalen Kontext gibt.[80] Es ist ein offizielles Dokument auf Papyrus, das in Caesarea geschrieben wurde, dann aber, wir wissen nicht wie, nach Ägypten gelangt ist. Der Text, der sich an der Übersetzung John Reas orientiert, lautet:[81]

„... (Tag, Monat) im Konsulat von Glabrio und Homullus, in Caesarea im Tempel. Als Valerius Serenus, Veteran, aus dem Dorf von Meason (?) in der Peraia, darum nachsuchte, in die Zahl derjenigen aufgenommen zu werden, die von einer Proklamation (?) erfahren hatten, die unter Quintianus stattgefunden hatte, da sagte Aelius Amphigethes, Prokurator, kaiserlicher Freigelassener: ‚Hast du die Sache in Besitz?'. Es antwortete: ‚Ja, ich habe die Sache in Besitz'. Amphigethes sagte: ‚Niemand wird dir den Besitz streitig machen. Du wirst weiterhin Besitzer sein und ich werde ...im Archiv, und wenn die Stammrolle der Veteranen gefunden ist, werde ich das auf deinen Namen bestätigen, was ich bestätigen muss'."

Das Dokument schildert eine rechtliche Klärung. Wir würden sagen, es sei ein Verwaltungsprozess, in einer Sache,

[79] Siehe Kapitel 5; für andere Orte z. B. IGR III 1204. 1207 f.; SEG 8, 11 = Steinepigramme aus dem griechischen Osten. Bd 4: Die Südküste Kleinasiens, Syrien und Palaestina, hg. R. Merkelbach / J. Stauber, München 2002, 341 f.

[80] Dazu W. Eck, Ein Prokuratorenpaar von Syria Palaestina in P. Berol. 21652, in: ZPE 123, 1998, 249 ff.

[81] H. Maehler, Ein römischer Soldat und seine Matrikel, in: Akten XIV. Internat. Papyrologenkongr., hg. E. Kiessling / H.-A. Rupprecht, München 1974, 241 ff. = J. Rea, Two Legates and a Procurator of Syria Palaestina, in: ZPE 26, 1977, 218 ff. = Sammelbuch Bd. XII 11043 = Chartae Latinae Antiquiores XI 466.

die einen Veteranen Valerius Serenus betraf. Er hatte sie vor einen Quintianus gebracht, der mit einem Prokurator Calpurnius Quintianus identisch ist, der in einer Inschrift aus Caesarea erscheint, die wiederum, wie bereits gezeigt, einst im Praetorium unter einem Portrait des Prokurators aufgestellt war.[82] Die Verhandlung fand allerdings nicht vor diesem ritterlichen Prokurator statt, sondern vor einem Freigelassenenprokurator mit Namen Aelius Amphigethes, wohl dem Vertreter des Quintianus. Da das Konsulatsdatum erhalten ist, ist der Zeitpunkt klar: das Jahr 152. Im Verfahren ging es um Landbesitz, den Valerius Serenus in der Peraia hatte, also dem einzigen Teil der Provinz Syria Palestina, der jenseits des Jordan lag. Dass es sich nicht um Besitz gehandelt hat, den der Veteran etwa gekauft hatte, sondern dass es um angewiesenes Land ging, ergibt sich daraus, dass dies mit seinem Veteranenstatus zusammenhing. Das ist unter zweifachem Aspekt bedeutsam.

Zum einen zeigt es ganz generell, dass auch noch in der Mitte des 2. Jahrhunderts n. Chr. Legionsveteranen offensichtlich als Abfindung eine Landanweisung erhalten konnten, eine *missio agraria,* nicht aber eine Abfindung in Geld, eine *missio nummaria,* obwohl dies als die übliche Praxis der Zeit angesehen wird. Zum andern war bei der Landanweisung offensichtlich der kaiserliche Finanzprokurator der Provinz Syria Palaestina beteiligt gewesen. Nur: Wie kam dieser in den Besitz von Land, das an Veteranen im Kontext mit deren Entlassung, also einem jährlich sich wiederholenden Vorgang, abgegeben werden konnte? Denn dass es sich hier um eine Routineangelegenheit handelt und nicht eine Ausnahme, darf man wohl aus dem Tenor des Dokuments schließen.

---

82 Oben Kap. 2 zu Anm. 81.

Bei der Frage nach der Herkunft ist das Datum entscheidend: 152 n. Chr., also nur 16 Jahre nach dem Ende des Bar Kochba-Aufstandes. Dieser hatte, wie schon geschildert, weite Landstriche entvölkert, allerdings nicht nur in der Region, die im engeren Sinn Judaea genannt wird,[83] sondern auch in anderen Landesteilen. Der herrenlose Besitz der getöteten oder vielleicht geflüchteten Juden war an den Fiskus gefallen. Solche *bona caduca,* wie der römische Rechtsbegriff hieß, gab es auch in der Peraia. Verschiedene Papyri aus der judäischen Wüste, nicht nur das Babathaarchiv, bezeugen zahlreiche Juden, die in einzelnen Dörfern der Peraia Landbesitz hatten.[84] Da ihre Dokumente in den Höhlen gefunden wurden, die im Einzugsbereich Bar Kochbas lagen, haben sie wohl dessen Politik unterstützt, was aber auch beedeutet, dass sie den Aufstand kaum überlebt haben. So fiel ihr Besitz an den Fiskus. Da der kaiserlichen Finanzadministration aber Land ohne Besitzer, das damit auch nicht bearbeitet wurde, nichts nützte, musste sie entweder versuchen, diese Landstücke zu verkaufen oder sie konnte es Veteranen als Abfindung nach dem Dienst im Militär übereignen. Im letzteren Fall war der Gewinn ein doppelter, da einerseits die Geldreserven der kaiserlichen Kasse geschont und andererseits Land, das sonst brach gelegen hätte, nunmehr Ertrag abwerfen konnte.[85] Zudem wurde es so möglich, die Bevölkerungszahl zu erhöhen. Auf diese

[83] In der englischen Literatur wird dieses Gebiet als *Judaea proper* bezeichnet.

[84] P. Ḥev/Se 8. 8a. 65; vgl. M. Broshi/E. Kimron, A House Sale Deed from Kefar Baru from the time of Bar Kokhba, in: Israel Exploration Journal 36, 1986, 201 ff.

[85] Zur Argumentation W. Eck, Der Bar Kochba Aufstand, der kaiserliche Fiscus und die Veteranenversorgung, in: SCI 19, 2000, 139 ff.

Weise wurden für Rom, wenn auch langsam und indirekt, die demographischen und ökonomischen Folgen des Aufstandes überwunden. Das Heer scheint dabei seinen Beitrag geleistet zu haben. Auch der Besitzer eines Diploms aus dem Jahr 139, das bei Aphek am See Genezareth gefunden wurde, dürfte sich dort niedergelassen haben.[86]

Noch ein weiterer Aspekt, der in direktem Zusammenhang mit dem römischen Heer steht, ist dabei von nicht zu unterschätzender Bedeutung: Rom kannte kaum eine aktive Wirtschaftsförderung. Dennoch hatte seine Politik oft tiefgreifende Folgen für die wirtschaftliche Entwicklung eines Gebiets, alleine schon durch die Steuereintreibung. Aus vielen Provinzen wurde ein wesentlicher Teil des Steueraufkommens abgezogen und an anderen Orten wieder ausgegeben. Italien profitierte davon lange Zeit am meisten, da dort keine regelmäßigen Steuern erhoben, von den Kaisern aber bedeutsame Summen investiert wurden. Judaea zahlte ohne Zweifel alle Steuern, die üblich waren. Dazu kam für die jüdische Bevölkerung noch die Abgabe an den Jupiter Capitolinus, da Vespasian nach dem ersten Aufstand die Tempelsteuer in dieser Weise umgewandelt hatte. Doch eine außergewöhnliche Steuerhöhe gab es für Judaea nicht, auch nicht nach dem zweiten Aufstand;[87] denn bei einer allgemeinen höheren Steuerquote wären alle,

---

[86] CIL XVI 87.

[87] Dass auf der Provinz eine höhere Abgabenlast lag, wird zwar öfter angenommen, so etwa von Z. SAFRAI, The Economy of Roman Palestine, London 1994, 341 oder K.L. NOETHLICHS, Das Judentum und der römische Staat. Minderheitenpolitik im antiken Rom, Darmstadt 1996, 162 Anm. 167 mit Hinweis auf Appian, Syr. 50 = Stern Nr. 343. Doch Appian spricht ganz eindeutig nur von einer höheren Kopfsteuer, wobei nicht klar wird, ob er nicht die spezielle Abgabe an den Jupiter Capitolinus meinte, die ja pro Person erhoben wurde, also in Wahrheit eine spezielle Kopfsteuer war.

nicht nur Juden, davon betroffen worden, was nicht Ziel der kaiserlichen Politik sein konnte.[88] Wie viele Menschen in der Provinz lebten und wie hoch die Steuerleistung war, wissen wir nicht. Doch ist es klar, dass die Provinz insgesamt einen recht kleinen Umfang hatte und somit kein riesiges Steueraufkommen erzeugen konnte. Das Heer aber war im Gegensatz dazu recht groß, wie erläutert, umfasste es im 2. Jahrhundert nach der Verlegung der zweiten Legion mit ihren Hilfstruppen nahezu 20.000 Mann. Diese bezogen regelmäßigen Sold. Nach einer ungefähren Kalkulation kann man die Summe, die im 2. Jahrhundert für die beiden Legionen sowie die drei Alen und mindestens 12 Kohorten (darunter zwei *milliariae*) bereitzustellen waren, mit rund 28 Millionen Sesterzen beziffern. So viel hat Judaea kaum an Steuern aufbringen können.

Was aber geschah mit dem Geld der Soldaten? Nicht die gesamte Summe stand ihnen zur Verfügung, da ein bestimmter Betrag für Verpflegung, Kleidung, Waffen und anderes einbehalten wurde.[89] Doch mindestens ein Drittel, vielleicht auch mehr konnten die Soldaten direkt ausgeben, zuzüglich zu den Sonderzahlungen, die immer wieder den normalen Sold ergänzten. Dieses Geld floss unmittelbar in die lokale und regionale Wirtschaft. Doch auch die einbehaltenen Teile des Soldes wurden nicht etwa dem regionalen Wirtschaftskreislauf entzogen, sie wurden vielmehr ebenso produktiv wirksam, da die gemeinsam für das Heer notwendigen Güter wesentlich aus dem ortsnahen Bereich geordert wurden.

[88] Freilich hätte man nach Bevölkerungszugehörigkeit differenzieren können, wie das etwa auch in Ägypten je nach Bürgerrechtsstatus geschehen ist.

[89] Siehe dazu aus Judaea ein Dokument von Masada: H.M. Cotton/J. Geiger, The Latin and Greek Documents, Jerusalem 1989, 35 ff. Nr. 722.

Allein Überlegungen der Rationalität mussten dazu führen, um allzu große Transportkosten zu vermeiden. Bedenkt man aber all dies, dann liegt der Schluss sehr nahe, dass eine Provinz wie Judaea/Syria Palaestina allein nicht die Summen aufbringen konnte, die für die Bezahlung des Heeres notwendig waren, zumal zumindest die römischen Bürger der Hauptstadt Caesarea durch kaiserliches Privileg von der Grund- und Kopfsteuer, dem *tributum capitis* und *tributum soli,* befreit waren.[90] Und Caesarea war sicher die bevölkerungsreichste Gemeinde in Judaea. Damit darf man davon ausgehen, dass von der kaiserlichen Kasse allein schon für das Heer in der Provinz wesentlich mehr bereit gestellt werden musste, als diese selbst aufbringen konnte. Das aber heißt dann zwingend, dass aus anderen Provinzen Finanzmittel in nicht geringer Höhe hierher transferiert werden mussten, wie das auch in manch anderen Provinzen der Fall war, etwa in Britannien oder in Germania inferior. Den Nutzen hatte nach aller Wahrscheinlichkeit die heimische Wirtschaft, die vor allem die Lieferungen an das Heer leistete und zudem die Versorgung der einzelnen Soldaten mit den nötigen Waren ermöglichte. Der Gewinn blieb damit zum größeren Teil in der Provinz selbst. Wenn wir im späteren 2. Jahrhundert vor allem in Galiläa ein ungeheures wirtschaftliches Wachstum feststellen können,[91] auch in den mehrheitlich jüdischen

[90] Digesten 50, 15, 8, 7: *Divus Vespasianus Caesarienses colonos fecit non adiecto, ut et iuris Italici essent, sed tributum his remisit capitis; sed divus Titus etiam solum immune factum interpretatus est* = „Der vergöttlichte Vespasian machte die Caesarienser zu Koloniebürgern, ohne dass er auch das italische Recht hinzufügte, aber er erließ ihnen die Kopfsteuer; der vergöttlichte Titus verstand das so, dass auch der Boden steuerfrei war."

[91] So auch Safrai, Economy of Roman Palestine (Anm. 87) 341 ff. (in manchen Aspekten allerdings zu spekulativ und auch problematisch); J. P. Roth, The army and the economy in Judaea and Palestine,

Siedlungen, dann ist dies unter anderem als eine Folge der Anwesenheit des römischen Heeres anzusehen und dessen relativ üppiger finanzieller Ausstattung. Rom hat dabei sicher keine bewusste Politik verfolgt, obwohl man derartige wirtschaftliche Überlegungen von finanziellem Input und Output durchaus anzustellen wusste, wie Strabo, Appian und Cassius Dio dies etwa für Britannien oder Mesopotamien bezeugen.[92] Doch die politische Sicherheit erforderte die große Besatzung in Judaea und damit die finanzielle Investition in Form des Soldes. So wurde das römische Heer, auch wenn dies nicht das Ziel ihrer Anwesenheit war, zu einem wesentlichen Motor des wirtschaftlichen Aufschwungs der Provinz nach den Zerstörungen der beiden Aufstände.

---

in: The Roman army and the economy, hg. P. ERDKAMP, Amsterdam 2002, 375 ff. (zum Teil oberflächlich; deutsche Artikel werden schlicht ignoriert). Zum ökonomischen Einfluß des Heeres auf eine Provinz allgemein siehe auch B. CAMPBELL, War and Society in Imperial Rome, London 2002; ferner N. POLLARD, Soldiers, Cities and Civilians in Roman Syria, Ann Arbor 2000. Zur Spätantike A. LEWIN, The Impact of the Late Roman Army in Palaestina and Arabia, in: The Impact of the Roman Army (Anm. 4) 463 ff.

[92] Strabo 2, 5, 8; 4, 5, 3. Appian, praef. 5; Cassius Dio 75, 3, 3.

4. Latein als Sprache Roms in einer vielsprachigen Welt

In „The Passion of Christ", dem Film, der im Jahr 2005 so großes Aufsehen erregte, lässt der Regisseur Mel Gibson den Schauspieler, der den Präfekten Pontius Pilatus darstellt, in den Verhandlungen mit den Vertretern des Synhedriums in Jerusalem die aramäische Sprache verwenden. Die ihn begleitenden Soldaten sprechen dagegen Latein, freilich ein Latein, das erst nach langem Hinhören als Solches erkannt werden kann. Zu sehr schlägt die süditalienische Muttersprache der Komparsen bei der Aussprache des Lateins durch. Der Film war in Apulien gedreht worden.

Die Verwendung alter Sprachen in einem Historienfilm ist sicher ein interessantes Novum in der Filmgeschichte gewesen, während das erwartbare Englisch in die Untertitel verbannt wurde. Dieser provokative Versuch beschreibt, vielleicht ungewollt, ein wesentliches Element der Kommunikation der verschiedenen historischen Personen und Personengruppen, die in dem Film erscheinen. Die Lösung freilich, die im Film für die sprachliche Verständigung gefunden wurde, ist falsch oder zumindest äußerst unglaubwürdig. Denn es ist kaum vorstellbar, dass Pontius Pilatus sich als Vertreter der römischen Macht dazu verstand, persönlich die Verkehrssprache der Region, das Aramäische, in Verhandlungen mit den Untertanen zu verwenden, noch dazu bei der definitivsten Form von Herrschaftsausübung, der Entscheidung über Leben und Tod eines Angeklagten.

Das erlaubte schon das Prestige der eigenen Stellung nicht. Zudem muss man sich fragen, ob ein römischer Amtsträger in der Stellung des Pilatus sich überhaupt jemals die Mühe gemacht hat, die Sprache der Provinzbewohner zu erlernen. Pilatus hätte dazu zwar die Zeit gehabt, da er rund zehn Jahre lang Judaea administriert hat. Doch selbst wenn er die Sprache erlernt hätte, wäre er nie auf den Gedanken gekommen, sie beim offiziellem Handeln zu verwenden. Als der römische Feldherr Lucius Aemilius Paullus nach der siegreichen Schlacht von Pydna im Jahr 168 v. Chr. den unterlegenen Makedonen die politischen Entscheidungen Roms verkündete, tat er dies natürlich in Latein, obwohl er selbst die griechische Sprache beherrschte. Seine Erklärungen ließ er dann durch den Prätor Gnaeus Octavius, also einen zwar hohen, aber ihm doch untergeordneten Amtsträger, ins Griechische übersetzen, damit alle verstünden, wie der politische Wille Roms laute.[1] Das war Ausdruck der Haltung, die einer Weltmacht eigen ist, damals wie heute. Das Selbstwertgefühl findet Ausdruck in der eigenen Sprache. Wenn ein römischer Amtsträger im Osten jedoch wollte, dass die Untertanen ihn direkt verstanden, dann verwendete er entweder das Griechische als lingua franca, oder er veranlasste einen Dolmetscher, seine Worte zu übersetzen. Solche Leute fanden sich stets im Gefolge eines Statthalters, vor allem in den ihm unterstellten Truppen.[2]

---

[1] Livius 45, 29, 1ff.

[2] W. Eck, Lateinisch, Griechisch, Germanisch … ? Wie sprach Rom mit seinen Untertanen? in: Roman rule and civic life: Local and regional perspectives. Proceedings of the Fourth Workshop of the International Network Impact of Empire (Roman Empire, c. 200 B.C.–A.D. 476), Leiden, June 25–28, 2003, hg. L. de Ligt u. a., Amsterdam 2004, 3ff.

Aber auch die Soldaten, die Pilatus Befehle auszuführen hatten, sprachen unter sich kaum Latein. Sie waren, wie bereits erläutert,[3] überwiegend aus den nichtjüdischen Gemeinden des ehemaligen herodianischen Königreiches rekrutiert worden, aus Samaria Sebaste oder anderen Städten. Dort aber war die Verkehrssprache neben lokalen aramäischen Dialekten partiell wohl bereits das Griechische. Welche Sprache die Soldaten der von Pilatus kommandierten Truppen in dieser Übergangsepoche verwendeten, ist deshalb schwer zu sagen. Seit der vespasianischen Zeit, als alle Auxiliareinheiten ebenso wie die Legion von außen gekommen waren, wurde Latein sicher in weit größerem Umfang die dominierende Sprache im Heer der Provinz, wenn auch nicht die alleinige. Erst dann konnte sich vermutlich die Vorstellung entwickeln, wie sie in späteren jüdischen Quellen zu finden ist, Latein sei die Sprache der Kriegsführung, oder diese Sprache habe erst ein Soldat aus dem Griechischen entwickelt.[4]

Die sprachliche Form des Films von Mel Gibson verweist jedenfalls auf das Phänomen der Vielsprachigkeit der Bevölkerung, mit dem Rom in fast allen Provinzen konfrontiert wurde, besonders jedoch in der Provinz Judaea, ein Phänomen, das man aus Äußerungen in der Literatur kennt,

---

[3] Siehe Kapitel 3 zu Anm. 4.

[4] G. Stemberger, Die Beurteilung Roms in der rabbinischen Literatur, in: ANRW II 19, 2, 1979, 394; Ders., Die römische Herrschaft im Urteil der Juden, Darmstadt 1983, 119; L.H. Feldman, Some Observations on Rabbinic Reaction to Roman Rule in Third Century Palestine, in: Hebrew Union College Annual 63, 1992, 49 f.; R. Schmitt, Die Sprachverhältnisse in den östlichen Provinzen des römischen Reiches, in: ANRW II 29, 2, 1983, 575; vgl. auch H.B. Rosén, Die Sprachsituation im römischen Palästina, in: Die Sprachen im römischen Reich der Kaiserzeit, hg. G. Neumann/J. Untermann, Köln-Bonn 1980, 215 ff.

das uns heute aber vor allem, allerdings nicht allein, durch epigraphische Dokumente zugänglich ist. Deshalb soll die Frage, was Inschriften zu der Erhellung des Phänomens beitragen können, im Vordergrund stehen.[5]

Schon die erste uns bekannte, wenn auch nicht konkret erhaltene Inschrift aus dem von Rom provinzialisierten Gebiet weist mit aller Klarheit auf die Vielsprachigkeit hin: der *titulus crucis,* die Holztafel, auf der nach dem Johannesevangelium der Präfekt Pontius Pilatus die Begründung für die Todesstrafe Jesu in Ἑβραϊστί, Ῥωμαϊστί, Ἑλληνιστί, „auf Hebräisch, Lateinisch und Griechisch", hatte schreiben lassen.[6] Vermutlich war mit Ἑβραϊστί bei Johannes das Aramäische gemeint. Die Inschrift ist damit ein Reflex der damaligen politisch-administrativen und sprachlichen Wirklichkeit in Judaea: Pontius Pilatus wollte, dass sein Urteil bekannt wurde, und zwar bei möglichst vielen. Deshalb erschien die Begründung für das Urteil vor allem auch in

---

[5] Umfassend zum Phänomen des Nebeneinanders mehrerer Sprachen im römischen Reich J.N. ADAMS, Bilingualism and the Latin Language, Cambridge 2003, bes. 247 ff. im Kontext mit dem Aramäischen. Allgemein zur lateinischen Sprache im Osten B. ROCHETTE, Le latin dans le monde grec. Recherches sur la diffusion de la langue et des lettres latines dans les provinces hellénophones de l'Empire romain, Bruxelles 1997; in den kleinasiatischen Provinzen: R.A. KEARSLEY, Greeks and Romans in Imperial Asia. Mixed Language Inscriptions and Linguistic Evidence for Cultural Interaction until the End of AD III, Bonn 2001. Partiell auch einschlägig C. HEZSER, Jewish Literacy in Roman Palestine, Tübingen 2001.

[6] Joh. 19, 19; bei den Synoptikern wird diese Tafel nicht erwähnt, wohl aber die Ursache für die Verurteilung: Mt. 27, 37; Mk. 15, 26; Lk. 23, 38. Zum *titulus crucis* siehe zuletzt J. GEIGER, Titulus crucis, in: SCI 15, 1996, 202 ff.; ferner P.L. MAIER, The Inscription on the cross of Jesus of Nazareth, in: Hermes 124, 1996, 58 ff. Vgl. auch J.A. FITZMYER, The Languages of Palestine in the First Century A.D., Catholic Biblical Quarterly 32, 1970, 501 ff.

Aramäisch, weil Jesus Jude und Bewohner von Judaea war. Gerade der großen Masse der zum Paschafest versammelten Juden, die, soweit sie aus der Region stammten, weitgehend aramäisch sprachen, musste deutlich gemacht werden, was mit einem ihrer Volksgenossen geschah, wenn er durch seine Erklärungen die Weltmacht Rom provozierte oder ihre Grundfesten in Frage stellte. Doch daneben hatte das Urteil ganz selbstverständlich in Latein zu erscheinen, weil dies die Sprache des herrschenden Volkes der Römer war; Griechisch aber erschien, da es im gesamten Osten nicht nur Verkehrssprache war, sondern auch als die zweite Sprache der römischen Administration verwendet wurde.

Öffentliche Bekanntmachungen in mehreren, zumindest zwei Sprachen waren der Bevölkerung von Jerusalem durchaus nicht fremd. Jeder, der den ersten Vorhof des herodianischen Tempels betrat, traf auf steinerne Stelen. Sie standen an der Mauer, die diesen auch den Nichtjuden zugänglichen Bereich vom nächsten Vorhof trennte, der den Juden reserviert war. Die Stelen trugen abwechselnd in griechischer und lateinischer Sprache das Verbot für alle Nichtjuden, diese Mauer zu überschreiten; wer es dennoch tue, sei selbst für seinen Tod verantwortlich.[7]

Zwei der Stelen, die den griechischen Text überliefern, sind erhalten. Die vollständige wird heute in Istanbul aufbewahrt, die fragmentarische steht im Israelmuseum in Jerusalem.[8] Von den lateinischen Versionen wurde bis jetzt keine gefunden; aber es gibt keinen Grund an deren

---

[7] Josephus, bell. 5, 194; 6, 125; ant. 15, 417; vgl. auch Philo, legatio ad Gaium 212.

[8] OGIS 598 = CIJ 1400; SEG 8, 169: „Kein Fremder soll den Platz innerhalb der Einfriedungsschranke um das Heiligtum überschreiten. Wer dabei ertappt wird, ist selbst schuld an dem Tod, der daraus folgt." Siehe den Kommentar bei Boffo 283 ff.

Abbildung 21: Verbotsinschrift im Tempelvorhof in Jerusalem.

Existenz zu zweifeln. Auch viele Nichtjuden besuchten Jerusalem und wollten den Tempel besichtigen; am ehesten verstanden sie einen griechischen Text oder, wenn sie aus dem Westen des römischen Imperiums stammten, einen lateinischen. Die Warnung vor einem drohenden Tod bei Überschreiten der Grenze musste somit gerade in diesen Sprachen erfolgen.

Kaum eine Provinz des Imperium Romanum war einsprachig.[9] Rom hat auch nirgendwo eine aktive Sprachenpolitik

[9] Ein Reflex dieser Vielsprachigkeit ist der Hinweis in der Historia Augusta, vita Gordiani 34, 2, am Grab Gordians bei Circesium sei eine Inschrift in fünf Sprachen angebracht worden, damit alle wüssten, wer hier liege: *titulum huius modi addentes et Graecis et Latinis et Persicis et Iudaicis et Aegyptiacis litteris, ut ab omnibus legeretur.* Dass dies keine vertrauenswürdige Überlieferung ist (wie es aber O. Stoll, Zwischen Integration und Abgrenzung. Die Religion des Römischen Heeres im Nahen Osten, St. Katharinen 2001, 59 Anm. 259 für möglich hält), zeigt allein, dass im mesopotamischen Grenzgebiet auch ägyptische Zeichen verwendet worden sein sollen; das ist völlig unwahrscheinlich.

betrieben, indem man etwa von jedem neuen römischen Bürger verlangte, die Sprache der herrschenden Macht zu verstehen und zu verwenden.[10] Daran ändert auch die Geschichte nichts, die der Historiker Cassius Dio berichtet: Als im Jahr 43 n. Chr. das Gebiet des Koinons der Lykier wegen innerer Unruhen provinzialisiert wurde, erschien eine Gesandtschaft der Lykier vor dem Senat. Bei den Verhandlungen stellte sich heraus, dass einer der Gesandten eine Frage, die Kaiser Claudius auf Lateinisch gestellt hatte, nicht verstand. Darauf nahm ihm Claudius das römische Bürgerrecht mit der Begründung, niemand könne römischer Bürger sein, der nicht auch die Sprache des herrschenden Volkes verstehe.[11] Doch war diese Maßnahme nicht Ausdruck einer grundsätzlichen kaiserlichen Politik, sondern eine der nicht ganz seltenen überraschenden Entscheidungen, die Claudius traf. Bei anderer Gelegenheit vergab Claudius selbst die *civitas Romana* an Leute, die die Sprache des herrschenden Volkes sicherlich nicht aktiv verwenden konnten.[12] Auf dem Gebiet der germanischen Ubier, auf dem Claudius im Jahr 50 n. Chr. eine römische Kolonie gründete, muss die eigene Sprache, das Ubische, noch im 2. Jahrhundert verwendet worden sein. Freilich haben wir darüber kaum Zeugnisse, außer einigen wenigen Weiheinschriften an Matronengottheiten, auf denen der Name der Göttinnen im germanischen

---

[10] Dabei darf man davon ausgehen, dass im Allgemeinen vor allem die Mitglieder der führenden provinzialen Gesellschaften, die römische Bürger wurden, Latein zumindest partiell beherrschten, nicht nur, aber doch vor allem in den westlichen Provinzen.

[11] Cassius Dio 60, 17, 4.

[12] Cassius Dio 60, 7, 2; dazu IG IV^2 82–84 und W. ECK/A. PANGERL, Vater, Mutter, Schwestern, Brüder ..., Zu einer außergewöhnlichen Bürgerrechtsverleihung in einer Konstitution des Jahres 121 n. Chr., in: Chiron 33, 2003, 347 ff.

Dativ-Plural erscheint: *Aflims, Vatvims*. Mehr findet man in den epigraphischen Quellen nicht, trotz einer großen Fülle an solchen Denkmälern in lateinischer Sprache.[13] Literarische Quellen zur Sprache der Ubier aber fehlen völlig; es gab keine Literatur in dieser Sprache.

Der Befund in Judaea ist völlig anders. Denn für keine andere Region des gesamten Imperium sind so viele literarische Werke auf uns gekommen wie für Judaea und die umliegenden Regionen, und zwar fast kontinuierlich durch die Jahrhunderte bis in die Spätantike, und nicht nur in griechischer, sondern vor allem auch in hebräisch/aramäischer und in syrischer Sprache (Latein spielt im literarischen Leben kaum eine Rolle, wenn wir von Hieronymus absehen).[14] Doch nicht diese Quellen sollen hier interessieren, sondern vornehmlich die epigraphischen Denkmäler, weil sie öfter, wenn auch nicht immer, auf den alltäglichen Gebrauch von Sprachen verweisen. Sie sind zudem, anders als die für kurze Perioden und verschiedene, vor allem juristische Aspekte äußerst wichtigen Papyri, aus dem gesamten Gebiet der Provinz und über mehrere Jahrhunderte hinweg bekannt.[15] Einer umfassenden Auswertung der

---

[13] W. Eck, Köln in römischer Zeit. Geschichte einer Stadt im Rahmen des Imperium Romanum, Köln 2004, 127 ff. 284 ff.

[14] Zu den Autoren aus der Region siehe J. Geiger, On the Second Sophistic in Palestine, in: Illionois Studies 19, 1994, 221 ff; ders., Much Latin in Greek Palestine?, in: Aspects of Latin. Papers from the Seventh International Colloquium on Latin Linguistics, hg. H. Rosén, Innsbruck 1996, 39 ff.; ders., Some Latin Authors from the Greek East, in: Classical Quarterly 49, 1999, 606 ff.; ders., Language, culture and identity in ancient Palestine, in: Greek Romans and Roman Greeks, hg. E. N. Ostenfeld, Aarhus 2002, 233.

[15] Zu den papyrologischen Dokumenten, die bis 1995 bekannt waren, siehe den umfassenden Überblick bei H. M. Cotton / W. Cockle / F. Millar, The Papyrology of the Roman Near East. A Survey,

vielen tausende von Inschriften steht freilich im Weg, dass es bisher keine umfassende Sammlung aller epigraphischen Texte aus dieser Region gibt. Ja, es existieren nicht einmal moderne und umfassende Sammlungen für alle Texte in einer Sprache. Auf Grund dieser unbefriedigenden Situation ist seit mehreren Jahren ein Team von israelischen und deutschen Altertumswissenschaftlern an der Arbeit, eine solche Sammlung zu erstellen, das Corpus Inscriptionum Judaeae/Palaestinae (= CIIP).[16] Dieses Corpus soll aus der Zeit der griechisch-römischen Dominanz, von Alexander bis zur Eroberung des Landes durch die Araber zwischen 638 und 640 n. Chr.,[17] alle epigraphischen Texte sammeln, die innerhalb Israels bekannt geworden sind, in allen Sprachen. Es werden also nicht nur die Texte in den beiden Sprachen der herrschenden Mächte, zunächst Griechisch, später Latein und Griechisch, aufgenommen, wie das bisher in epigraphischen Corpora aus dem Bereich der Altertumswissenschaften üblich war, sondern auch in den anderen

---

in: JRS 85, 1995, 214 ff. Für Judaea selbst sind freilich nur relativ wenige Zeugnisse bekannt, die sich zudem in den ersten drei Jahrhunderten auf recht kurze Zeitspannen erstrecken (die spätantiken Zeugnisse aus Nessana sind in unserem Kontext nicht von Belang). Wichtig für das Heer in den Jahren kurz nach der Eroberung Jerusalems sind die Papyri und Ostraka auf Masada. Siehe dazu H.M. Cotton/J. Geiger, The Latin and Greek Documents, Jerusalem 1989.

[16] Die Arbeit wurde zunächst durch die German Israeli Foundation gefördert, jetzt durch die Deutsche Forschungsgemeinschaft. Auch der im Jahr 2000 verliehene Max Planck-Preis für Internationale Kooperation wurde für diese Arbeit verwendet. Der erste Band des CIIP soll im Jahr 2009 im Verlag de Gruyter erscheinen.

[17] Dabei werden die zeitlichen Grenzen nicht stets sklavisch eingehalten werden. So wäre es z.B. nicht sinnvoll, die inzwischen massenhaft bekannten idumäischen Ostraka, die zum Teil auch noch in die spätpersische Zeit gehören, partiell auszuschließen. Sie werden für das CIIP von A. Yardeni und B. Porten bearbeitet.

Sprachen, die von der einheimischen Bevölkerung bzw. Zugewanderten gesprochen und für die schriftliche öffentliche Kommunikation verwendet wurden. Das sind neben dem Griechischen und Lateinischen vor allem das Hebräische und das Aramäische, letzteres in seinen verschiedenen Spielarten: jüdisches, nabatäisches, idumäisches, samaritanisches, syrisches, palmyrenisches, sowie die Sonderausprägung des christlichen palästinensischen Aramäisch. Ferner sind das Thamudische und das Safaitische zu berücksichtigen, protoarabische Sprachen, die ausnahmslos über Inschriften und zwar speziell im Negev erfasst werden können.[18] Und schließlich sind diejenigen Sprachen zu berücksichtigen, die zumeist erst spät, in der christlichen Zeit, in diesem Raum erschienen sind: das Georgische und das Armenische. Dass es auch einzelne phönikische Inschriften und sogar sabäische, also in der Sprache, die um Aden im Süden der arabischen Halbinsel gesprochen wurde, im Land gibt, sei nur am Rande erwähnt.[19]

Um einen Eindruck von der Vielgestaltigkeit der Texte und der unterschiedlichen Verteilung an den verschiedenen Orten innerhalb des Untersuchungsbereichs zu geben, seien hier für einige Orte die Inschriftenzahlen angeführt, die sich bisher aus der noch recht unvollständigen Sammlung für das CIIP ergeben.[20]

---

[18] N. Tsafrir, New Thamudic Inscriptions from the Negev, in: Le Muséon 109, 1996, 137 ff.; M. Macdonald, Reflections on the linguistic map of pre-Islamic Arabia, in: Arabian archaeology and epigraphy 11, 2000, 1 ff.

[19] Siehe z. B. J. Naveh, Unpublished Phoenician Inscriptions from Palestine, in: IEJ 37, 1987, 25 ff. aus Gaza, oder G. W. Nebe/A. Sima, Die aramäisch/hebräisch-sabäische Grabinschrift der Lea, in: Arabian Archaeology and Epigraphy 15, 2004, 76 ff.

[20] Die vorliegende Liste gibt nur einen ungefähren Überblick über die Verteilung der Sprachen. Die Zahlen sind partiell noch sehr vom

In die auf S. 168 f. gezeigte Liste sind im Wesentlichen nur bereits publizierte Inschriften eingegangen, und auch hiervon nicht alle, da die Sammlung noch nicht abgeschlossen ist, sondern sich noch in Arbeit befindet, ferner nicht die vielen Texte, die vor allem während der Ausgrabungen der vergangenen Jahre in Caesarea und Scythopolis gefunden wurden, die aber erst noch veröffentlicht werden müssen. Somit kann keine dieser Zahlen als präziser Bestand genommen werden. Doch die grundsätzliche Tendenz, die sich aus den Inschriften für die Sprachverteilung ergibt, ist zweifelsfrei zutreffend. Drei Sprachen sind in den Inschriften zahlenmäßig dominierend: Griechisch, Aramäisch/Hebräisch und Latein, in dieser Reihenfolge. Daneben spielt das Nabatäische eine nicht unwichtige Rolle, freilich regional sehr beschränkt, ferner auch das Samaritanische, das uns allerdings nur von einem einzigen Ort näher bekannt ist: vom Berg Garizim, dem größten Heiligtum der Samaritaner nahe der Stadt Samaria/Sebaste. Die aramäischen, hebräischen und samaritanischen Inschriften sind vor Kurzem publiziert worden,[21] noch nicht jedoch die griechischen. Noch kaum repräsentiert sind in dieser Liste die thamudischen Texte; sie sind bisher nur in Ansätzen gesammelt, noch weniger publiziert und damit deutlich unterrepräsentiert.

Dass drei Sprachen während der griechisch-römischen Dominanz die bestimmenden Kommunikationsmittel waren, steht jedenfalls fest. Doch ist dieses Gesamtergebnis

---

Stand der Sammlung des Materials für das CIIP bestimmt, dürfen also in keinem Fall als exakt angesehen werden. Doch dürfte die Gesamttendenz sowohl bei der Verteilung zwischen den Sprachen als auch zwischen einzelnen Regionen und Orten inzwischen richtig erfasst sein.

[21] Siehe unten Anm. 23.

Ort	Griechisch	Latein	Hebr./Aram.	Nabatäisch	Samaritanisch	andere Sprachen
Ascalon	45	6	4			1 (phoen.)
Beersheba	81		7			
Bethlehem	21	31				2 (arm.)
Beth She'arim	ca. 230	1	50			
Caesarea Maritima	ca. 515	ca. 120	10		3	
Capernaum	124	1	15	12 (syr.)[22]		
Dora/Dor	36	2				4 (phoen.)
Eboda	66	9		40		2 (thamud.)
Elusa	143		2	2		1 (palm.)
Emmaus/Nicopol.	27	9	3	9		
Gaza	132	2	3		3	5 (phoen.)
Garizim Mons[23]	18				400	
Hiericho	19	5	19			1 (syr.)
Joppe	73	2	32			1 (phoen.)
Jerusalem	ca. 600	46	ca. 490			4

[22] Die Inschriften aus Capernaum sind fast ausnahmslos Graffiti aus dem Haus Petri. Sie sind deshalb auch der Zahl nach nicht repräsentativ für die übliche epigraphische Dichte an einem Ort.

[23] Siehe dazu jetzt J. Naveh/Y. Magen, Aramaic and Hebrew Inscriptions of the Second-Century BCE at Mount Gerizim, in: Atiqot 32, 1997, 9* ff.; H. Misgav/I. Magen/L. Tsfania, Mount Gerizim Excavations, The Aramaic, Hebrew and Samaritan Inscriptions, Jerusalem 2004.

Ort	Griechisch	Latein	Hebr./Aram.	Nabatäisch	Samaritanisch	andere Sprachen
Marisa/Eleutheropolis	100/33[24]	2	5	2		2 (syr.)
Neapolis	58	9	1	2	14	
Nessana	170	1	6			1 (arm.), 1 (syr.)
Raphia	25	1	1			1 (phoen.)
Samaria/Sebaste	41	7	4		2	
Samra	28		25			22
Scythopolis	ca. 190	7	4		2	
Sepphoris	50	25				
Tiberias	34	4	15			
Waddi Haggag[25]	202	1		60		? (thamud.)

[24] Die getrennt angeführte erste Zahl repräsentiert die griechischen Inschriften, die aus der Zeit des Hellenismus stammen; Marisa stellt in dieser Hinsicht eine besondere Überlieferungssituation im Untersuchungsgebiet dar, da von keiner anderen Stadt aus der Zeit vor der Ankunft der Römer so viele griechische Inschriften bekannt sind. Auch das Dossier mit dem Brief von Seleukos IV. dürfte aus dieser Gegend stammen, siehe unten Cotton-Wörrle (Anm. 27) und Y. Goren, Scientific Examination of a Seleucid Limestone Stele, in: ZPE 159, 2007, 206 ff.

[25] Hierbei handelt es sich durchweg um sehr kurze Graffiti, die zumeist nur aus Namen bestehen. Siehe A. Negev, The Inscriptions of Wadi Haggag, Sinai, in: Qedem 6, 1977, 11 ff.; siehe auch ders., in: Biblical Archeologist 45, 1982, 21 ff

noch wenig aussagekräftig, es muss vielmehr örtlich und auch zeitlich erheblich differenziert werden.

Das Griechische dominiert weithin, wie die Zahlen in der ersten Spalte zeigen.[26] Insgesamt sind wohl weit über 60% aller bekannten Inschriften innerhalb des gesamten Zeitraums in dieser Sprache abgefasst. Sie beginnen mit der Eroberung des Landes durch Alexander, bleiben dabei jedoch zunächst noch auf die Vertreter der Okkupationsmacht beschränkt. Seleukidische Amtsträger verwenden für ihre Briefe, wie nicht anders zu erwarten, die allgemeine griechische Verkehrssprache.[27] Seit der römischen Zeit werden griechische Texte immer zahlreicher, auch von Personen, die aus der lokalen Gesellschaft stammen. Ein bezeichnendes Beispiel stammt aus einem Grab bei Jericho.[28] Dort wurden in einem großen Familiengrab zahlreiche Mitglieder dieses familialen Verbandes bestattet. Auf den im Mausoleum gefundenen Ossuarien, den Steinkisten, in denen die Knochen der Verstorbenen schließlich geborgen wurden,

---

[26] Vgl. zur Dominanz des Griechischen und seiner Bedeutung MILLAR, Roman Near East passim; ferner H.M. COTTON, Language Gaps in Roman Palestine and the Roman Near East, in: Medien der Alltagskultur. Realien und kulturelle Kommunikation als Thema der Palästinaarchäologie, hg. CHR. FREVEL, Tübingen 2005, 159.

[27] Siehe z.B. die sogenannte Hefziba-Stele: Y.H. LANDAU, A Greek Inscription Found near Hefzibah, in: IEJ 16, 1966, 54ff. = TH. FISCHER, Zur Seleukideninschrift von Hefzibah, in: ZPE 33, 1979, 131ff. = SEG 29, 1613 = 1818 = 41, 1574; ein Brief von Antiochos V.: B. ISAAC, A Seleucid inscription from Jamnia-on-the-Sea: Antiochus V Eupator and the Sidonians, in: IEJ 41, 1991, 132ff. = DERS., Near East 3ff. = SEG 41, 1556; das eben publizierte Dossier Seleukos IV.: H.M. COTTON/M. WÖRRLE, Seleukos IV to Heliodoros. A New Dossier of Royal Correspondence from Israel, in: ZPE 159, 2007, 191ff.

[28] R. HACHLILI, The Goliath Family in Jericho: Funerary Inscriptions from a First-Century A.D. Jewish Monumental Tomb, in: Bulletin of the American School of Oriental Research 235, 1979, 31ff.

sind die meisten Inschriften auf Hebräisch/Aramäisch abgefasst. Einer der ganz wenigen Texte, der in einer anderen Sprache erscheint, lautet: Θεοδότου ἀπελευθέρου βασιλίσσης ᾿Αγριππεῖνης σορός = „(Ossuar) des Theodotos, des Freigelassenen der Königin Agrippina".[29] Gemeint ist nicht etwa eine Königin aus der herodianischen Königsfamilie, sondern Agrippina Augusta (15–59 n. Chr.), die Frau von Kaiser Claudius. Theodotos, der aus der lokalen Goliathfamilie stammte, war auf einem für uns nicht mehr erkennbaren Weg als Sklave in kaiserlichen Besitz gekommen; vielleicht war er bereits Sklave des Ethnarchen Archelaus gewesen und mit dessen Besitz im Jahr 6 n. Chr. von Augustus übernommen worden. Wie auch immer das gewesen sein mag, Theodotos war als Sklave vermutlich in der Administration der Balsamhaine bei Jericho eingesetzt gewesen, später aber freigelassen worden.[30] Für sein Ossuar wurde der Text entweder durch Theodotos selbst oder vielleicht erst von seinen Erben festgelegt; die Inschrift wurde jedenfalls nicht, wie das bei der Überzahl der anderen Ossuarien geschah, in Hebräisch/Aramäisch geschrieben, sondern in Griechisch. Das weist zusammen mit der Benennung als Freigelassener der „Königin" Agrippina darauf hin, wie wichtig beides, seine Stellung und die Sprache, für seine soziale Position während seines Lebens gewesen sind. Theodotos ist in den Kulturkreis übergetreten, dem seine Patronin angehörte. Die griechische Sprache steht nicht nur für eine Funktion, die ausgefüllt werden musste, sie zeigt zudem, welchem Lebenskreis der Verstorbene zugehörte und an dem ver-

---

29 Hachlili (Anm. 28) 31 ff = SEG 31, 1405–1407.

30 H. M. Cotton/W. Eck, Ein Staatsmonopol und seine Folgen. Plinius, Naturalis Historia 12, 123 und der Preis für Balsam, in: Rheinisches Museum 140, 1997, 153 ff.

mutlich seine Familie partizipierte – wenn die Inschrift auf sie zurückgeht. Die Sprache steht für seine Identität.

Deutlich wird dies vor allem auch am umgekehrten, etwa zeitgleichen Befund in Jerusalem.[31] Die zahlreichen dort gefundenen Ossuarien tragen in der Überzahl noch keine griechischen Aufschriften. Die hebräisch/aramäischen Inschriften dominieren in hohem Umfang; in der Sammlung von RAHMANI, die einen großen Teil der bekannten Ossuarien umfasst, zählen die Inschriften in hebräischer Schrift 143, die in griechischer nur 73; hinzu kommen 14 in beiden Sprachen.[32] Sie sind zu einem erheblichen Teil in die Zeit vor der Eroberung der Stadt im Jahr 70 n. Chr. zu datieren, als die Mehrheit der Bewohner in einer fast ausschließlich jüdisch bestimmten Umwelt lebte. Mit der Zerstörung Jerusalems und dem zunächst faktischen, später rechtlichen Verbot für Juden dort zu leben, verliert die aramäische Sprache ihre soziale Basis und damit verschwinden dort auch die Inschriften mehr und mehr. Die volle Herrschaft übernimmt dann freilich, soweit die beschränkte Zahl von Inschriften darüber etwas aussagen lässt, nicht direkt das Griechische, vielmehr spielt dann, wenn der Befund nicht täuscht, die lateinische Sprache für einige Zeit eine deutlichere Rolle. Darauf ist zurückzukommen. Erst seit dem späteren dritten Jahrhundert n. Chr. verstärkt sich dann zunehmend die Verwendung des griechischen Idioms in Jerusalem, um seit der weitgehenden Christianisierung die absolute Vorherrschaft zu übernehmen.

An vielen anderen Orten aber zeigt sich deutlich, wie die griechischen Inschriften recht schnell die Texte in

---

[31] L. Y. RAHMANI, A Catalogue of Jewish Ossuaries, Jerusalem 1994.

[32] RAHMANI (Anm. 31) 12. Wie mir JONATHAN PRICE mitteilte, hat er im Rahmen der Arbeit am CIIP nicht wenige zusätzliche Ossuarien gefunden, durch die der Bestand deutlich vermehrt wird.

Hebräisch oder Aramäisch zahlenmäßig überflügeln. Beth She'arim im südlichen Galiläa, wo für eine Zeit der jüdische Patriarch seinen Sitz hatte,[33] entwickelte sich seit dem späten 2. Jahrhundert zum größten und repräsentativsten jüdischen Begräbnisplatz. Zahlreiche weitverzweigte Grabanlagen wurden in die felsigen Hänge getrieben und mit monumentalen Eingängen ausgestattet. Nicht eben wenige der Inschriften, die an den Felswänden über den Gräbern teils eingeritzt, teils nur mit Farbe geschrieben wurden, verwenden noch die Sprache des eigenen Volkes; doch insgesamt sind dies nur 55; dem stehen aber rund 230 in griechischer Sprache gegenüber.[34] Diese überwältigende Mehrheit ist nicht nur dadurch bedingt, dass viele Juden aus der Diaspora dort ihre letzte Ruhestätte haben wollten, also Personen, die auch im täglichen Leben überwiegend die lingua franca des römischen Nahen Ostens benutzten. Es ist vielmehr ein genereller Trend, der sich unter anderem in den Fußbodenmosaiken zeigt. Im 2. und im früheren 3. Jahrhundert sind sie noch zu einem nicht geringen Teil in der eigenen Sprache abgefasst; doch in der späteren Zeit werden auch in den vielen Synagogen Galiläas die Bodenmosaiken zumeist mit griechischen Inschriften versehen.[35]

---

[33] M. Jacobs, Die Institution des jüdischen Patriarchen. Eine quellen- und traditionskritische Studie zur Geschichte der Juden in der Spätantike, Tübingen 1995.

[34] Siehe vor allem B. Mazar, Beth She'arim I. Catacombs 1–4, Jerusalem 1973, 193 ff.; M. Schwabe/B. Lifshitz, Beth She'arim II, The Greek Inscriptions, Jerusalem 1967; N. Avigad, Beth She'arim III, Catacombs 12–23, Jerusalem 1976, 230 ff.

[35] L. Roth-Gerson, The Greek Inscriptions from the Synagogues in Eretz-Israel, 1987; siehe auch beispielsweise L. Di Segni, The Greek Inscriptions in the Samaritan Synagogue at El-Khirbe, in: Early Christianity in Context. Monuments and Documents, hg. F. Manns/E. Alliata, Jerusalem 1993, 231 ff.

Abbildung 22: Griechische Grabinschrift aus Beth She'arim.

Abbildung 23: Mosaik mit griechisch-hebräischer Inschrift aus Hammath Tiberias.

Zahlreiche Inschriften zeigen dann, wie Juden ihren Euergetismus gegenüber der Gemeinde in griechischer Sprache ausdrückten, nicht anders als dies zur gleichen Zeit in den überall entstehenden christlichen Kirchen geschah. So heißt es in einer Mosaikinschrift aus Scythopolis: Π(ροσ)φ(ορὰ) ὦν Κύριος γινόσκι τὰ ὀνόματα αὐτὸς φυλάξι ἐν χρόνῳ = „Beitrag derer, deren Namen der Herr kennt; er selbst möge sie beschützen in der Welt".[36] Dedikationen dieser Art finden sich fast im selben Wortlaut in christlichen Kirchen.[37] Nur an einigen wenigen Orten wie in Sepphoris sind die hebräisch-aramäischen Inschriften an Gräbern wie in Synagogen noch recht häufig.[38] Doch nirgends, auch nicht an diesen Orten, wird die hebräisch/aramäische Sprache in Inschriften verwendet, die das öffentliche Leben im Sinn der politischen Gemeinde betreffen. Weshalb dies so ist, braucht vermutlich nicht allzu sehr verwundern; denn die öffentliche Macht ist spätestens im Verlauf des 2. Jahrhunderts fast überall entweder in nichtjüdische Hände übergegangen oder die führenden jüdischen Familien haben sich deutlich in die allgemeine griechisch-römische Kultur integriert.[39]

---

36 Roth-Gerson, The Greek Inscriptions (Anm. 35) 41 Abb. 9.

37 Dazu in Kürze eine umfassende Analyse aller Kirchenbauinschriften aus Syrien, Palaestina und Arabia durch R. Haensch, „...für die Errettung derer, die beitrugen und beitragen". Sozialgeschichtliche Untersuchungen zur Finanzierung des Kirchenbaus in den spätantiken Patriarchaten Antiochia und Jerusalem (in Druckvorbereitung).

38 Siehe z. B. Z. Weiss, The Sepphoris Synagogue Mosaic, Biblical Archaeology Review 26, 5, 2000, 48 ff.; ders., The Sepphoris Synagogue Mosaic and the Role of Talmudic Literature in its Iconographical Study, in: From Dura to Sepphoris: Studies in Jewish Art and Society in Late Antiquity, hg. L. I. Levine/Z. Weiss, Oxford 2000, 15 ff.; S. Klein, Jüdisch-palästinisches Corpus Inscriptionum (Ossuar-, Grab- und Synagogeninschriften), Berlin 1920 (ND Hildesheim 1971) no. 3. 5 und andere.

39 Siehe dazu auch Kap. 5.

Nichts anderes zeigt sich in den zahlreichen Zeugnissen aus den eher dörflichen Siedlungen auf den Golanhöhen, die erst später an der allgemeinen kulturellen und wirtschaftlichen Entwicklung teilhatten.[40] Obwohl dort eine numerisch starke jüdische Bevölkerung nachgewiesen werden kann, sind nur sehr wenige Inschriften in hebräisch-aramäischer Sprache bekannt; von Anfang an ist Griechisch das vorherrschende Idiom in den epigraphischen Äußerungen, ohne freilich völlig zu dominieren: Ob Juden oder Christen, beide schreiben in den kleinen Siedlungen ihre öffentlichen Texte an Gräbern oder über Synagogen und Kirchenportalen vor allem in dieser Sprache. An vielen Orten in Judaea geht dieser Übergang zur griechischen Sprache und deren schließlicher Dominanz jedenfalls in den epigraphischen Texten schleichend vor sich. An anderen Orten scheint der Übergang wohl schneller erfolgt zu sein, wie sich jedenfalls in Caesarea zeigen wird, worauf sogleich eingegangen werden wird.

Partiell könnte die Verwendung der griechischen Sprache statt der vorher jeweils herrschenden einheimischen eine Folge des Wechsels in der Herrschaft gewesen sein. Die meisten Städte des nördlichen Negev, wie etwa Eboda (Avdat) oder Nessana, unterstanden im 1. Jahrhundert n. Chr. noch den nabatäischen Königen.[41] Mit dem Jahr 106 wurden diese Gebiete wohl zum Teil bereits der Provinz

---

[40] R.C. GREGG/D. URMAN, Jews, Pagans and Christians in the Golan Heights. Greek and Other Inscriptions of the Roman and Byzantine Eras, Atlanta 1996; dazu die Rezensionen von B. ISAAC, Inscriptions and religious identity on the Golan", in: The Roman and Byzantine Near East, 2, Some Recent Archaeological Research, hg. J.H. HUMPHREY, Portsmouth 1999, 179ff., und W. ECK, in: SCI 21, 2002, 327ff.

[41] A. NEGEV, Oboda, Mampsis and Provincia Arabia, in: IEJ 17, 1967, 46ff.

Judaea eingegliedert, teilweise verblieben sie aber auch noch bei der neuen Provinz Arabia. Die nabatäische Sprache war in relativ zahlreichen Inschriften verwendet worden; aus Eboda, einer Stadt im nördlichen Negev, haben sich bis jetzt mindestens 40 gefunden.[42] Doch diese Sprache verschwindet ziemlich schnell, offensichtlich mit dem Ausklingen der politischen Dominanz des nabatäischen Königshauses. Alle späteren Inschriften aus Eboda, weit über 60, sind auf Griechisch abgefasst. Allerdings sind sie fast ausschließlich christlicher Herkunft und damit kaum vor dem Ende des 3. Jahrhundert anzusetzen. Zu fragen wäre, ob diese Lücke in der epigraphischen Überlieferung auch einen Rückgang der Besiedlung anzeigt oder ob sie anders zu erklären ist.[43] Nabatäische Zeugnisse sind jedenfalls, wie zu erwarten, geographisch generell auf den Süden beschränkt, der erst spät Teil der Provinz Judaea geworden ist.

Mit Blick auf Rom ist vor allem nach der Stellung des Latein in der Provinz Judaea zu fragen.[44] Von vorne herein

[42] P. LAGRANGE, Rapport sur une exploration archéologique au Négev, in: Comptes Rendus de l'Academie des Inscriptions et Belles Lettres 1904, 279 ff.; A. NEGEV, Nabatean Inscriptions from 'Avdat (Oboda), in: IEJ 11, 1961, 127 ff. und in: IEJ 13, 1963, 113 ff.; DERS., Stonedresser's Marks from a Nabatean Sanctuary at 'Avdat, in: IEJ 15, 1965, 185 ff.; U. HACKL/H. JENNI/C. SCHNEIDER, Quellen zur Geschichte der Nabatäer. Textsammlung mit Übersetzung und Kommentar, Göttingen 2003.

[43] A. ALT, Die griechischen Inschriften der Palästina Tertia westlich der 'Araba, Berlin-Leipzig 1921; A. NEGEV, The Greek Inscriptions from the Negev, Jerusalem 1981; HACKL/JENNI/SCHNEIDER, Quellen (Anm. 42). Dass das Nabatäische erst mit der Einrichtung der Palaestina Tertia, also nicht vor der 2. Hälfte des 4. Jahrhunderts, als Sprache der Inschriften im Süden Israels verschwunden sei, wie dies ROSÉN, Die Sprachsituation (Anm. 4) 216 annimmt, ist recht unwahrscheinlich.

[44] B. LEVICK, The Latin Inscriptions of Asia Minor, in: Acta colloquii epigraphici Latini Helsinkiae 3.–6. Sept. 1991 habiti, hg.

darf man voraussetzen, dass die herrschende Macht sich in diesem Raum nicht anders verhalten hat als anderswo. Seine eigene Sprache hat Rom in genereller Form den Untertanen nirgendwo aufgezwungen. Nicht einmal im Rahmen seines eigenen administrativen Handelns hat es stets auf der eigenen Sprache bestanden. Die zahllosen Dokumente aus Ägypten oder aus dem Euphratgebiet nicht weniger als die aus der judäischen Wüste belegen dies ganz deutlich.[45] Vor allem Hannah Cotton hat darauf in ihren Publikationen zu den zuletzt genannten Texten immer wieder hingewiesen.[46]

Diese Papyrusdokumente stammen von verschiedenen Fundorten: aus dem Wadi Murabba'at, aus Naḥal Ḥever, Masada, Naḥal Ṣe'elim und Naḥal David (Wadi Sdeir). Sie

H. Solin/O. Salomies/K.-M. Liertz, Helsinki 1995, 393ff.; F. Millar, Latin Epigraphy of the Roman Near East, in: ibid. 403ff.; W. Eck, Presence, role and significance of Latin in the epigraphy and culture of the Roman Near East, in: Kolloquium Institute for Advanced Studies, Jerusalem Juni 2003, hg. H. M. Cotton/J. Price/D. Wasserstein (im Druck).

[45] Cotton/Cockle/Millar, Papyrology of the Roman Near East (Anm. 15) 214ff.; D. Feissel/J. Gascou, Documents d'archives romains inédits du Moyen Euphrate (IIIe siècle après J.-C.), Journal des Savants 1995, 65ff.; D. Feissel/J. Gascou/J. Teixidor, Journal des Savants 1997, 3ff.; D. Feissel/J. Gascou, JSav 2000, 157ff.

[46] Verwiesen sei etwa auf: H. M. Cotton, The Languages of the Legal and Administrative Documents from the Judaean Desert, in: ZPE 125, 1999, 219–231; The Roman Census in the Papyri from the Judaean Desert and the Egyptian κατ' οἰκίαν ἀπογραφή, in: A Climate of Creativity. Papers from a New York University conference marking the retirement of Baruch A. Levine, hg. L. H. Schiffman, Leiden-Boston 2003, 105ff.; Survival, Adaptation and Extinction: Nabataean and Jewish Aramaic versus Greek in the Legal Documents from the Cave of Letters in Nahal Hever, in: Sprache und Kultur in der kaiserzeitlichen Provinz Arabia, hg. L. Schumacher/O. Stoll, St. Katharinen 2003, 133ff.

sind in Aramäisch, Nabatäisch, Hebräisch und Griechisch geschrieben, eine kleinere Anzahl auch in Latein. Am wichtigsten sind, wenn man von den Dokumenten Bar Kochbas absieht, die zwei Familienarchive, deren frühere Besitzerinnen, Babatha und Salome Komaise, aus Maḥoza südöstlich des Toten Meeres auf dem Gebiet der römischen Provinz Arabia stammten und Beziehungen etwa zu En Gedi westlich des Toten Meeres hatten.[47] Obwohl die Texte nicht aus Judaea kommen, beschreiben sie doch Phänomene, die in dieser Provinz von besonderer Relevanz waren.[48] In den Archiven sind auch Dokumente aus der Zeit vor der Eingliederung der Provinz Arabia ins Imperium Romanum erhalten, die einen markanten Unterschied darin aufweisen, welche Sprache benutzt wurde. Wichtig ist dabei, dass alle Schreiben in den beiden Archiven Rechtsdokumente sind, nicht etwa Schreiben mit privatem Inhalt; sie zeigen somit, welche Sprache von der gleichzeitigen Gesellschaft als für diesen Zweck mehr oder weniger zwingend angesehen wurde. Die Sprache ist kein Reflex individueller Entscheidungen.[49] Vor der Provinzialisierung Arabiens im Jahr 106 n. Chr. wird natürlich das Nabatäische verwendet, ebenso wie noch gelegentlich in Dokumenten, die danach geschrieben wurden. Doch unmittelbar nach der Umwandlung des Königreichs in eine Provinz erscheinen andere Sprachen als das Nabatäische in den Urkunden: das Jüdisch-Aramäische und das Griechische. Beide finden sich vor 106 in keinem Dokument.

Doch auch nach 106 sind nur vier in Jüdisch-Aramäisch abgefasst. Die Masse aller Schreiben des Babathaarchivs,

---

[47] Siehe Kapitel 3 Anm. 46.

[48] H. M. Cotton, Ein Gedi between the Two Revolts, in: SCI 20, 2001, 139 ff.

[49] Cotton, Language Gaps in Roman Palestine (Anm. 26) 159 ff.

insgesamt 32, die in die Zeit zwischen 106 und 132, dem Ausbruch des Bar Kochba-Aufstandes, fallen, sind in griechischer Sprache geschrieben. Damit kann es aber gar keinen Zweifel daran geben, dass der Grund für die vorwiegende Verwendung dieses Idioms die Umwandlung des Landes in eine römische Provinz war. Die nunmehr römische Herrschaft hat aber nicht dazu geführt, dass nunmehr die entsprechenden Dokumente in Latein, der Sprache Roms, geschrieben wurden, nicht einmal die, die beispielsweise Babatha direkt an verschiedene Statthalter der Provinz Arabia richtete.[50] Natürlich haben die römischen Amtsträger oder ihre Helfer in der Administration Latein verwendet. Einer der Papyri, der eine *census*-Erklärung enthält, zeigt dies ganz klar. Der damalige Statthalter Arabiens, Sextius Florentinus, hatte einem *praefectus equitum* Priscus, also einem seiner Hilfstruppenkommandeure, die Aufgabe zugeteilt, in Rabbath Moab den *census* für die dortige Region durchzuführen, nicht anders als Quirinius dies im Jahr 6 n. Chr. gegenüber dem Präfekten Quintus Aemilius Secundus getan hatte.[51] Die schriftliche Erklärung Babathas in griechischer Sprache, die Priscus entgegengenommen hatte, wurde wenige Tage später mit einem Vermerk des Priscus, natürlich in Latein, ausgehängt; doch der Vermerk war für die Empfängerin der Urkunde, also Babatha, ins Griechische übersetzt worden.[52] In dieser griechischen Form

---

[50] P. Yadin 13. 14. 25. 26. 33–35.

[51] Siehe Kap. 1 zu Anm. 78.

[52] P. Yadin 16: die Unterschrift des Präfekten lautet: Πρεῖσκος ἔπαρχος ἱππέων ἐδεξάμην τῇ πρὸ μιᾶς νωνῶν Δεκεμβρίων ὑπατίας Γαλλικανοῦ καὶ Τιτιανοῦ; dies war nur eine Übersetzung dessen, (ἑρμηνεία ὑπογραφῆς τοῦ ἐπάρχου) was ursprünglich einmal lateinisch so gelautet hatte: *Priscus praefectus alae (equitum) accepi pridie nonas Decembres Gallicano et Titiano consulibus* (vgl. W. Eck: The Language of Power: Latin

sind die Dokumente auch auf uns gekommen. Die Sprache der Urkunden, die der staatlichen Verwaltung von den Provinzbewohnern vorgelegt wurden, war also Griechisch, obwohl die Bewohner selbst das Aramäische verwendeten,[53] die Träger der Verwaltung aber benutzten zumindest in diesem Fall Latein.[54]

Doch nicht einmal dies war im Osten stets der Fall. In Kapitel 3 wurde auf die Verhandlung eines Veteranen vor dem Freigelassenenprokurator Aelius Amphigethes in Caesarea im Jahr 152 hingewiesen.[55] Die Verhandlung, die in dem Dokument protokolliert wurde, war offensichtlich in griechischer Sprache geführt worden. Nur eine Bemerkung am Ende, deren Urheber nicht völlig klar ist,[56] ist in Latein geschrieben: *Postea respondit mihi per lib[ellum?]* = „Später antwortete er mir schriftlich." Was immer dies bedeuten mag, der Text als Ganzes zeigt, wie selbst eine Verhandlung zwischen einem Prokurator und einem Veteranen, ver-

Reflected in the Inscriptions of Judaea/Syria Palaestina, in: Semitic Papyrology in Context: A Climate of Creativity, hg. L. H. SCHIFFMAN, Boston 2003, 125 ff., speziell Anm. 4); siehe auch die beiden weiteren Census-Erklärungen, ebenfalls aus dem Jahr 127: P. Ḥev/Se 61. 62.

[53] H. M. COTTON, Subscriptions and Signatures in the Papyri from the Judaean Desert: The ΧΕΙΡΟΧΡΗΣΤΗΣ, in: Journal of Juristic Papyrology 25, 1996, 29 ff.

[54] Siehe ADAMS (Anm. 5) 266.

[55] Siehe Kap. 3 bei Anm. 79; H. MAEHLER, Ein römischer Soldat und seine Matrikel, in: Akten XIV. Internat. Papyrologenkongr., hg. E. KIESSLING/H.-A. RUPPRECHT, München 1974, 241 ff. = J. REA, Two Legates and a Procurator of Syria Palaestina, in: ZPE 26, 1977, 218 ff. = Sammelbuch Bd. XII 11043 = Chartae Latinae Antiquiores XI 466.

[56] Es könnte sowohl der Freigelassenenprokurator gewesen sein, der bei der Militäradministration, also wohl beim Statthalter, nachgefragt hatte, oder auch der Veteran.

mutlich aus einer Legion, auf Griechisch ablaufen konnte.[57] Dabei möchte man eigentlich vermuten, dass für beide Latein auch eine tagtäglich verwendete Sprache hätte sein sollen, beim Veteranen auf Grund seines langen Dienstes in der Armee, beim Freigelassenenprokurator wegen seiner Tätigkeit in der kaiserlichen Administration.[58]

Vor diesem Hintergrund ist näher zu betrachten, von wem und wie Latein als Mittel der Kommunikation in Judaea eingesetzt wurde, jedenfalls so weit es sich in Inschriften niederschlug. Denn dies sind ja fast die einzigen Zeugnisse, die etwas über den konkreten Sprachgebrauch aussagen können.

Insgesamt sind uns bisher kaum mehr als maximal 500–600 in Latein abgefasste Texte für das Corpus Inscriptionum Iudaeae/Palaestinae bekannt geworden, einschließlich der Meilensteine. Das Untersuchungsgebiet umfasst ganz Israel, nicht etwa nur die ehemalige Provinz Judaea, deren Grenzen ohnehin im Laufe der Jahrhunderte recht fließend waren. Doch im Wesentlichen sind es Texte aus diesem römischen administrativen Bereich.

---

[57] Die Frage ist nur, warum die Verhandlung in griechischer Sprache erfolgte. Denn der Veteran dürfte sich während seines Militärdienstes genügend Latein angeeignet haben. Doch ist es gleichfalls mehr als unwahrscheinlich, dass der Freigelassenenprokurator diese Sprache nicht beherrschte.

[58] Dass der Freigelassene den griechischen Personennamen Amphigetes trägt, besagt nichts über seine ethnische Herkunft, da auch kaiserliche Sklaven zumeist einen griechischen Individualnamen trugen, wie es allgemein bei Sklaven üblich war. Freigelassene in seiner Position wurden ähnlich wie ritterliche Prokuratoren oft an viele Stellen im Reich versetzt. Amphigetes wird also vermutlich aus Rom in die Provinz gekommen sein. Dass Latein „vom Amtsgebrach, d.h. vom Verkehr der Bevölkerung mit der zuständigen Provinzialbehörde ausgeschlossen" gewesen sei, wie es bei ROSÉN, Die Sprachsituation (Anm. 4) 219 heißt, trifft aber nicht zu.

Abbildung 24: Zweisprachige Grabinschrift eines Großhändlers aus Ascalon.

Nur wenige Texte sind dabei zweisprachig,[59] wobei die zweite Sprache in Verbindung mit Latein immer Griechisch ist, so wie etwa in einer Inschrift, die wohl aus Ascalon stammt und einen Gaius Comisius Memor nennt:[60]

Memoriae
C. Comisi Memo-
ris naucleri de
oeco poreuticor(um)
Μνήμηι Γαίου Κομισίου
[Μέμορις ναυκλήρου ἐξ]
[οἴκου πορευτικῶν]

= „Zur Erinnerung an Gaius Comisius Memor, Schiffseigner im Verband derer, die für den Staat Transporte übernehmen."

[59] Rund 30 griechisch-lateinische Texte wurden bisher gesammelt. Insgesamt finden sich bisher im Archiv des CIIP mehr als 230 Bilinguen, davon freilich viele Grabinschriften, auf denen lediglich neben dem griechischen Text „Shalom" erscheint.

[60] W. Eck/B. Zissu, A *Nauclerus de oeco poreuticorum* in a New Inscription from Ashkelon/Ascalon, in: SCI 20, 2001, 89 ff. = AE 2001, 1969.

Der verstorbene Gaius Comisius Memor wird als *nauclerus de oeco poreuticorum* bezeichnet, war also ein Schiffseigner, der im staatlichen Auftrag tätig gewesen ist, ohne dass man freilich die Waren bestimmen kann, die er transportiert hat. Ascalon war eine Hafenstadt, die, jedenfalls nach dem Eindruck, den die Inschriften bieten und wie es auch zu erwarten ist, sprachlich vom Griechischen dominiert wurde: Etwa 45 Inschriften in griechischer gegenüber vier oder fünf in hebräisch-aramäischer und sechs in lateinischer Sprache sind bisher bekannt geworden. Doch die Abfolge der Sprachen in der genannten Grabinschrift: zunächst Latein, dann erst Griechisch, zeigt die Einbindung des Verstorbenen in den lateinisch-römischen Kulturbereich, die auch in der griechisch geprägten Umwelt Ascalons nicht aufgegeben wurde. Vermutlich lebte somit in der Stadt eine Gruppe von Kauf- und Seeleuten aus dem Westen des Reiches, die von Ascalon aus ihre Geschäfte betrieb, und das nicht nur vorübergehend. Für diese Öffentlichkeit wurde die Grabinschrift auf Lateinisch abgefasst, der übrigen Bevölkerung sollte die griechische Version Auskunft über den Toten geben. Der Text verweist aber nicht auf getrennte Welten, sondern auf die eine Welt, in der beide Sprachen miteinander lebten.

Hebräisch-Aramäisch oder auch eine der anderen semitischen Sprachen wie etwa Nabatäisch ist dagegen nach unseren bisherigen epigraphischen Zeugnissen nie mit Latein kombiniert worden, während Griechisch durchaus im selben Text auch mit anderen Sprachen, vor allem mit Aramäisch, verbunden wurde. Das hat sicher damit zu tun, dass die Mehrheit der lateinischen Inschriften offizieller Natur ist oder auf Angehörige der Gruppe zurückgeht, die eng mit der römischen Macht verbunden waren, während dies bei denen, die das Hebräische bzw. Aramäische ganz selbstverständlich verwendeten, nicht zutraf. Das einzige Mal, dass dennoch beide Sprachen in einem konkreten Dokument zusammen erscheinen, ist der *titulus crucis* – gerade das aber ist eine hochoffizielle Mitteilung.[61] Ohne ins Detail zu gehen sei nur am Rande bemerkt, dass offizielle römische Verlautbarungen dieser Art, in denen auch das Hebräische oder Aramäische verwendet wurde, in der täglichen Realität der Provinz wohl kaum so singulär waren, wie es uns scheint. Dass wir so wenig davon wissen, ist ein Problem der Überlieferung.[62] Denn die alltäglichen Inschriften, gerade aus dem Bereich der römischen Administration, sind fast ausnahmslos verloren, da sie nicht auf dauerhaftem, sondern auf vergänglichem Material, vor allem auf Holz, geschrieben waren.

Lateinische Inschriften werden überall im Land gefunden. Das ist jedoch nicht unwesentlich auf die Verbreitung der Meilensteine zurückzuführen. Diese sind in Judaea fast alle in dieser Sprache abgefasst, vom ersten bekannten aus dem Jahr 69, bis zu einem *milliarium,* das unter Constantin gesetzt wurde.[63] Griechisch findet sich in den Meilensteininschriften auch, aber fast ausschließlich in den kurzen Angaben zur Entfernung zwischen dem Aufstellungsort eines Meilensteins bis zu der Stadt, von der aus die Entfernung gemessen wurde, z. B.: ἀπὸ Κολωνίας Αἰλίας Καπιτωλίνας μίλια ε' = „von der Colonia Aelia Capitolina fünf Meilen" oder ἀπὸ Καισαρείας μειλία γ' = „von Caesarea drei Meilen".[64]

---

[61] Siehe oben Anm. 6.

[62] Eck, Lateinisch, Griechisch, Germanisch (Anm. 2) 8 ff.

[63] B. Isaac/I. Roll, Roman Roads in Judaea I 66 ff.

[64] P. Thomsen, ZDPV 40, 1917, Nr. 261. 272; vgl. Fischer/Isaac/Roll, Roman Roads in Judaea II 294. Vgl. vgl. Isaac/Roll, Roman Roads in Judaea I 73 ff. Nr. 10: *Im[p(eratori) Caes(ari) L. Septimio] S[evero Pio Pertinaci Aug(usto)] po[nt(ifici) max(imo) t]rib(unicia) [pot(estate) [---]* Αὐτ̣[οκρ]ά̣[τορος Κ]α̣ίσαρος [Λουκίου Σεπτ]ιμίου Σε[ουήρο]υ [Περτ]ίνακο̣[ς] Σε[βαστο]ῦ εὐσεβοῦς [---] ἀπὸ Σκυθοπόλεως μέχρι ὧδε μείλια α' = „von Scythopolis bis hierher eine Meile".

Für den normalen Reisenden war dies die einzige Angabe, die ihn konkret interessierte. Doch gleichzeitig zeigten die Steine mit ihren Inschriften, wer diese Kommunikationsverbindungen hatte errichten lassen.[65]

Abgesehen von den Meilensteinen sind bisher an mehr als 70 Orten lateinische Inschriften nachzuweisen, manchmal nur einzelne wie z. B. in Apollonia, Capernaum, Gazara, Motza, Raphia, Wadi Haggag oder in dem Kastell Yotvata (= Ad Dianam) im Negev. Mehrere Texte begegnen uns z. B. in Neapolis und Emmaus-Nicopolis,[66] wo Veteranen angesiedelt worden waren, was in lateinischen Grabinschriften seinen Niederschlag gefunden hat. Auch im Panheiligtum am Fuße des Hermon, wo ein Teil der Quellen des Jordan entspringt, wurden nicht ganz wenige Weihungen in lateinischer Sprache entdeckt; ihre Dedikanten sind zumeist Angehörige des römischen Heeres.[67] Dieser Umstand gilt in vergleichbarer Weise an anderen Orten. Die einzigen zwei epigraphischen Zeugnisse, die bisher aus der Umgebung des zweiten Legionslagers in Judaea bei Caparcotna = Legio = Lajjun bekannt geworden sind, eine Weihung an den Gott Serapis und eine weitere *Silvano sancto* = „ dem göttlichen Silvanus", gingen von Personen aus, die römische Namen tragen. Einer von ihnen war der höchste Zenturio der *legio VI Ferrata,* ein *primuspilus.*[68] Obwohl die Inschrift auf

---

[65] Siehe schon Kapitel 2.

[66] Für Neapolis: CIL III 13589; AE 1909, 235 = 1928, 13; M. Avi-Yonah, Newly discovered Latin and Greek Inscriptions, in: Quarterly of the Department of Antiquies in Palestine 12, 1946, 84 ff., bes. 95 f. Nr. 11.11a; für Nicopolis: CIL III 6646. 6647. $14155^{11.12}$; AE 1924,132.

[67] Die Texte werden von Benjamin Isaac in dem Final Report zu den Ausgrabungen, die von Zvi Ma'oz geleitet wurden, in ‚Atiqot' publiziert werden.

[68] AE 1948, 145; W. Eck/Y. Tepper, A Dedication to Silvanus near

dem Altar für Silvanus wegen extremer Verwitterung nicht vollständig lesbar ist, darf man auch diese Dedikanten mit der Legion in Verbindung bringen. Allerdings zeigt Lajjun deutlich, wie sehr unsere Vorstellungen über das Gewicht, das einzelne Sprachen in der öffentlichen Kommunikation hatten, vom jeweiligen Forschungsstand, d.h. hier konkret vom Stand der Untersuchungen abhängen. Ausgrabungen haben bei diesem Legionslager bisher noch kaum stattgefunden, andernfalls würde vermutlich noch weit deutlicher werden, dass auch bei den Angehörigen dieser Legion Latein in inschriftlichen Äußerungen eine wichtige Rolle spielte.

Wie sehr Ausgrabungen unsere Erkenntnis bedingen, sieht man mehr als deutlich in Caesarea, der Hauptstadt der Provinz. Im gesamten CIL III, das die lateinischen Inschriften aller Provinzen des Ostens enthält, finden sich bis zum Abschluss des letzten Supplements im Jahr 1902 nur insgesamt drei Texte aus Caesarea. Das Corpus der lateinischen und griechischen Inschriften Caesareas, das von Lehmann und Holum im Jahr 2000 publiziert wurde und im Material im Wesentlichen den Forschungsstand von 1992 widerspiegelt, sind bereits 83 Texte in Latein zusammengefasst. Heute, nur etwas mehr als ein Jahrzehnt später, ist die Zahl sicherlich auf rund 200 gestiegen, wovon freilich nicht wenige sehr fragmentarisch sind. Doch auch ein Fragment bezeugt eine einst vorhandene Inschrift. Der Zuwachs ist fast ausschließlich auf die großflächigen Ausgrabungen zurückzuführen, die dort durchgeführt wurden. Caesarea ist damit heute der Ort, der die weitaus größte Zahl lateinischer Inschriften in ganz Judaea aufweist.

---

the Camp of the legio VI Ferrata near Lajiun, in: SCI 20, 2001, 85 ff. = AE 2001, 1967 (dort mit falscher Datierung).

Nur noch aus wenigen anderen Orten sind mehr als fünf lateinische Texte aufgetaucht, darunter Jerusalem und Scythopolis, zwei der bevölkerungsreichsten Städte der hohen Kaiserzeit in Syria Palaestina.[69] Ein schneller Überblick soll die Unterschiede in der Präsenz lateinischer Inschriften deutlich machen:

Ort	Griechisch	Latein	Hebr./Aram.	andere Sprachen
Scythopolis	ca. 190	7	4	2 (samarit.)
Jerusalem	ca. 600	46	ca. 490	4

In Scythopolis ist die Masse der epigraphischen Texte in Griechisch abgefasst. Etwa 190 Inschriften sind in dieser Sprache bisher publiziert. Doch ist die Zahl der inzwischen in Scythopolis gefundenen griechischen Dokumente weit höher, da eine nicht geringe Anzahl noch nicht veröffentlicht ist. Wie viele dies sind, bleibt aber bis heute noch ein Geheimnis; es sind aber sicher nicht nur wenige Inschriften. Diesen griechischen Zeugnissen stehen, soweit bisher bekannt, nur sechs lateinische Dokumente auf Stein gegenüber, die fast durchwegs auf Soldaten zurückgehen, die sich für einige Zeit in Scythopolis aufgehalten haben.[70] Der späteste lateinische Text steht unter einer Statuenehrung für Galerius, die der damalige Statthalter der Provinz Valerius

[69] Die 31 lateinischen Texte aus Bethlehem sind ein besonderer Fall. Sie stammen alle von dem Aquädukt, der nach Jerusalem führte; in allen Fällen handelt es sich um kurze, standardisierte Angaben, welche *centuria* eine Steintrommel im Steinbruch hergestellt hatte; siehe die Zusammenstellung der Texte bei L. DI SEGNI, The Water Supply of Roman and Byzantine Palestine in Literary and Epigraphical Sources, in: The Aqueducts of Israel, hg. D. AMIT/J. PATRICH/Y. HIRSCHFELD, Portsmouth 2002, 37 ff.

[70] AE 1896, 54; 1905, 194; 1924, 131; 1939, 158; 1990, 1013; B. ISSERLIN, in: Palestine Exploration Quaterly 82, 1950, 92 ff.

Firmilianus veranlasst hatte.[71] Kein einziger dieser sechs Texte hängt mit der Stadt selbst, ihrer Organisation oder einem ihrer offiziellen Vertreter zusammen. Neben den zahlreichen griechischen Texten nehmen sich die bisher nur acht registrierten Texte in hebräisch-aramäischer Schrift, von denen zwei im samaritanischen Aramäisch erscheinen, mehr als bescheiden aus.[72] Die Stadt präsentierte sich also nicht nur in ihren imposanten Bauten und Säulenhallen, sondern auch in ihrer offiziell propagierten Sprache umfassend als Polis griechischen Typs. So ist es kaum verwunderlich, dass Scythopolis sich als Gemeinde verstand, die zu Koilesyrien gehörte, nicht zu Judaea.[73] Bürger solcher Gemeinden haben vermutlich Kaiser Hadrian nach dem Bar Kochba-Aufstand dazu gedrängt, die Provinz in Syria Palaestina umzubenennen.[74]

Jerusalem präsentiert sich anders. Den größten Anteil haben die griechischen Texte, an zweiter Stelle folgen die hebräisch/aramäischen Texte, von denen sehr viele auf die schon erwähnten Ossuarien geschrieben sind und zumeist nur aus Namen bestehen.[75] Erst an dritter Stelle folgen die lateinischen Texte, relativ viele, bisher insgesamt 46 einschließlich unpublizierter Stücke. Dabei sind die Ziegelstempel der *legio X Fretensis* nicht eingerechnet, die in

[71] AE 1964, 198 = 1993, 1618.

[72] Die Zahlen sind dem im Aufbau befindlichen Archiv des CIIP entnommen.

[73] A. Spijkerman, The Coins of the Decapolis and Provincia Arabia, Jerusalem 1978, 187; A. Stein, Studies in Greek and Latin Inscriptions on the Palestinian Coinage under the Principate, unpublizierte PhD Diss. Tel Aviv University 1990, 286; SEG 37, 1531.

[74] Siehe Eck, The Bar Kokhba Revolt 89 Anm. 98.

[75] Nur auf zwei der Ossuarien aus Jerusalem ist die lateinische Schrift für die Namen verwendet, siehe Rahmani (Anm. 31) Nr. 202 und 497.

großen Massen überall bei den Ausgrabungen erscheinen, die jedoch nichts zur Sprachensituation in der Stadt beitragen können. Am Ende ist noch auf neun Inschriften in Armenisch zu verweisen, auf zwei in phönikischer und vier in syrischer Schrift und Sprache. Doch gerade in Jerusalem ist nicht so sehr die Zahl der Inschriften entscheidend, um die Bedeutung der einzelnen Idiome zu erkennen, vielmehr zeigt erst die zeitliche Differenzierung, welches Gewicht die einzelne Sprache in den verschiedenen historischen Epochen der Stadt gewann. Soweit die Texte sich datieren lassen, sind drei große Zeitabfolgen feststellen, in denen jeweils eine Sprache auch in der epigraphischen Dokumentation dominiert: Bis zur Zerstörung Jerusalems im Jahr 70 ist das hebräisch-aramäische Idiom stark vertreten, wenn auch nicht in einem überwältigenden Maße; seit der Stationierung einer Legion im Jahr 70 n. Chr. und insbesondere seit der Gründung der Colonia Aelia Capitolina durch Hadrian gewinnt das lateinische Idiom stärkeres Gewicht, das aber schon im Verlauf des 3. Jahrhunderts vom Griechischen abgelöst wird, das dann seit der konstantinischen Zeit alle öffentlichen Äußerungen dominiert.

Alle lateinischen Inschriften gehören in den Umkreis der Kolonie oder des römischen Militärs. Das beginnt mit den ersten Meilensteinen unter Vespasian,[76] setzt sich fort mit einer Ehrung für einen Legionslegaten und Grabinschriften für Militärs, etwa einem Grab für den aus Rom selbst stammenden *centurio* Ti. Claudius Fatalis,[77] oder die Angehörigen von Soldaten bis zu den großen Monumenten für verschiedene Kaiser, die bereits kurz behandelt wurden.[78]

[76] AE 1978, 825; 2003, 1810; siehe Kapitel 2 bei Anm. xx.

[77] AE 1939, 157 = AE 1984, 912.

[78] Kapitel 2 bei Anm. 36 ff.

Mit der stärker werdenden Christianisierung der Stadt scheint die lateinische Sprache völlig verschwunden zu sein.

Das gilt auch für Caesarea, die Provinzhauptstadt, obwohl sie ihren hohen staatlichen Rang im vierten Jahrhundert nicht verlor, denn der Statthalter der Provinz, der zunächst die Amtsbezeichnung *praeses* führte, die später zu *consularis* und schließlich sogar zu dem prestigeträchtigen *proconsul* verändert wurde, behielt weiterhin dort seinen Sitz.[79] Doch der Umbruch von der lateinischen zur griechischen Sprache scheint hier sogar noch stärker und schneller gekommen zu sein als anderswo; das suggerieren jedenfalls die lateinischen Inschriften.[80] Denn in Caesarea lässt sich nach der Zeit der ersten Tetrarchie, nach 305 n. Chr., kein einziger lateinischer Text mehr nachweisen, während zuvor Latein weithin vorherrschend gewesen zu sein scheint, zwar vor allem im öffentlichen, aber wohl auch zu einem nicht ganz geringen Teil im privaten Bereich.[81] In der einzigen Nekropole, die bisher in Caesarea systematisch ausgegraben wurde, ist eine vereinzelte Grabinschrift, die dort gefunden wurde, in Latein abgefasst.[82] Weitere private Inschriften, auf die im

---

[79] Siehe im Überblick für das 4. Jh.: The Prosopography of the Later Roman Empire, hg. A. H. M. Jones / J. R. Martindale / J. Morris, Cambridge 1971, 1108.

[80] Siehe vorerst die Sammlung bei Lehmann / Holum, Inscriptions.

[81] H. Cotton / W. Eck, A New Inscription from Caesarea Maritima and the Local Elite of Caesarea Maritima, in: What Athens Has to Do with Jerusalem. Essays on Classical, Jewish, and Early Christian Art and Archaeology in Honor of Gideon Foerster, hg. L. V. Rutgers, Leuven 2002, 375 ff. Vgl. auch J. Geiger, Latin in Roman Palestine, Cathedra 74, 1994, 3 ff. (hebr.).

[82] Unpublizierter Text: *D(is) M(anibus) / Fortuna/tae alumnae / b(ene) m(erenti) Domi/tia Maximil/la patrona f(ecit).*

folgenden Kapitel noch einzugehen sein wird, weisen auf dasselbe Phänomen hin.

Doch der entscheidende Eindruck für die Bedeutung der lateinischen Sprache in der öffentlichen Kommunikation in dieser Provinzmetropole kommt von den Inschriften, die die Träger der Provinzadministration, und zwar Personen auf allen hierarchischen Ebenen, herausstellen. Bereits in den vorausgehenden Kapiteln war immer wieder auf solche Texte hinzuweisen, angefangen von der Pilatusinschrift über die schon erläuterten Texte auf Säulenbasen aus dem *praetorium* des Statthalters wie aus dem des Prokurators oder der Ehrung für einen kaiserlichen Freigelassenen.[83]

Die Gründe für diese Dominanz der lateinischen Inschriften in Caesarea sind leicht zu erkennen. Die Stadt war nicht nur der Sitz des Statthalters, sondern auch des Finanzprokurators der Provinz. Das bedingte auch die ständige Präsenz von Subalternpersonal aus kaiserlichen Sklaven und Freigelassenen, die zumindest zunächst aus dem Westen, vor allem aus Rom nach Judaea gekommen waren, oder von Militärangehörigen, die zu den Streitkräften der Provinz gehörten. Deren offizielle Sprache war Latein. Noch wichtiger aber war, dass Vespasian die Stadt zur römischen Kolonie erhoben hatte, was nach aller Wahrscheinlichkeit die Ansiedlung von lateinischsprachiger Bevölkerung nach sich zog.[84] Zudem wurde dieser Bevölkerungsteil ständig durch Veteranen verstärkt, die sich nach ihrem Dienst in dieser Stadt niederließen. Die Folge war, dass seit dem späteren 1. und vor allem im 2. und 3. Jh. Latein zumindest in den Inschriften dieser Zeit vorherrschend war. Doch ist deutlich zu erkennen, dass in Caesarea wie anderswo sich

---

[83] Siehe Kapitel 1 und 2.

[84] W. Eck, Presence, role and significance (Anm. 44).

Abbildung 25: Griechische Inschrift eines Wagenlenkers aus Caesarea.

überwiegend Leute der lateinischen Sprache bedienten, die entweder selbst römische Bürger waren oder in engster Beziehung zu Rom und seinen Repräsentanten standen. Das gilt z. B. auch für die Colonia Iulia Augusta Felix Berytus, wo freilich die lateinische Repräsentanz, nach den Inschriften zu schließen, noch stärker als in Caesarea gewesen sein könnte.[85]

Rom und seine Repräsentanten: dies waren die Bezugspunkte, von denen her auch die Verwendung der Sprache wesentlich bestimmt wurde. Andere, die in Caesarea lebten oder sich vielleicht nur vorübergehend in der Stadt aufhielten, wie etwa ein Wagenlenker im Circus von Caesarea oder der Dedikant eines Weihegeschenks an Kore, verwendeten

[85] W. Eck, Presence, role and significance (Anm. 44). Ähnliche Beobachtungen lassen sich an vielen Orten machen, noch mehr in Städten, die nicht römische Stadt im Rechtssinn waren. Vgl. etwa J.-P. Rey-Coquais, Inscriptions Grecques et Latines de Tyr, Beirut 2006.

dagegen bereits vor dem späten 3. Jahrhundert ganz selbstverständlich das Griechische.[86]

Durch die Verbindung mit den in größerer Zahl von außen kommenden Trägern der Macht konnte sich in Caesarea, ähnlich wie in Jerusalem, Latein selbst im nichtoffiziellen Bereich länger halten, im Unterschied zu anderen Orten der Provinz, von denen ebenfalls mehrere lateinische Denkmäler bekannt sind. Auch diese gehen größtenteils auf die Präsenz von Personen zurück, die Teil der römischen Macht waren, auf aktive Soldaten des Heeres, noch mehr aber auf die von Veteranen. In Emmaus, das unter Septimius Severus zur Kolonie Nicopolis erhoben wurde, zeugen neun lateinische Texte von der Ansiedlung von ausgeschiedenen Soldaten.[87] Gleiches gilt für Samaria/Sebaste mit sieben lateinischen Zeugnissen.[88] Doch in all diesen Fällen entsteht aus der Gesamtüberlieferung der Eindruck, dass diese lateinisch-römisch geprägten Gruppen schnell in der Bevölkerungsmehrheit, die griechisch oder aramäisch für öffentliche oder private inschriftliche Texte verwendete, aufgegangen sind. Zumindest ist an all diesen Orten eine ungemein größere Zahl von griechischen Inschriften bekannt, in Emmaus mindestens 27 und in Samaria fast 50. Ob sich in diesem Befund nicht auch verschiedene zeitliche Phasen

---

[86] H.M. Cotton / W. Eck, Greek Inscriptions found during the Excavations in the Herodian Circus, in: Excavations at Caesarea Maritima. Final Reports: Herod's Circus, hg. J. Porath (im Druck); J. Patrich, Herod's Hippodrome/Stadium at Caesarea and the Games conducted therein, in: What has Athens to Do with Jerusalem (Anm. 81) 29 ff.

[87] CIL III 6646. 6647. 13588. $14155^{9.10.11.12}$; AE 1924, 132; H.-J. Landau, in: Atiquot 2, 1976, 98 f.

[88] CIL III 13589; AE 1909, 235 = 1938, 13; 1948, 150. 151; M. Avi-Yonah, in: Quarterly of the Department of Antiquities in Palestine 12, 1946, 84 ff., bes. 95 f. Nr. 11.11a; Lifshitz, in: Latomus 19, 1960, 110 f.

niederschlagen, muss noch durch Detailuntersuchungen geklärt werden.

Inschriften sagen natürlich nicht unmittelbar und vor allem nicht vollständig, welche Bedeutung die dort auftretenden Sprachen im konkreten Leben der Bewohner einer Siedlung hatten. Konventionen und äußere Notwendigkeiten konnten bei der Verwendung der einen oder anderen eine wichtige Rolle spielen. Dass die Rechtsdokumente im Babathaarchiv auf Griechisch abgefasst sind, besagt noch nichts, wie diese Frau und ihre Umgebung täglich miteinander sprachen. Im Gegenteil, man kann aus diesen Dokumenten sogar mit Sicherheit entnehmen, dass jedenfalls Babatha diese Reichssprache nicht beherrschte.[89] Die Verhandlung des Freigelassenenprokurators mit dem in der Peraia angesiedelten Veteranen Valerius Serenus in Caesarea auf Griechisch zeigt deutlich, wie selbst zwischen Personen, die direkt zur Sphäre der römischen Macht gehörten, die Verkehrssprache nicht Latein sein musste.[90] Dennoch hätte Aelius Amphigethes, wenn er seinen Vorgesetzten, den *procurator* Calpurnius Quintianus, mit einer Statue geehrt hätte, die zugehörige Inschrift im *praetorium* von Caesarea in lateinischer Sprache veröffentlichen lassen. Ein solcher Text für Calpurnius Quintianus ist gefunden worden, freilich fehlt der Name des Dedikanten.[91]

Die einzelnen Idiome hatten in Judaea, jedenfalls während der frühen und hohen Kaiserzeit, in weitem Umfang eine spezifische funktionale Bedeutung. Sie wurden nebeneinander verwendet, in manchen Bereichen exklusiv, in

---

[89] H. M. Cotton, Survival, Adaptation and Extinction (Anm. 46) 133 ff.; Dies., Language Gaps in Roman Palestine (Anm. 26) 159 ff.

[90] Siehe oben zu Anm. 55.

[91] W. Eck, Ein Prokuratorenpaar von Syria Palaestina in P. Berol. 21652, in: ZPE 123, 1998, 249 ff.; vgl. oben Kap. 2 zu Anm. 81.

anderen konnte man, je nach persönlicher Entscheidung, die eine oder die andere wählen, oder die Kommunikation mit anderen auch in mehreren Sprachen suchen. Viele Personen, nicht nur die von außen kommenden hohen Amtsträger Roms, konnten sich offenbar auf ganz verschiedene Weise verständigen. Latein war für die Vertreter Roms Ausdruck der Macht – mindestens bis zum Anfang des 4. Jahrhunderts. Wo es um diesen Aspekt ging, wird offensichtlich fast ausschließlich diese Sprache verwendet, dagegen waren die römischen Vertreter in der täglichen Routine flexibel und konnten, wenn es notwendig war,[92] zu einem anderen Idiom wechseln, sogar zu einem einheimischen, wenn es galt sich verständlich zu machen, wie der *titulus crucis* zeigt. Der Darlehensvertrag, den ein *centurio* im Jahr 124 n. Chr. in En Gedi mit Judah, Sohn eines Elazar Khthousion, abschloß, ist in Griechisch abgefasst.[93]

Später, freilich an den verschiedenen Orten zu verschiedenen Zeiten, verschwindet die lateinische Sprache, die lange in bestimmten Bereichen ganz selbstverständlich eine wichtige Stellung eingenommen hatte, aus der öffentlichen Repräsentation und damit aus unseren epigraphischen Quellen, auch wenn sie auf Vertreter der staatlichen Macht zurückgehen. Wenn wir von einigen Graffiti aus dem Haus des Apostels Petrus in Capernaum absehen, deren Datierung zwar unsicher ist, die aber nicht vor dem 4. Jahrhundert entstanden sein können,[94] dann finden wir, nach unserem

[92] So ist das Diatagma Kaisaros, das aus Nazareth stammen soll (Boffo 319ff.; A. Giovannini/M. Hirt, L'inscription de Nazareth: nouvelle interprétation, in: ZPE 124, 1998, 107ff.), in griechischer Sprache abgefasst, was wiederum nicht sonderlich überraschend ist.

[93] P. Yadin 11.

[94] Siehe E. Testa, I graffiti della Casa di S. Pietro, IV. Cafarnao, Jerusalem 1972; vgl. auch W. Eck, Graffiti an Pilgerorten im spätrö-

gegenwärtigen Kenntnisstand, in den drei Provinzen, die in der Spätantike Palaestina genannt werden, nach Galerius nur fünf lateinische Inschriften:[95] einen Meilenstein mit dem Namen Konstantins zwischen 324 und 337[96] und einen Text aus Gaza, der den Bischof Iuvenalis von Jerusalem im 6. Jahrhundert bezeugt[97]. Außerdem soll eine lateinische Mosaikinschrift aus dem 5. oder 6. Jahrhundert stammen[98]. Eine wohl von einem Kaiser erlassene, sehr fragmentarische Konstitution wurde in Yarma gefunden, die vielleicht sogar ins sechste Jahrhundert gehören könnte,[99] ebenso wie ein neuer Text aus Galiläa, der, soweit die bisherige

mischen Reich, in: Akten des XII. Internationalen Kongresses für Christliche Archäologie, Bonn 22.–28. September 1991, Münster 1995, Bd. I 206 ff.

[95] Ein lateinischer Graffito, der unter der Grabeskirche in Jerusalem gefunden wurde, soll angeblich in die konstantinische Zeit gehören; vgl. dafür z. B. M. Broshi, Excavations in the Holy Sepulchre in the Chapel of St. Vartan and the Armenian Martyrs, in: Ancient Churches Revealed, hg. Y. Tsafrir, Jerusalem 1993, 118 ff., bes. 121 f. Doch vgl. jetzt S. Gibson/J. E. Taylor, Beneath the Church of the Holy Sepulchre Jerusalem. The Archaeology and Early History of Traditional Golgotha, London 1994, 25 ff. für eine Diskussion aller relevanten Probleme. Ob die überwiegende Zahl aller Argumente tatsächlich auf eine frühere Zeit hinweist, muss offen bleiben.

[96] Isaac/Roll, Roman Roads in Judaea I 66 ff.

[97] CIL III 14155, 1.

[98] A. Ovadiah/C. G. de Silva, Supplementum to the Corpus of the Byzantine Churches in the Holy Land I, in: Levant 13, 1981, 200 ff., bes. 216 f. (dankenswerter Hinweis von R. Haensch, der auf epigraphischer Grundlage eine Arbeit über die Kirchbauten und ihren sozialen Kontext im Bereich der Provinzen Iudaea, Arabia und Syria vom 4.–6. Jh. vorbereitet; siehe oben Anm. 37).

[99] J. Martin, Une inscription romaine de Judée, in: Revue des Études Juives 1913, 54 ff.; auf diese Inschrift hat mich dankenswerterweise Hans-Wulf Bloedhorn hingewiesen; Denis Feissel hat freundlicherweise das Fragment nochmals gelesen und eine späte Datierung vorgeschlagen, vielleicht sogar erst ins 6. Jahrhundert.

Information erkennen lässt, einen Teil einer kaiserlichen Konstitution (Justinians?) bewahrt hat.[100] Das ist alles, was wir an lateinischen Inschriften seit dem Ende der zweiten Tetrarchie aus dem gesamten hier interessierenden Gebiet kennen: es gab also einen weitgehenden Abbruch spätestens unmittelbar nach dem ersten Jahrzehnt des 4. Jahrhunderts – eine bemerkenswerte und nicht voll erklärte Tatsache.[101] Vermutlich hat die Verlegung des Kaisersitzes nach Konstantinopel und damit die Stärkung des griechischen Ostens dabei eine Rolle gespielt, nicht wenig auch die zunehmende Christianisierung. Die Sprache der Kirche und ihrer Vertreter aber war Griechisch, es hat von da an dominiert.

Erstaunlich ist es aber, dass eines der spätesten Dokumente dieser Region in lateinischer Sprache eine Hommage an Iulian ist, der sich wie kein anderer gerade als Hellene fühlte. Der Fundort Ma'ayen Barukh nahe den Quellen des Jordan liegt zwar schon in der Provinz Phoenice, aber nur wenig nördlich der Provinz Palaestina. Die Halbsäule, die an einer zahlreich begangenen Straße im Norden aufgestellt war, trägt folgenden Text:[102]

R[o]mani orbis libera[to]-
r[i], templorum
[re]stauratori, cu-
r[ia]rum et rei public-

---

[100] Dankenswerter Hinweis von Hannah Cotton.

[101] Allgemein zur Verwendung der lateinischen Sprache im Osten in Kürze D. Feissel, Les inscriptions latines dans l'Orient protobyzantin (erscheint in den Akten des 14. Internationalen Kongresses für Christliche Archäologie Wien 1999; ich bin Denis Feissel sehr zu Dank verpflichtet, dass ich sein Manuskript schon vor der Publikation einsehen konnte).

[102] W. Eck, Zur Neulesung der Iulian-Inschrift von Ma'ayen Barukh, in: Chiron 30, 2000, 857 ff.; K. Dietz, Kaiser Julian in Phönizien, in: ibid. 807 ff.

Abbildung 26: Säule mit einem ehrenden Text für Kaiser Julian.

[ae] recreatori, bar-
[ba]rorum extinctor[i]
D(omino) n(ostro) Iouliano
perpetuo Augusto
Alamannico maximo,
Francico maximo,
Sarmatico maximo,
[p]ontifici maximo, pa-
tri patriae, Foenicum
genus ob inperium
eius vot[a suscepit et]
[---].

„Für ihn, der den römischen Erdkreis befreit, die Tempel wiederhergestellt, die Kurien und den (römischen) Staat erneuert, die Barbaren ausgerottet hat, unserem Herrn Iulianus, den unsterblichen Augustus, der die Alamannen, die Franken und die Sarmaten völlig besiegt hat, den höchsten Priester, den Vater des Vaterlandes, hat die Versammlung der (Städte der) Provinz Phoenice wegen seines Oberbefehls (im Perserkrieg) Gelübde [übernommen und…]."[103]

In der öffentlichen, sichtbaren Kommunikation aber war um die Mitte des 4. Jahrhunderts von Latein sonst kaum mehr etwas zu spüren. Das oströmische Reich mit seiner griechischen Dominanz hatte längst begonnen. Doch die Ehrung Julians in der Sprache des Imperium Romanum war ein später Reflex der Entwicklung, durch die auch Iudaea/Palaestina und viele seiner Bewohner in die Welt des römischen Weltreiches integriert waren, mehr als man dies lange Zeit vermutet hatte.

[103] Die Übersetzung versucht, die kommentierenden Bemerkungen von K. DIETZ (Anm. 103) zu berücksichtigen.

5. Städte und Dörfer

Die Organisation der Selbstverwaltung und die provinziale Elite

Die Frage ist oft gestellt worden: Wie konnte es gelingen, ein Weltreich, wie es das Imperium Romanum darstellte, mit dem nicht sehr umfangreichen Führungspersonal Roms zu beherrschen? Wie konnte Rom seine Provinzen regieren und verwalten? Dass Rom selbst keine flächendeckende Verwaltung mit eigenem Personal eingeführt hat, ist überall greifbar, in allen Provinzen; das gilt selbst für Ägypten mit seiner andersartigen Struktur.[1] Schon das, was über die Vertreter der römischen Macht in den vorausgehenden Kapiteln an manchen Stellen gesagt wurde, zeigt ihre geringe Zahl, auch nachdem durch den Aufstand und die Ernennung Vespasians als Kommandeur der Armee, die gegen die Aufständischen kämpfte, Judaea zu einer unabhängigen Provinz gemacht worden war: Der *legatus Augusti pro praetore,* der

---

[1] Siehe den klaren Überblick bei F. Jacques/J. Scheid, Rome et l'intégration de l'empire (44 av. J.-C – 260 ap. J.-C), Bd. 1, Paris 1990 (die deutsche Übersetzung ist wenig brauchbar, da sie den Sinn manchmal geradezu verfälscht); ferner unter verschiedenartigen Aspekten W. Eck, Die Verwaltung des römischen Reiches in der Hohen Kaiserzeit. Ausgewählte und erweiterte Beiträge, Bd. 1, hg. R. Frei-Stolba/M. A. Speidel, Basel 1995; Ders., Die Verwaltung des römischen Reiches in der Hohen Kaiserzeit. Ausgewählte und erweiterte Beiträge, Bd. 2, hg. R. Frei-Stolba/M. A. Speidel, Basel 1998.

seinen Sitz in Caesarea hatte, verfügte über einen Stab von kaum mehr als 200–400 Personen, von denen ein größerer Teil vor allem seiner Repräsentation als Vertreter Roms, also nicht einer Verwaltung im engeren heutigen Sinn, diente und weitgehend allein in Caesarea stationiert war.[2]

Ähnliches galt für den Finanzprokurator. Außenstellen mit Personal beider Funktionsträger an anderen Orten als Caesarea hat es nicht gegeben; denn die beiden Legionskommandeure, die seit hadrianischer Zeit in Aelia Capitolina und Legio-Caparcotna ihren Sitz hatten, waren nicht primär Teil der Provinzadministration. Für bestimmte Aufgaben konnte der Statthalter zwar auf diese Legionslegaten, die wie er selbst senatorischen Ranges waren, zurückgreifen, vor allem wohl auch für die Rechtsprechung.[3] Doch das veränderte die Gesamtsituation nicht grundlegend. Denn deren Hauptaufgabe blieb das Kommando über die jeweilige Legion. Selbst für ein so relativ kleines Gebiet wie die Provinz Judaea war somit das staatliche Personal im Verhältnis zur Ausdehnung des beherrschten Landes gering. Die einzelnen Amtsträger verblieben zum größeren Teil nur für kurze Zeit im Lande, vor allem diejenigen senatorischen oder ritterlichen Ranges. Darin unterschied sich Judaea in keiner Weise von den anderen Provinzen.

Rom kannte zur Bewältigung der konkreten Aufgaben, die wir zusammenfassend mit Administration und Rechtswesen bezeichnen können, aus seiner gesamten Geschichte heraus vor allem die Organisationsform der lokalen Selbstverwaltungsgemeinde, die zumeist aus einem urbanisierten Zentrum und dem zugehörigen Territorium bestand. Üb-

[2] Haensch, Capita provinciarum 710 ff.

[3] H. M. Cotton / W. Eck, Roman Officials in Judaea and Arabia and Civil Jurisdiction, in: Law in the Documents of the Iudaean Desert, hg. R. Katzoff / D. Schaps, Leiden 2005, 23 ff.

licherweise wird eine solche Selbstverwaltungsgemeinde als Stadt bezeichnet, was in diesem Kontext dann zunächst nur etwas über den politisch-rechtlichen Status aussagt. Die Führungsschichten dieser Gemeinwesen waren für alles, was innerhalb ihres Gebiets notwendig war, der Zentrale gegenüber verantwortlich. Als Rom die vielen Stadtstaaten und Stämme Italiens unter seiner Herrschaft geeinigt hatte, blieben diese als durchgehendes Strukturprinzip bestehen; sie wandelten sich unter der Oberherrschaft Roms zu lokalen Selbstverwaltungseinheiten. Ganz Italien war nach diesem Prinzip gegliedert. Und dieses Prinzip wandte Rom auch in seinen Provinzen an, jedenfalls im Grundsatz.

Als Rom durch Pompeius die indirekte Herrschaft über Judaea übernahm, existierten in der Region fast keine funktionierenden Städte mehr, da die Hasmonäer viele der zuvor blühenden Poleis zerstört hatten. Erst unter dem Schutz der nun präsenten römischen Herrschaft lebten viele dieser Städte wieder auf, gefördert von den syrischen Statthaltern, vor allem von Aulus Gabinius; neue Gründungen erfolgten damals nicht.[4] Doch die Territorien der früheren, nun wiederbelebten griechisch organisierten Poleis waren aus dem Herrschaftsbereich des *ethnos ton Iudaion* ausgegliedert und der direkten Verwaltung durch den syrischen Legaten unterstellt worden. Auch Jahrzehnte später erhielt Herodes nur einige wenige Städte zurück. Dafür gründeten er und andere Mitglieder seiner Familie innerhalb, vor allem aber am Rande ihres Herrschaftsbereichs einige neue urbane Zentren oder sie erweiterten andere, darunter vor allem Caesarea, Antipatris, Samaria Sebaste, Caesarea Paneas

[4] Siehe z. B. Kushnir-Stein, City Eras on Palestinian coinage 158: „Thus it looks as if the Romans did not create any new poleis in Palestine at this time."

(durch Philippus) und Tiberias am See Genezareth (durch Herodes Antipas).[5] Wie weit diese Städte allerdings unter königlicher Herrschaft als wirkliche Selbstverwaltungseinheiten wirkten, d. h. wie weit die Amtsträger durch die Bürger der jeweiligen Städte selbst gewählt wurden, wie weit ein städtischer Rat existierte, und wie weit Rat und Magistrate die Geschicke der jeweiligen Gemeinde selbständig bestimmten, ist einerseits im Detail noch nicht voll untersucht, ist aber andererseits heute wohl auch nicht näher zu erschließen – aus Mangel an zeitgleichen konkreten Quellen.[6] Manche urbane Zentren besaßen eine eigene Stadtära, aber ob daraus der Status als Polis, also als selbstverwaltende Gemeinde, abzuleiten ist, muss offen bleiben.[7] Völlige Selbständigkeit ist in den meisten Fällen nicht sehr wahrscheinlich. In Tiberias hat es nach Josephus einen Rat von 600 Männern gegeben, eine Gruppe von *decaprotoi,* ein Zehnmännerkollegium, und einen *archon,* einen Magistrat, was immer dies konkret sagen mag.[8] Ferner sind durch Gewichte *agoranomoi* bezeugt.[9] Sicher ist jedoch, dass die Stadt Tiberias nicht für das umliegende Territorium

---

[5] Allgemein zu seiner Städtepolitik M. BERNETT, Herodes und die Stadt in Judäa, in: Herodes und Rom, hg. L.-M. GÜNTHER, Stuttgart 2007, 47 ff.; DIES,. Der Kaiserkult in Judäa unter den Herodiern und Römern, Tübingen 2007, passim; ferner H. v. HESBERG, The significance of the Cities in the Kingdom of Herod, in: Judaea and the Greco-Roman World in the Time of Herod in the Light of Archaeological Evidence, hg. K. FITTSCHEN/G. FOERSTER, Göttingen 1996, 9 ff. Für Tiberias und Sepphoris unter Herodes Antipas siehe jetzt auch M. HØRNING JENSEN, Herod Antipas in Galilee, Tübingen 2006, 135 ff. 242 ff.

[6] Siehe zu dem Wenigen, was sich einigermaßen sicher sagen läßt, z. B. A. SCHALIT, König Herodes, Berlin 1969, 208 ff., ferner L. Levine, Caesarea under Roman Rule, Leiden 1975, 17 f.

[7] KUSHNIR-STEIN, City Eras on Palestinian coinage 158.

[8] Iosephus, bell. 2, 641; vgl. 627; vita 69 f. 134.

[9] Zu Zeugnissen für Agoranomoi unter Herodes Antipas in Tiberias

zuständig war; dieses war Teil einer Toparchie und von der „städtischen" Administration ausgenommen.

Der größere Teil des herodianischen Königreichs, jedenfalls der zentrale Teil mit Judaea und Idumaea, aber auch ein wesentlicher Teil Galiläas, ferner die Peraia, waren definitiv nicht im Sinn von städtischen Selbstverwaltungseinheiten organisiert. Josephus und Plinius der Ältere zeigen im Detail, dass das Territorium von Judaea und Idumaea in Toparchien geteilt war, insgesamt 11 bei Josephus und 10 bei Plinius:[10]

Iosephus, bell. 3,55	*Plinius, naturalis historia 5,70*
Jerusalem	Jericho
Gophna	Emmaus
Acrabeta	Lydda
Idumaea	Jopica
Thamna	Acrabeta
Lydda	Gophna
Emmaus	Thamna
Pella (= Betholeptephene)	Betholeptephene
En Gedi	Orine
Herodion	Herodion
Jericho	

Ähnlich wie im eigentlichen Judaea waren auch die anderen Teile des herodianischen Königreiches in Toparchien untergliedert, etwa in Galiläa, wo sich beispielsweise Sepphoris und Tiberias darum stritten, in welchem Ort die königliche Bank und das Archiv für diese Region ihren Sitz haben

siehe A. STEIN, Gaius Iulius, an Agoranomos from Tiberias, in: ZPE 93, 1992, 144ff.; HØRNING JENSEN, Herod Antipas (Anm. 5) 146.

[10] Siehe zu den Toparchien SCHALIT, König Herodes (Anm. 6) 211ff. und zu den daraus sich ergebenden Folgerungen H. M. COTTON, Some Aspects of the Roman Administration of Judaea/Syria Palaestina, in: ECK, Lokale Autonomie 75ff., bes. 84ff.

sollten;[11] das braucht aber im Detail hier nicht verfolgt werden.[12] Die Basisstrukturen waren im Wesentlichen überall gleich; sie garantierten die volle Abhängigkeit vom König. Das schließt nicht aus, dass lokale mächtige Familien über bedeutenden Einfluss verfügten, doch sie konnten nicht unabhängig vom König in einem Gremium wie einer *boule,* einem Stadtrat, entscheiden.

Keine der oben genannten Toparchien in Judaea kennt als Mittelpunkt eine griechische Polis mit den üblichen institutionellen Elementen, einer Volksversammlung, einem Rat und den daraus hervorgegangenen Magistraten. Dennoch sind die Toparchien nach Siedlungen benannt, wie etwa die Namen Lydda, Emmaus, Herodion oder Jericho in den Listen bei Josephus und Plinius deutlich zeigen. Auch Jerusalem war bis zum ersten großen Aufstand Zentrum einer solchen Toparchie, bei Plinius wird diese schon Orine genannt, weil die Stadt selbst zum Zeitpunkt, als der Autor die Liste für sein Werk zusammenstellte, nicht mehr bestand.[13] Denn er schrieb unmittelbar nach der Zerstörung Jerusalems und vor dem August des Jahres 79 n. Chr., als er beim Vesuvausbruch umgekommen ist. Wenn die Toparchien aber nach einer Siedlung benannt wurden, dann muss diese für das gesamte Gebiet eine besondere Rolle gespielt haben. Das zeigt sich etwa bei der genauen

[11] Iosephus, vita 38; vgl. A. H. M. Jones, The Urbanization of Palestine, in: JRS 21, 1931, 78 ff., bes. 81.

[12] Vgl. Jones, Urbanization (Anm. 11) 78 ff.

[13] Das heißt natürlich nicht, dass in der unmittelbaren Nähe des einstigen urbanen Zentrums von Jerusalem nicht größere jüdische Siedlungen weiterbestanden oder neu entstanden; das zeigt z. B. die vor Kurzem bei Ramallah ausgegrabene Siedlung, die durch Münzen in die Zeit zwischen 70 und 130 n. Chr. datiert ist (dankenswerte Mitteilung von Hannah Cotton).

Kennzeichnung einer Person durch die Herkunftsangabe oder bei der Lokalisierung einer Rechtshandlung an einem bestimmten Ort in Papyrusdokumenten aus der judäischen Wüste. So heisst es, ein Heiratsvertrag des Jahres 124 sei in Βαιτοβαισσαιας ... τοπαρχηείας ʽΗρωδείου = „in Bethbassi in der Toparchie von Herodion" geschlossen worden. Und der im selben Dokument erwähnte Bräutigam, ein gewisser Eleaios, Sohn eines Simon, stamme, so heisst es, ἀπὸ κ(ώμης) Γαλωδῶν τῆς περὶ ʼΑκραβαττῶν οἰκῶν ἐν κώμῃ Βαιτοαρδοις τῆς περὶ Γοφνοῖς = „aus dem Dorf Galoda im Distrikt von Akrabatta, er wohne aber im Dorf Baithoarda im Distrikt Gophna".[14] Das Dorf war also Bezugspunkt für jede Person, das Dorf seinerseits aber wurde gekennzeichnet durch den Bezug auf die Toparchie. Erst durch beide Angaben war eine Person in ihrer Herkunft in der nötigen Weise bestimmt.

Das eben zitierte Dokument stammt aus dem Jahr 124, also lange nach der Schaffung der einem Legaten unterstehenden unabhängigen Provinz. Dies zeigt bereits, dass die Toparchien auch nach dem Jahr 70, nach der Eroberung Jerusalems, nicht verschwunden sind. Sie blieben weiter ein essentieller Teil der Grundstruktur der römischen Provinz, allerdings mit verschiedenen Änderungen gegenüber der Zeit zuvor. So wurde die Toparchie, die zuerst nach Jerusalem benannt war, nunmehr Orine benannt; denn Jerusalem existierte nicht mehr als offizielle Siedlung, obwohl sich notwendigerweise nach der Zerstörung der Stadt um das neu angelegte Legionslager eine neue entwickelt hat. Kein Legionslager lebte ohne eine solche in seiner nächsten Nähe, entweder in der Form von *canabae*, einer eigentlichen

[14] P. Murabbaʿat Nr. 115 in: P. Benoit/J. T. Milik/R. De Vaux, Les Grottes de Murabbaʿat (Discoveries in the Judaean Desert II), Oxford 1974; vgl. COTTON, Some Aspects (Anm. 10) 85.

Lagersiedlung, oder in der Form eines Dorfes in einer gewissen Entfernung vom Lager.[15] Ein Papyrus, der vermutlich in die früheste hadrianische Zeit zu datieren ist, berichtet von Geschäften, die in Jerusalem abgewickelt werden, und dabei wird von der Siedlung Jerusalem gesagt, sie liege in der Toparchie Orine.[16] Eine Siedlung hat also an der Stelle des früheren Jerusalem in dieser Zeit (wieder) bestanden und wurde auch so benannt, aber nicht mehr als Zentrum eines zugehörigen Bezirks. Ebenso ist die Toparchie En Gedi,

---

[15] Dazu immer noch grundlegend Fr. Vittinghoff, Die Entstehung von städtischen Gemeinwesen in der Nachbarschaft römischer Legionslager – Ein Vergleich Leóns mit den Entwicklungslinien im Imperium Romanum, in: Civitas Romana, hg. W. Eck, Stuttgart 1994, 106ff. – Dass sich in Jerusalem keine jüdische Stadt mehr entwickeln konnte und durfte, ist von der vespasianischen Politik her selbstverständlich. Insoweit braucht man sich auch nicht mit K. L. Noethlichs, Das Judentum und der römische Staat. Minderheitenpolitik im antiken Rom, Darmstadt 1996, 20 zu wundern, weshalb „kein Wiederaufbau“ (gemeint ist: des jüdischen) Jerusalem „unternommen wurde“. Eine jüdische Stadt hätte der kaiserliche Legat sogleich unterbunden. Ebenso kam es auch nicht zu einer erneuten Zerstörung Jerusalems am Ende des Bar Kochba-Aufstandes (so Noethlichs 22). Appian, Syr. 50 kann man dafür nicht heranziehen. Denn nach ihm soll Hadrian wie Vespasian die Stadt zerstört haben. Doch kann das höchstens heißen, dass zur Errichtung der Colonia Aelia Capitolina die dort wieder entstandene Siedlung verschwinden mußte. Auf eine kriegerische Zerstörung durch Hadrian deutet nichts hin.

[16] P. Murabba'at (Anm. 14) 114; siehe zur Datierung H. M. Cotton/W. Eck, P. Murabba'at 114 und die Anwesenheit römischer Truppen in den Höhlen des Wadi Murabba'at nach dem Bar Kochba Aufstand, in: ZPE 138, 2002, 173ff.; zur Identifizierung und Datierung des Konsuls Statilius und damit des im Papyrus geschilderten Vorgangs siehe aber jetzt W. Eck/A. Pangerl, Neue Konsulndaten in neuen Diplomen, in: ZPE 152, 2005, 229ff.; Dies., Traians Heer im Partherkrieg. Zu einem neuen Diplom aus dem Jahr 115, in: Chiron 35, 2005, 49ff.: der Konsul amtierte vermutlich im Jahr 117, nicht bereits 115, wie zunächst angenommen.

die Josephus noch kennt, verschwunden. Das ist allerdings sehr einfach dadurch zu erklären, dass diese Oase am Westufer des toten Meeres wegen ihrer Balsamhaine eine hohe wirtschaftliche Potenz besaß. Vespasian hat den Wert dieser Oase erkannt und sie so umorganisiert, dass sie nicht nur allgemein zum kaiserlichen Patrimonium gehörte, sondern zu einer *kome kyriake,* einem Dorf in kaiserlichem Besitz, wurde, wie dies ein Papyrus aus dem Babathaarchiv zeigt.[17] Vermutlich verwaltete ein kaiserlicher Freigelassener mit der Bezeichnung *procurator* unmittelbar die *kome kyriake.* Vielleicht sollte diese Oase vor dem Besuch durch allzu viele Menschen abgeschirmt werden, was jedoch nicht möglich gewesen wäre, wenn die Siedlung weiterhin als Zentrum einer Toparchie fungiert und damit bestimmte Aufgaben für diesen gesamten Bezirk erfüllt hätte. Diese Rolle wurde jetzt auf Jericho übertragen, das wesentlich leichter eine zentrale Funktion einnehmen konnte.

In all diesen relativ großen Bezirken gab es keine der genannten Polisstrukturen, auf denen die für Rom notwendigen Dienste in der Provinz üblicherweise ruhten, keine Selbstverwaltung im üblichen Sinn. Dennoch hatte Rom natürlich Erwartungen an die Bewohner dieser Toparchien wie an die von Poleis. Sie hatten vor allem Steuern zu entrichten, ferner Leistungen z.B. im Straßenbau zu erbringen. Als Basis für ihre Leistungsfähigkeit war ihr Vermögen zu schätzen, wie auch in allen anderen Provinzen.[18] Überließ Rom den Steuereinzug schlichtweg Pächtern, die die Abgaben direkt vom Steuerpflichtigen abholten, so wie die Zölle am Zugang von Siedlungen von privaten Zoll-

---

[17] P. Yadin 11.

[18] E. Lo Cascio, Census provinciale, impostazione fiscale e amministrazioni cittadine nel principato, in: Eck, Lokale Autonomie 197ff.

pächtern erhoben wurden? Der spätere Apostel Matthäus war ein solcher Zolleinnehmer.[19] Oder waren örtliche Funktionsträger für den Steuereinzug verantwortlich, wie das in den Poleis durch die städtischen Magistrate geschah? Informationen darüber gibt es bisher nicht.

Doch nicht nur Rom wollte etwas von den Bewohnern; auch diese brauchten die Ordnungsmacht Rom für ihre eigenen Zwecke. Zum Vergleich sei wiederum auf die Jüdin Babatha aus der Siedlung Maoza in Arabien verwiesen. Sie wandte sich in Streitfragen um die Vormundschaft über ihren Sohn mehrfach an den Statthalter von Arabia.[20] Nach diesem Modell konnte natürlich auch jeder Bewohner der Provinz Judaea handeln. Doch in unserem Kontext ist es wichtiger, dass die erstmalige Bestellung der Vormünder für den noch nicht volljährigen Sohn Babathas, woraus sich dann die späteren Aktionen vor dem Statthalter erst ergaben, durch den Rat der Stadt Petra erfolgte. Petra ist von Maḥoza sicher mehr als 100 km entfernt. Offensichtlich waren die Magistrate dieser einzigen Polis in der Gegend für diese Bestellung verantwortlich.[21]

Wie war das in Judaea? Waren die Bewohner der Toparchien ebenfalls von weit entfernten Poleis abhängig? Etwa von den Städten an der Küste? Ein einschlägiger Hinweis findet sich nirgendwo in den Quellen. Oder gab es in den zentralen Dörfern der einzelnen Toparchien Funktionsträger, die diese und andere vergleichbare Aufgaben übernehmen konnten? Josephus berichtet für die Spätzeit des Herodes von κωμογραμματεῖς = Dorfschreibern in solchen

[19] Matth. 9, 9; vgl. Marc. 2, 13; Luc. 5, 17.

[20] P. Yadin 13. 14. 15. 23. 25. 26.

[21] P. Yadin 12.

Siedlungen,[22] eine Erscheinung, wie wir sie aus Ägypten in zahllosen Zeugnissen kennen. Der Streit über den Sitz der königlichen Bank und des Archivs zwischen Tiberias und Sepphoris ist schon erwähnt worden. Doch wer hat die dafür zuständigen Funktionsträger, etwa die Dorfschreiber ernannt? Der König oder einer seiner Beauftragten? Wo hatte ein solcher Beauftragter, wenn es ihn gab, seinen Sitz? Saß er im zentralen Dorf einer Toparchie wie in Ägypten der Stratege, der dort seinerseits für die Bestimmung der Schreiber in den einzelnen Dörfern zuständig war? Unter Herodes müsste ein solches System aller Wahrscheinlichkeit nach bestanden haben, da es sonst nicht vorstellbar wäre, wie die ‚Verwaltung' funktioniert haben könnte. Aber wurde dieses System in der römischen Zeit fortgeführt? Das ist keineswegs unmöglich, vielleicht sogar eher wahrscheinlich. Aber: Ist dann der Präfekt oder später der Statthalter an die Stelle des Königs getreten und hat er die Funktionsträger in den Zentraldörfern ernannt? Zumindest die Strategen der ägyptischen Gaue sind auf diese Weise vom *praefectus Aegypti* in ihr Amt berufen worden.[23] Es sind viele Fragen, die gestellt, aber (noch nicht) beantwortet werden können. Dabei ist es nicht zu bestreiten, dass die Bewohner von Dörfern auch als Gemeinschaft handeln konnten, wie wir es aus vielen Provinzen kennen. Solches ist uns aber bisher aus Judaea noch nicht durch konkrete Beispiele bekannt geworden.[24]

---

[22] Iosephus, bell. 1, 479; ant. 16, 203; vgl. SCHALIT, König Herodes (Anm. 6) 216f.

[23] A. JÖRDENS, Statthalterliche Verwaltung in der römischen Kaiserzeit. Studien zum *praefectus Aegypti*, Stuttgart (in Vorbereitung).

[24] Nicht heranzuziehen ist hier AE 1994, 1781 (= L. DI SEGNI, A New Toponym in Southern Samaria, in: Liber Annuus 44, 1994, 579ff.; DIES., The Hadrianic Inscription from Southern Samaria (?) – A Palinode, in:

Das wirkliche historische Problem entsteht freilich dadurch, dass wir in den jüdischen Quellen, wie sie beispielsweise in Mischna und Talmud vorliegen, vielfältige Angaben über verschiedenste Amtsträger in solchen Dörfern oder allgemeiner in Siedlungen haben, ohne dass deren Status immer klar wäre. Man spricht in den jüdischen Quellen von *agoranomoi,* was lateinisch *aediles* entspricht, und Leute meint, die vor allem für das Marktgeschehen in einem Ort zuständig waren,[25] aber auch von *parnasim* und *gabbaim,* die sich mit der Verwaltung von Geld oder der Errichtung von Bauten befassen.[26] Doch in keinem dieser Fälle kann gezeigt werden, dass sich deren Tätigkeit auf die allgemeine Öffentlichkeit einer politischen Gemeinde, also einer Stadt im Rechtssinn,[27] bezog, und nicht vielleicht nur auf die jüdischen Gemeinden in einem engeren religiös-ethnischen Sinn, die innerhalb fast aller Selbstverwaltungseinheiten der Provinz mit Ausnahme Jerusalems nach dem Jahr 70 n. Chr.

---

ibid. 53, 2003, 335 ff.); diese Inschrift scheint nach den erkennbaren äußeren Kriterien nicht antik zu sein.

[25] Vgl. etwa D. Sperber, The City in Roman Palestine, Oxford 1998, 26 ff. 32 ff.

[26] Siehe z. B. B.-Z. Rosenfeld/J. Menirav, Markets and Marketing in Roman Palestine, Leiden 2005, 221; M. Goodman, State and society in Roman Galilee, A. D. 132–212, Totowal New Jersey 1983, 121 f.

[27] In nicht wenigen Arbeiten, die auf den jüdischen Quellen fußen, wird nicht genügend deutlich zwischen kleineren und größeren Siedlungen auf der einen und Städten im Rechtssinn auf der anderen Seite, also Selbstverwaltungseinheiten, unterschieden. Symptomatisch ist es vielleicht, wenn Sperber (Anm. 25) in seiner Einleitung S. 3 schreibt, sein Buch handle von „a theoretical, nonexistent, „synthetic" city"! – Allgemein zu der hier nur kurz berührten Problematik Z. Safrai, The Jewish Community in the Talmudic Period, 1995; ders., The Economy of Roman Palestine, London 1994, 17 ff.; A. Oppenheimer, Urbanisation and City Territories in Roman Palestine, in: Oppenheimer, Between Rome and Babylon 30 ff.

bestanden. Auch innerhalb solcher religiös-ethnischer Gemeinschaften können und müssen sogar Aufgaben angefallen sein, die von entsprechenden Funktionsträgern wahrgenommen wurden. Doch das wäre strukturell nicht anders zu werten als das, was in vergleichbarer Weise in den jüdischen Gemeinden der Diaspora notwendig war.

Wie auch immer dies in der Realität gewesen ist, Toparchien, die Metrokomiai (die Hauptdörfer) und die hohe Zahl der übrigen kleinen Siedlungen spielten in den zentralen Teilen der Provinz, im eigentlichen Judaea, selbst nach der ersten großen Revolte eine bedeutsame Rolle, ebenso in anderen Teilen, etwa in vielen Gegenden von Galiläa und auch in der Peraia östlich des Jordan.[28] Doch der Bar Kochba-Aufstand bedeutete eine Zäsur, wie sie tiefgreifender nicht gewesen sein könnte. Es wurde bereits die Angabe aus Cassius Dio zitiert, nach dem fünfzig der wichtigsten Festungen und 985 Dörfer zerstört und 580.000 Juden umgekommen seien.[29] Die archäologischen Forschungen konnten nachweisen, dass gerade in Zentraljudäa, dem kurzzeitigen Herrschaftsgebiet Bar Kochbas, wo die Dörfer die wesentlichen bisherigen Lebensstrukturen gebildet hatten, mehr oder weniger alle Siedlungen zerstört worden sind. Neues Leben zeigt sich erst wieder am Ende des 2. Jahrhunderts. Da aber hatte sich in Judaea bereits vieles gewandelt.[30]

Denn schon seit der flavischen Zeit wurden die überkommenen gemeinschaftlichen Lebensformen in der Provinz mehr und mehr in die für Rom üblichen Strukturen überführt, d. h. die Toparchien wurden langsam in die Rechts-

---

[28] GOODMAN, State and society (Anm. 26) 119 ff.

[29] Cassius Dio 69, 14, 1 = STERN Nr. 440. Siehe Kap. 3.

[30] Kapitel 3 bei Anm. 53. Vgl. auch S. SCHWARTZ, Jewish Settlement in Southern Judaea from the Bar Kokhba Revolt to the Muslim Conquest, Jerusalem 1986.

form von Städten umgewandelt, in denen nicht mehr, wie das für das herodianische Caesarea oder auch für Samaria Sebaste vorauszusetzen ist, ein vom König, später vielleicht vom Statthalter Beauftragter die letzte Oberaufsicht hatte. Diese Städte wirkten als autonome Selbstverwaltungseinheiten; denn von nun an lag die Verantwortlichkeit bei den lokalen städtischen Führungsschichten, und zwar für das Zentrum und für das zugehörige Territorium mitsamt den darauf liegenden Dörfern. Diese von Rom neu geschaffenen oder aus der Oberaufsicht eines königlichen Beauftragten entlassenen Städte hatten entweder eine römische Stadtverfassung oder eine griechische. Dies aber hieß unmittelbar auch, dass die griechisch-römisch-lokalen paganen Religionen, häufig in einer untrennbaren Mischung, die Basis des kommunalen Lebens bildeten.[31] Denn keine Gemeinschaft konnte ohne die Bindung an Götter leben. Solche Verbindung als unnötig (oder nicht existent?) anzusehen, ist erst im Verfassungsentwurf der Europäischen Union gelungen. Im römischen Judaea aber bedeutete diese Art der religiösen Basis des kommunalen Lebens gerade für die jüdischen Bewohner eine merkliche Veränderung, für einen Teil von ihnen sogar eine deutliche Erschwerung des Lebens und der Integration. Die lokalen Götter, nominell aber vor allem die griechischen und römischen, beherrschten die Welt der Städte, was Schritt für Schritt die Münzen mit ihren Bildern anzeigen. Wie im Einzelnen die Entwicklung verlief, ist dabei nur schwer zu entschlüsseln, da wir als Basis zumeist nur die Münzen selbst und ihre Bilder haben, ohne jedoch stets genauer sagen zu können, wer hinter der Entscheidung für die Wahl der Münztypen stand.

---

[31] Dazu umfassend N. Belayche, Iudaea-Palaestina. The Pagan Cults in Roman Palestine (Second to fourth Century), Tübingen 2001.

Von besonderer Bedeutung ist dies in Sepphoris und sodann in Tiberias. Die Bevölkerung beider Städte war zumindest in großem Umfang jüdischer Herkunft und Prägung. Sepphoris hatte sich dennoch dem ersten Aufstand nicht angeschlossen, hatte sich vielmehr auf die Seite der Römer gestellt. Die Münzen dieser Zeit sind deutlich prorömisch, zeigen aber keinerlei Bilder, die mit der jüdischen Religion in Konflikt kämen.[32] Unter Traian aber wird bereits mit dessen Portrait auf der Vorderseite geprägt,[33] und von der Mitte des 2. Jahrhunderts an erscheinen völlig pagane Bilder auf diesen Münzen.[34] Ähnliches lässt sich für Tiberias zeigen, das von Herodes Antipas anstelle von Sepphoris gegründet wurde.[35] Während zunächst alle Münzen bis zum Ende der flavischen Dynastie anikonic sind,[36] erscheinen seit Traian das Kaiserportrait auf der Vorderseite und sogar Abbilder von Tyche und Hygiaia auf Rückseiten. Beide Orte waren wohl seit der frührömischen Zeit Selbstverwaltungseinheiten, in denen zunächst die jüdische Bevölkerung offensichtlich so stark war, dass sie nicht nur alle öffentlichen Funktionen besetzte, sondern auch die Münzprägung kontrollierte.[37] Doch dann verändern sich die Bilder Schritt für Schritt, was vielleicht eine Veränderung in den inneren Leitungsstrukturen vermuten lässt. Diese Veränderungen erscheinen aber nicht erst als eine Folge der letzten großen

---

32 RPC I Nr. 4849. 4850.

33 Meshorer, City-Coins 36 Nr. 87–90; BMC Palestine 1 ff. Nr. 1–20.

34 BMC Palestine 3 f. Nr. 21–28.

35 Hørning Jensen, Herod Antipas in Galilee (Anm. 5).

36 BMC Palestine 5 ff. Nr. 3 ff.; Meshorer, City-Coins 34 Nr. 77–80.

37 Siehe A. H. M. Jones, The cities of the Eastern Roman provinces, Oxford 1971, 277 f.

Revolte unter Hadrian, sondern schon mehrere Jahrzehnte vorher. Was sich jedoch in der Gesellschaft dieser Städte wirklich verändert hat, ob die jüdische Bevölkerung an den Rand gedrängt wurde, oder ob diese sich nicht mehr wie früher strikt den aus der Religion resultierenden Regeln unterwarf, so dass Bilder auf den Münzen erscheinen konnten, scheint sich aus unserem Quellenmaterial kaum erschließen zu lassen.[38]

Die schon seit vorherodianischer Zeit bestehende Mischung aus Toparchien und städtisch organisierten Strukturen, die sich dann in dem provinzialisierten Land fortsetzt, wurde von römischer Seite erst seit Vespasian durch eine Vermehrung und Verstärkung der Selbstverwaltungsgemeinden verändert.[39] Der historisch wichtigste Eingriff war sicherlich die Einrichtung der Kolonie in Caesarea. Die Stadt als solche bestand bereits. Denn Vespasian erhöhte nur

---

[38] Alla Kushnir-Stein bin ich für die Diskussion der mit den Münzen dieser Städte zusammenhängenden Fragen und den sich daraus ergebenden historischen Schlussfolgerungen sehr zu Dank verpflichtet. Es ist zu hoffen, dass sie diese Fragen von Seiten der numismatischen Quellen nochmals systematisch und im Detail behandelt. – Das Problem der politischen Struktur der Städte in Verbindung mit der ethnisch-religiösen Zusammensetzung der Bevölkerung wird noch wesentlich komplizierter, wenn man es für das 1.–3. Jahrhundert unter der von S. Schwartz, Imperialism and Jewish Society, 200 B.C.E. to 640 C.E., Princeton/Oxford 2001, entwickelten Prämisse einer nicht von den Rabbis dominierten jüdischen Gesellschaft sieht. Diese durchaus attraktive Sicht müsste aber in einem umfassenderen Angang diskutiert werden, was hier nicht geschehen kann. Deshalb sei nur darauf hingewiesen. Vgl. aber F. Millar, Transformations of Judaism under Graeco-Roman Rule: Responses to Seth Schwartz's ‚Imperialism and Jewish Society', in: JJS 57, 2006, 139 ff.

[39] Allgemein zu diesem Prozess B. Isaac, Roman Administration and Urbanization, in: Greece and Rome in Eretz Israel. Collected Essays, hg. A. Kasher/U. Rappaport/G. Fuks, Jerusalem 1990, 151 ff.

den Rechtsstatus des herodianischen Caesarea; er verlieh der Gemeinde den Rang einer Kolonie römischen Rechts. Der volle Name *Colonia Prima Flavia Augusta Caesariensis* erscheint auf einigen Inschriften und vor allem auf Münzen.[40] Allerdings hat Vespasian dem umgestalteten Gemeinwesen noch nicht die höchste Privilegierungsstufe zuerkannt, die Rom einer provinzialen Stadt verleihen konnte; denn die Stadt erhielt zunächst nur Freiheit vom *tributum capitis,* der Kopfsteuer. Doch Titus fügte schließlich die Freiheit von der Grundsteuer, dem *tributum soli,*[41] hinzu, so dass die Kolonie in der Realität einer *colonia iuris Italici,* einer Stadt italischen Rechts, fast gleichgestellt war. Höher konnte eine Stadt in der privilegierten Rechtsstellung kaum steigen.[42] Das Prestige freilich, das mit einer Kolonie italischen Rechts verbunden war, sowie gewisse rechtliche Formen des Besitzes erreichte Caesarea nicht.[43] Vermutlich hat auch erst Vespasian der Kolonie das Territorium zugewiesen, ohne das eine Selbstverwaltungsgemeinde nicht existieren konnte.

In der Forschung ist allerdings höchst umstritten, in welchem Umfang die rechtliche Rangerhöhung das kon-

---

40 Lehmann/Holum, Inscriptions Nr. 4. 44; AE 2003, 1803; BMC Palestine 16 ff. Nr. 36 ff. Allgemein zu Caesarea L. Levine, Caesarea under Roman Rule, Leiden 1975 (abgefasst noch vor den großen Ausgrabungen).

41 Siehe Digesten 50, 15, 8, 7; siehe oben Kap. 3 Anm. 85.

42 Die einzige Steigerung wäre eine *civitas libera*, die außerdem auch von jedem Tribut befreit gewesen wäre.

43 Dies ist wohl auch der Grund dafür, dass der Jurist Ulpian, der aus der benachbarten Provinz Syria stammte, ausdrücklich vermerkt (Digesten 50, 15, 1, 6), in Palaestina gebe es zwar zwei *coloniae*, Caesarea und Aelia Capitolina, doch keine habe das *ius Italicum*. Dass Aelia Capitolina „freedom of taxes" gehabt hätte (so aber Oppenheimer, Between Rome and Babylon 38), lässt sich nach meinem Urteil dem Passus nicht entnehmen.

krete Gesicht des nunmehr römischen Gemeinwesens und der dort lebenden Bevölkerung verändert hat. Genügte es in flavischer Zeit, einer Gemeinde römisches Kolonialrecht zu verleihen, damit diese dann ohne Probleme als eine Kolonie funktionieren konnte? War allein durch Veränderung der Rechtslage auch schon ein römisches Gemeinwesen entstanden, das eine *imago* Roms, ein Abbild Roms in der Provinz sein konnte, zumal unter einem Kaiser wie Vespasian, der so deutlich noch in römisch-italischen Vorstellungen lebte? Nach der bisher fast allgemein akzeptierten Forschungsmeinung hätte tatsächlich nur diese rechtliche Rangerhöhung stattgefunden, nicht jedoch eine Veränderung in der Zusammensetzung der Bevölkerung.[44] Vor dem ersten Aufstand lebten in Caesarea Menschen sehr unterschiedlicher ethnischer und sprachlicher Herkunft und auch mit unterschiedlichem Rechtsstatus: Griechen, Syrer, Juden und natürlich einige Römer, d. h. Leute, die das römische Bürgerrecht besaßen und auch Latein sprachen. Doch die wichtigen Verkehrssprachen waren Griechisch und Aramäisch; die Präfekten und ihr kleiner Stab verwendeten Latein. Die Sprache der Gemeinde Caesarea, die bereits bestand, war vermutlich das Griechische. Auf der einen Seite sind die Münzen mit griechischen Legenden versehen.[45] Zum andern benutzen auch Gewichte, die von Amtsträgern mit dem Titel *agoranomos* (Marktaufseher) unter Tiberius, Agrippa I. und Claudius ausgegeben wurden, die griechische Sprache.[46] Inschriften auf Stein sind aus dieser Zeit noch kaum vorhanden.

---

[44] Siehe Kapitel 4 bei Anm. 83.

[45] RPC I S. 672 f. Nr. 4858–4865.

[46] A. Kushnir-Stein/L. Holland, New Inscribed Lead Weights from Caesarea, in: Caesarea Papers 3 (im Druck; Alla Stein hat mir den Text schon vor der Publikation zugänglich gemacht).

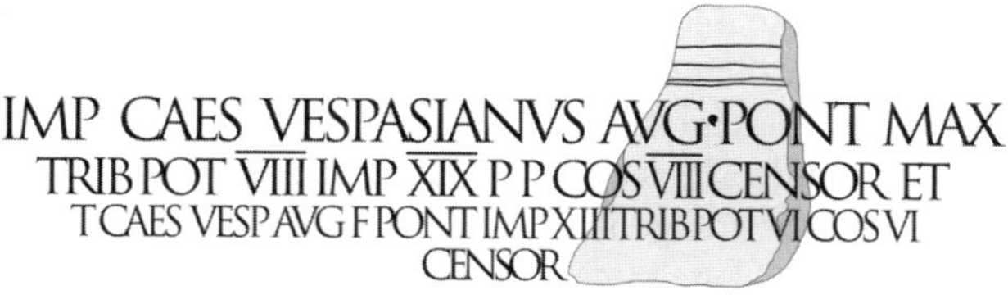

Abbildung 27: Bauinschrift Vespasians in Caesarea.

Nach der Gründung der Kolonie tritt eine deutliche Änderung ein. Von nun an werden die Inschriften zahlreicher, vor allem öffentliche, und diese sind fast durchweg in Latein abgefasst. So kennen wir bereits aus dem Jahr 77/78 eine vespasianische Bauinschrift aus Caesarea:[47]

[Imp. Caes. Vespasianus] Aug. po[nt. max.]
[trib. pot. VIII?, imp. XIX, p. p. co]s. VIII cen[sor et]
[T. Caes. Vesp. Aug. f. pont., imp. XI]II, trib. pot. V[I?, cos. VI,]
[censor]
[---].[48]

Zu welchem Bauwerk der Text gehört, lässt sich nicht sagen, entweder bezeugt er eine Baumaßnahme zugunsten der Kolonie oder für ein Bauwerk der Provinzialadministration. Jedenfalls erscheint er in Latein. Dies ist in der Folge-

[47] W. Eck, in: Topoi 10, 2002, 538 f. = H. M. Cotton/W. Eck, Eine Provinz entsteht: Alte und neue lateinische Inschriften in Iudaea unter Vespasian, in: The Roman Near East and Armenia, hg. E. Dąbrowa, Krakau 2003, 25 ff. = AE 2000, 1512 = 2003, 1798. T. Grüll beruft sich in Israel Exploration Journal 56, 2006, 192 noch immer auf die irrige Textrekonstruktion bei Lehmann-Holum Nr. 27.

[48] „Imperator Caesar Vespasianus Augustus, oberster Priester, Inhaber der tribunizischen Gewalt zum achten Mal, neunzehn Mal als Sieger akklamiert, Vater des Vaterlandes, acht Mal Konsul, Zensor und Titus Caesar Vespasianus, Sohn des Augustus, Priester, dreizehn Mal als Sieger akklamiert, Inhaber der tribunizischen Gewalt zum sechsten Mal, sechs Mal Konsul, Zensor haben …(errichtet/ erbaut)."

zeit nach dem Zeugnis der Inschriften die beherrschende Sprache der öffentlichen Inschriften in Caesarea, nicht weniger als die Sprache der Münzen, die von der Kolonie geprägt wurden,[49] gelegentlich auch die von Gewichten der Kolonie.[50] Einige inschriftliche Beispiele mögen diese Bedeutung des Lateinischen dokumentieren. Dabei interessieren nicht vornehmlich Texte, die auf Kaiser zurückgehen wie etwa die vielen Bauinschriften an dem Aquädukt, der Wasser nach Caesarea leitete und von verschiedenen Legionen unter Hadrian erbaut wurde, nämlich der *legio II Traiana,* der *legio X Fretensis,* der *legio III Cyrenaica* und der *legio VI Ferrata.*[51] Wichtiger sind vielmehr Texte, die in den Kontext des munizipalen Lebens führen. So ehrt die Stadt in den ersten Jahrzehnten des 3. Jahrhunderts einen Valerius Calpurnianus mit einer Statue; verantwortlich für die Errichtung war ein Aurelius Theophilus, der seinerseits Mitglied des Rats und römischer Ritter war. All das geschieht in Latein:[52]

---

[49] Siehe BMC Palestine 16ff. Nr. 36ff.; RPC II 307 Nr. 2231; vgl. MESHORER, City-Coins 28ff.

[50] Zu Gewichten mit lateinischer Aufschrift A. KUSHNIR-STEIN, Two Lead Weights from the Colony of Caesarea Maritima, in: Israel Numismatic Research 2, 2007 (im Druck): diese lateinisch beschriebenen Gewichte repräsentieren aber einen lokalen Gewichtsstandard, keinen römischen. Der römische Standard der *libra* erscheint auf einem Gewicht aus Caesarea mit griechischer Aufschrift: B. LIFSHITZ, Inscriptions grecques de Césarée en Palestine. Un poids de Césarée, Revue Biblique 68, 1961, 121 (verbesserte Lesung in dem Artikel von A. KUSHNIR-STEIN).

[51] LEHMANN/HOLUM, Inscriptions Nr. 45–54.

[52] LEHMANN/HOLUM, Inscriptions Nr. 10: *Val(erio) Calpurniano, v(iro) [p(erfectissimo)], / praef(ecto) Mesop(otamiae) et / Osr(hoenae), patr(ono) metr(opolis), / ex d(ecreto) d(ecurionum) p(ecunia) p(ublica), / Aurel(io) Theophilo eq(uite) Romano et / dec(urione) metr(opolis).*

Abbildung 28: Fragment der Inschrift von einer Porticus aus Caesarea.

„Für Valerius Calpurnianus, seine Exzellenz, der Präfekt von Mesopotamia und Osrhoene war, den Patron der Metropolis (wurde) durch Beschluss des Dekurionenrats und mit städtischen Finanzmitteln (diese Ehrenstatue errichtet). (Die Sorge dafür übernahm) Aurelius Theophilus, der römischer Ritter und Mitglied des Stadtrats der Metropolis war.“

Auf einem prachtvollen Gebälk aus Marmor steht fernerhin folgender fragmentarischer, aber im Inhalt sicherer Text:[53]

„[Auf Grund des Testaments von …, der ehemaliger Duumvir der] Colonia Prima Flavia Augusta [Caesariensis war … hat ?Cleo]patra seine Mutter und Erbin [dieses Gebäude errichten lassen].“

Soweit man sagen kann, lief die ursprüngliche Inschrift über zahlreiche Gebälkstücke. Das Gebäude, wohl eine gewaltige

53 Lehmann / Holum, Inscriptions Nr. 44; verbesserte Ergänzung der Inschrift bei W. Eck, in: ZPE 113, 1996, 138 f.: *[?Ex testamento --- IIviral(is) (?) col(oniae)] Primae Fl(aviae) Aug(ustae) [Caesareae---][--- ?Cleo]patra mater eius her(es) [facere iussit?].*

Abbildung 29: Fragment von der Weiheinschrift einer Dekurionen-familie.

Porticus, muss ein markantes Stück der urbanen Gestaltung der Stadt gewesen sein, die allen ihren Bewohnern diente. Obwohl sie auf Grund eines privaten Vermächtnisses erbaut wurde, ließ die Mutter und Erbin die Widmungsinschrift auf Latein abfassen.

Noch wichtiger ist aber, dass auch in rein privaten Kontexten Latein erscheint. So zeigt eine fragmentarische Inschrift, die heute in Hadera steht, mehrere Mitglieder des Rats, des *ordo decurionum* der Colonia Caesariensis. Sie handeln im Auftrag ihres verstorbenen Bruders (theoretisch vielleicht auch einer Schwester), der verfügt hatte, ein Götterbild irgendwo in der Stadt, vermutlich in einem Tempel oder vielleicht auf einem Platz aufzustellen.[54] Das

[54] H. Cotton/W. Eck, A New Inscription from Caesarea Maritima and the Local Elite of Caesarea Maritima, in: What Athens Has to Do with Jerusalem. Essays on Classical, Jewish, and Early Christian Art and

geschah zwar im öffentlichen Raum, aber es war ein rein privater Akt. Doch selbst dabei verwenden die Dedikanten die lateinische Sprache, nicht das Griechische, wie das an vielen anderen Orten von Personen getan wird, die zwar in ihrer offiziellen Position die lateinische Sprache nicht vermeiden können, bei ihren privaten öffentlichen Aktionen aber Griechisch schreiben, weil dies ihre Muttersprache war. Wenn die beiden Brüder, Mitglieder des Rats der Kolonie, den Text auf Latein abfassten, dann weist dies wohl darauf hin, dass sie eben auch im täglichen Leben in diesem Idiom kommunizierten. Gleiches zeigt die Inschrift eines Augustalen.[55] Und zahlreiche, wenig aufwendige Grabinschriften lassen vermuten, dass auch einfache Leute oder jedenfalls solche, die offensichtlich keine gehobene Position innerhalb der Kolonie einnahmen, Latein verwendeten, am ehesten deshalb, weil sie auch sonst vornehmlich auf diese Weise mit anderen kommunizierten.[56]

Gehen wir von diesen Erkenntnissen nochmals zur Gründung der Kolonie durch Vespasian zurück. Aus diesem Gründungsakt entsteht ein Gemeinwesen, in dem nicht nur im offiziellen, sondern auch im privaten Leben Latein bei vielen die bevorzugte Sprache gewesen zu sein scheint. Wie aber soll dies möglich geworden sein, wenn mit der

---

Archaeology in Honor of Gideon Foerster, hg. L. V. RUTGERS, Leuven 2002, 375 ff.: *[--- ex testamento? –* es folgt der Name des Verstorbenen im Genitiv *---]A/S[---]nus IIvi[r i(ure) d(icundo) et---].dorus dec[urio c(oloniae) I(= Primae) Fl(aviae) Caes(ariensis)? fra]tres et here[des signum? cu]m basi [pos(uerunt)]* = „Auf Grund des Testaments von…, haben [---]nus, Mitglied des Zweimännerkollegiums für die Rechtssprechung und [---]dorus, Stadtrat der Colonia Prima Flavia Caesariensis, seine Brüder und Erben, ein Götterbild samt der Basis aufgestellt.“ Vgl. AE 2003, 1800.

55 AE 1996, 1559 = LEHMANN/HOLUM, Inscriptions Nr. 122.

56 Siehe z. B. LEHMANN/HOLUM, Inscriptions Nr. 160–164.

Einrichtung der Colonia keine Ansiedlung von Kolonisten verbunden war? Wie soll sich dann Latein zu solcher Dominanz entwickelt haben? Nur weil es die offizielle Sprache Roms war, und weil deren Benutzung die Verbindung zu Rom demonstrieren konnte? Das würde zumindest die Verwendung im privaten Bereich nicht erklären. Wäre es zudem vorstellbar, dass bereits Vespasian, dieser eher bäuerliche Typ aus dem Sabinerland, eine römische Kolonie gegründet hätte, deren römische Bürger nicht die lateinische Sprache beherrschten, was man doch für die Verhandlungen etwa im Dekurionenrat voraussetzen muss? Nach der historischen Wahrscheinlichkeit spricht also alles dafür, mit der Koloniegründung durch Vespasian eine Ansiedlung lateinischsprachiger Bürger zu verbinden. Solche aber fand man damals am ehesten bei den Veteranen der Legionen. Vermutlich hat Vespasian gerade aus den Truppen, die zuvor unter ihm in Judaea gekämpft hatten, solche Siedler gewonnen, nicht anders als die 800 Veteranen, die er bei Emmaus, in der Nähe Jerusalems ansiedelte.[57] Land war in Caesarea und auf dem Territorium ringsum genügend vorhanden. Nach dem, was Josephus über die schlimmen Massaker an den Juden Caesareas im Jahr 67 berichtet, müssen viele Tausende umgekommen sein.[58] Deren Besitz innerhalb und außerhalb der Stadt konnte zur Ausstattung der Ansiedler verwendet werden. Denn es ist schwerlich vorstellbar, dass diese Güter nicht als *bona caduca,* als erbenloses

[57] Josephus, bell. 7, 217. Dass der Historiker in diesem Zusammenhang davon spricht, Vespasian habe keine neue Stadt in Judaea gegründet, spricht nicht gegen die Ansiedlung von römischen Bürgern in Caesarea; denn Caesarea brauchte er nicht als neue Stadt zu gründen, es bestand ja bereits.

[58] Josephus, bell. 2, 457.

Besitztum, an den kaiserlichen Fiskus gefallen sind, wie es römischem Recht entsprach.

Vor allem Heeresangehörige scheinen in den auf die Gründung folgenden zwei Jahrhunderten dafür gesorgt zu haben, dass der lateinisch-römische Charakter der Kolonie noch lange beibehalten werden konnte. In einer Inschrift, die Valerius Martialis, ein Bürger von Caesarea mit ritterlichem Rang, unter der Statue eines von ihm geehrten Statthalters anbringen ließ, wird der gleichnamige Vater des Ritters genannt. Dieser war *primipilus* gewesen, hatte also den höchsten Posten als *centurio* in einer Legion bekleidet.[59] Bei seiner Entlassung erhielt er mehr als 600.000 Sesterzen, das war etwa das 500fache des Jahresgehalts eines Legionärs, der im 2. Jahrhundert 1200 Sesterzen als Sold erhielt. Dieser hohe Militär hatte sich nach seiner Entlassung in Caesarea niedergelassen und dort seinem Sohn den Zugang zum Dekurionenrat ermöglicht. Am Ende stieg er sogar noch höher in der sozialen Pyramide, worauf noch zurückzukommen ist. Auch die Tochter eines weiteren *primipilus* ehrte einen hohen Amtsträger der Provinz; ihr Vater hatte wie der Kollege ihres Vaters, Valerius Martialis, in Caesarea eine offensichtlich einflussreiche Familie begründet.[60] Die Reihe von Inschriften, die Personen militärischer Herkunft als Bürger von Caesarea nachweisen, ließe sich noch weiter fortsetzen.[61] Aus diesen Texten wird jedenfalls deutlich, dass durch die fortgesetzte Niederlassung von Soldaten in der Kolonie am Meer der römisch und lateinisch geprägte Teil

---

[59] COTTON/ECK, Latin Inscriptions 226 ff. = AE 2003, 1803.

[60] LEHMANN/HOLUM, Inscriptions Nr. 32.

[61] Ein weiterer *primus pilus* in CIL III 14155, 13 = LEHMANN-HOLUM, Inscriptions Nr. 145; ferner ein Iulius Tiberianus, der zusammen mit seinem Sohn seine Frau bestattet, LEHMANN-HOLUM, Inscriptions Nr. 148.

der Bevölkerung Caesareas, bis ins 3. Jahrhundert hinein, immer wieder gestärkt wurde.

Neben Caesarea hat Vespasian in der Provinz noch eine griechische Stadt eingerichtet, nahe dem Berg Garizim, wo die Samaritaner ihr Hauptheiligtum hatten: Flavia Neapolis, das heutige Nablus. Dieses entwickelte sich schnell, obwohl es nur in geringer Distanz zu Samaria Sebaste, der herodianischen Gründung, lag.[62] Der Anfang der Stadt Neapolis geht ins Jahr 72/73 zurück. Im Gegensatz zu Caesarea wurde es, trotz seines Beinamens Flavia, der auf Vespasians Familiennamen Flavius verweist, nicht als römische Stadt organisiert, sondern als Gemeinde griechischen Rechts, eine Polis, was eine Reihe von Inschriften mit aller Deutlichkeit beweist, vor allem aber eine Inschrift aus Ephesus, auf die in anderem Zusammenhang wieder zurückzukommen ist.[63] Denn in diesem Text wird gesagt, der Rat und das Volk von Flavia Neapolis ehrten den Prokonsul der Provinz Asia Pompeius Falco, der fast zwei Jahrzehnte früher einmal, ca. 107/108, Statthalter von Judaea gewesen war. Über den Selbstverwaltungscharakter der Stadt braucht man keine Zweifel zu haben. In Flavia Neapolis lebte damals eine munizipale Führungsschicht, die ein gewisses Selbstbewusstsein entwickelt hatte und, wie sich zeigen wird, in der Lage war, auch über den Kreis der eigenen Gemeinde hinauszusehen.[64]

---

62 TIR Iudaea Palaestina 194f.; Meshorer, City-Coins 48ff.

63 IGR I 630. 631. 636; Inschriften von Ephesus III 713.

64 Immerhin ist es bemerkenswert, worauf mich dankenswerterweise Alla Kushnir-Stein hingewiesen hat, dass auf den Münzen von Neapolis aus domitianischer Zeit zwar das Kaiserportrait auf der Vorderseite erscheint (Meshorer, City-Coins 48 Nr. 121–125), auf den Rückseiten aber keine Bilder, die für Juden/Samaritaner nicht akzeptabel gewesen wären.

Welchen Einfluss Traian auf das Städtewesen in Judaea genommen hat, ist kaum zu erschließen. Immerhin verändern sich unter ihm die Münzprägungen mehrerer Gemeinden deutlich, wie etwa in Sepphoris und Tiberias, die nun das Porträt des Kaisers auf der Vorderseite der Münzen zeigen.[65] Doch Neugründungen finden sich unter ihm in Judaea nicht. Neue Selbstverwaltungseinheiten, die auch für ein größeres Territorium verantwortlich waren, sind jedoch ein sehr deutlicher Zug der hadrianischen Politik in Judaea. Am wichtigsten unter den neuen Städten war Aelia Capitolina, wodurch die Siedlung Jerusalem, die, wie man voraussetzen darf, um das Legionslager herum entstanden war, sich in eine rein römische Stadt verwandelte.[66] Darüber wurde zum Teil schon gesprochen. Juden durften die Stadt nicht betreten. Der Ausnahmecharakter dieser Stadt und der Grund, weshalb Hadrian sie als eine römische Kolonie gegründet hat, erhielt dadurch seine besondere Note.

Doch neben diese Gründung traten andere, die entweder als Poleis neu geschaffen oder in ihrem Charakter verändert wurden. Das betrifft zum einen Sepphoris im Norden Galiläas, das als jüdische Siedlung schon bestanden hatte, das von nun an den Namen Diocaesarea, die Zeus- und Augustusstadt, trug, ein sprechender Name, nicht anders als Aelia Capitolina. [67] Das drückte sich vor allem in den Münzbildern von Sepphoris aus, auf denen schon seit Traian das Kaiserbild erscheint, die später aber auch

---

[65] Siehe oben zu Anm. 32 bis 38. Auf diesen bisher nicht beachteten Aspekt hat mich Alla Kushnir-Stein hingewiesen.

[66] Diese Siedlung wurde immer noch Jerusalem genannt, wie sich aus P. Murabba'at 114 ergibt, der wohl ins Jahr 117 oder 118 zu datieren ist und von einem Vertrag zwischen einem römischen Soldaten und einem Juden berichtet: siehe oben Anm. 14 und 16.

[67] Meshorer, City-Coins 37 Nr. 91–95.

offen paganen Charakter annehmen.[68] Gleiches gilt für Tiberias, eine Stadt, die wie Sepphoris zwar schon unter Traian das Kaiserporträt sowie das Bild der Hygieia und der Tyche auf den Münzen zeigte, auf denen jedoch seit Hadrian zusätzlich ein Zeustempel sowie die Göttin Nike erscheinen.[69] Diese Städte sind, jedenfalls soweit sich das aus den Münzen ablesen lässt, in ihrem äußeren Charakter nicht mehr von Flavia Neapolis zu unterscheiden,[70] das von Anfang an Polischarakter erhalten hatte. Durch die Münzen wird mit großer Wahrscheinlichkeit ein innerer Wandel in den Städten auch nach außen sichtbar. Die entscheidenden Positionen innerhalb der Stadt könnten entweder auf andere Gruppen oder Familien übergegangen sein oder die führenden jüdischen Familien, die schon bisher bestimmend gewesen waren, haben ihre Haltung so verändert, dass diese mit der grundlegenden griechisch-römischen Kultur und ihren Erscheinungsformen nicht mehr im Widerstreit lag. Ohne die eine oder die andere Änderung wären die Münzen, die sich in ihren Formen und Bildern nicht von denen anderer Poleis unterschieden, nicht

---

[68] Die politischen Schlussfolgerungen, die Y. MESHORER, Sepphoris and Rome, in: Greek Numismatics and Archaeology. Essays in Honor of Margaret Thompson, hg. O. MØRKOLM/N. M. WAGGONER, Wetteren 1979, 159 ff. aus den Münzen von Sepphoris zieht, haben kaum ein tragfähiges Fundament; siehe K. STROBEL, Aspekte des politischen und sozialen Scheinbildes der rabbinischen Tradition: Das spätere 2. und das 3. Jh. n. Chr., in: Klio 72, 1990, 478 ff.; vgl. DERS., Jüdisches Patriarchat, Rabbinentum und Priesterdynastie von Emesa: Historische Phänomene innerhalb des Imperium Romanum der Kaiserzeit, in: Ktema 14, 1989, 339 ff. Ähnlich argumentierte brieflich auch ALLA KUSHNIR-STEIN.

[69] TIR Iudaea Palaestina 249 f.; BMC Palestine 8 ff. Nr. 23 ff.; A. KINDLER, The Coins of Tiberias, Tiberias 1961, Nr. 7 ff.; MESHORER, City-Coins 34 f.

[70] MESHORER, City-Coins 48 ff.

erklärlich. Der Gesamtcharakter dieser Siedlungen scheint jedenfalls endgültig der einer Polis geworden zu sein, d. h. einer rechtlichen Einheit, die für alle Bewohner, auch auf dem Territorium und in den dort liegenden Dörfer, verantwortlich war. Dabei ist nicht ausgeschlossen, dass kleine Siedlungen manche ihrer Notwendigkeiten innerhalb ihrer Einwohnerschaft regelten, ohne die städtischen Magistrate einzubeziehen.[71] Auch in anderen Provinzen lassen sich solche Beobachtungen machen. Das ging freilich nur so lange, wie sich deren Bewohner dabei einig waren. Sobald diese Einigkeit nicht mehr gegeben war, vielmehr einzelne Gruppen gegeneinander standen, waren die Amtsträger der Selbstverwaltungseinheit, der Stadt dafür zuständig oder, wenn nötig, der Vertreter Roms, der Statthalter.[72]

Der Rest des noch nicht urbanisierten Territoriums der Provinz, d. h. die Teile, die bis dahin offensichtlich als Toparchien überlebt hatten, wurde schließlich unter den Severern zu Städten umgewandelt. An der Stelle der Siedlung Baetobriga ließ der Kaiser Eleutheropolis oder Lucia Septimia Severa entstehen, das Landgebiet der Toparchie wurde zum städtischen Territorium;[73] und Lydda verwandelte sich

---

[71] Siehe oben zu Anm. 24.

[72] Ein sehr instruktives Beispiel für Regelungen auf genossenschaftlicher Basis ohne unmittelbare Involvierung der Gemeindemagistrate bildet die neue Inschrift zur Bewässerung im Ebrotal in Spanien: F. Beltrán Lloris, An Irrigation Decree from Roman Spain: The *Lex Rivi Hiberiensis*, in: JRS 96, 2006, 147 ff. Für ein Dorf auf dem Territorium von Sardeis siehe z. B. J. Nollé/W. Eck, Der Brief des Asinius Rufus an die Magistrate von Sardeis. Zum Marktrechtsprivileg für die Gemeinde der Arillenoi, Chiron 26, 1996, 267 ff.; zahlreiche Beispiele z. B. auch in TAM V: Tituli Lydiae, fasc. 3: Philadelpheia et Ager Philadelphenus, hg. G. Petzl, Wien, 2007, Nr. 1429 ff.

[73] TIR Iudaea Palaestina 118 f.; BMC Palestine 141 f.; Meshorer, City-Coins 64.

zu Diospolis, erneut einer Zeusstadt.[74] Emmaus am Übergang vom judäischen Bergland in die Küstenebene erhielt wohl im Jahr 221/222 als Polis den Namen Nicopolis.[75] Auch Anthedon sollte zwischen 215–218 in seinem Status verändert worden sein, da damals eine neue Stadtära beginnt.[76] Die schon lange bestehende Gemeinde Samaria/Sebaste wurde von Severus zur römischen Kolonie, zur Colonia Lucia Septimia Sebaste, erhoben, was, wie man allgemein annimmt, nichts mehr an ihrem Charakter änderte, sondern ihr nur zusätzliches Prestige einbrachte.[77]

Ein sehr später Entwicklungsschritt, der bisher nicht bekannt war, begegnet uns möglicherweise unter Kaiser Philippus Arabs (244–249), der aus der Stadt Philippopolis in Arabien stammte. Er hat, wie bislang nur die Münzen zeigten, die Polis Flavia Neapolis zur römischen Kolonie erhoben. In den Jahren, in denen er regierte, soll nach

---

[74] TIR Iudaea Palaestina 170.; BMC Palestine 43f.; Meshorer, City-Coins 55. Zu Lydda siehe A. Oppenheimer, Jewish Lydda in the Roman Era, in: Oppenheimer, Between Rome and Babylon 47ff.: Dass dort viele Juden lebten, braucht man nicht zu bestreiten, doch der öffentliche Charakter der Stadt und die „Stadtregierung" waren spätestens seit dieser Umwandlung zu Diospolis nicht mehr jüdisch. Denn wie sonst sollte man das Bild des Serapis oder einen Tempel auf den Münzen erklären?

[75] TIR Iudaea Palaestina 119f.; Meshorer, City-Coins 56.

[76] Kushnir-Stein, City Eras on Palestinian coinage (Anm. 4) 157.

[77] Digesten 50, 15, 1, 7: *Divus quoque Severus in Sebastenam civitatem coloniam deduxit* = „der vergöttlichte Severus machte die Gemeinde Sebaste zu einer römischen Kolonie." Auffällig ist, dass die Münzen dieser Stadt schon seit der Zeit Domitians auf der Vorderseite neben dem Kaiserporträt eine lateinische Legende trugen, während die Legende der Rückseite in Griechisch abgefasst war (BMC Palestine 78ff. Nr. 1ff.). Möglicherweise könnte man das mit einer starken Präsenz von Soldaten der *legio X Fretensis* erklären; Gegenstempel der Legion sind auf diesen Münzen zahlreich (Hinweis von Alla Kushnir-Stein).

der weitgehenden Meinung in der Forschung eine solche Kolonieerhebung nur noch eine titulare Angelegenheit gewesen sein.[78] Eine Rangerhöhung wie diese hat, so musste man bisher annehmen, keine inneren Veränderungen oder gar Ansiedlungen von neuen Bürgern nach sich gezogen. Wir wissen nur, dass die Umschrift auf den Münzen dieser Stadt von da an lateinisch formuliert war.[79]

Nun ist aber vor einigen Jahren eine noch unpublizierte Inschrift aus Neapolis bekannt geworden, nach der ein Tiberius Claudius Mansuetus, der in die römische Tribus Sergia eingeschrieben war, in dieser Stadt bestattet wurde; für die Bestattung hatte sein Freigelassener Tib. Claudius Magnus gesorgt.[80] Claudius Mansuetus hatte als Soldat bei der *legio IIII Flavia Felix* gedient, die damals in der Provinz Moesia superior an der Donau stationiert war.[81] Sein Status als *veteranus* wird angegeben, ebenso jedoch auch seine Herkunft: *do(mo) Perg(amo) Asi(ae)*. Gerade darin aber liegt das Auffällige dieses Textes. Denn wie kommt ein Veteran, der aus Pergamum in Asien stammt und danach in der *legio IV Flavia* in Moesia superior gedient hatte, nach Syria Palaestina und nach Neapolis, wo er gestorben ist? Nach normaler Logik und nach unseren sonstigen Kenntnissen ließen sich Veteranen am Ende ihrer Dienstzeit entweder in der Nähe ihres Lagers nieder, was in diesem Fall

[78] Gegen diese Ansicht stellt sich, m. E. zu Recht, E. Dąbrowa, Les colonies honoraires ou les colonies des vétérans? Observations sur l'iconographie de quelques types de revers de monnaies coloniales, in: Hommages à Carl Deroux, hg. P. Defosse, Bd. III, Brüssel 2003, 127 ff.

[79] BMC Palestine 63 ff. Nr. 116 ff.; Meshorer, City-Coins 51 f.

[80] Die Information über diesen Text geht auf Asher Keshet zurück.

[81] Y. Le Bohec/Ch. Wolff, Legiones Moesiae superioris, in: Les Légions 239 ff.

Singidunum in Obermösien gewesen wäre oder sie kehrten in ihre alte Heimat zurück, in Fall des Mansuetus also nach Pergamum. Dieser Soldat aber tat weder das eine noch das andere. Er starb als Veteran in Neapolis. Dass er selbst sich das weit entfernte Neapolis als Alterssitz ausgewählt hat, ist nicht gerade wahrscheinlich. Wie aber kam er dann als Veteran in diese Stadt? Es spricht vieles dafür, dass er durch eine von ihm unabhängige Entscheidung dazu gebracht wurde, sich dorthin zu begeben und sich niederzulassen. Den Schlüssel gibt vielleicht die Angabe der Tribus, also der Bestandteil innerhalb des Namens, der eindeutig sagt, die Person sei römischer Bürger. Diese Tribus wird schon im 2. Jahrhundert bei Soldaten meist nicht mehr erwähnt. In dieser Grabinschrift jedoch wird sie sogar prominent herausgehoben: *Sergia*. Sie ist voll ausgeschrieben, was nicht üblich ist. Warum dies? Damit könnte ausgedrückt worden sein, dass der Veteran einer besonderen Tribus angehörte. Der zweite Schlüssel liegt im Namen der Stadt Neapolis in Syria Palaestina; er lautete seit Philippus Arabs: *Colonia Sergia Neapolis*.[82] Wenn man diese beiden Elemente miteinander verbindet, dann liegt es nahe zu vermuten, dass in der Grabinschrift des Claudius Mansuetus darauf hingewiesen werden soll, er sei Bürger der von Philippus Arabs gegründeten Stadt geworden. Dann aber ist der Schluss wohl nicht abwegig, dass Philippus Arabs Neapolis nicht nur zum Rang einer Kolonie erhöhte, sondern dort zugleich Veteranen angesiedelt hat. Dann könnte man auch erklären, weshalb ein Veteran aus Obermösien, der in Pergamum geboren war, schließlich als Bürger der Colonia Sergia Neapolis in der Provinz Syria Palaestina gestorben ist. Das würde aber zudem bedeuten, dass zumindest hier versucht wurde, durch

[82] BMC Palestine 63 ff. Nr. 118 ff.

die Ansiedlung von Soldaten, die nicht aus dieser Gegend stammten und die eine lange römisch-militärische Prägung erhalten hatten, das römische Element zu stärken. Auf Dauer hat dies zwar kaum eine wesentliche Veränderung bewirkt, aber zumindest die Intention auf der Reichsebene ist wichtig – wenn denn die Interpretation stimmt.

Festzuhalten ist jedenfalls, dass sich Syria Palaestina im 3. Jahrhundert strukturell nicht mehr grundsätzlich von Syrien oder Arabien, also den unmittelbar benachbarten Provinzen, unterschied. Überall hatte sich der Typus der sich selbst verwaltenden Gemeinde weitgehend durchgesetzt.[83]

Die wenigen Städtegründungen Ende des 3. / Anfang des 4. Jahrhunderts brauchen uns hier nicht mehr zu interessieren. Wichtig ist nur noch einmal festzuhalten, dass fast überall auf den Münzen der alten und neuen Selbstverwaltungseinheiten spätestens seit der Mitte des 2. Jahrhunderts Tempel und Götterdarstellungen erscheinen, die entweder die Vorherrschaft der paganen Bevölkerungsteile in den Städten beweisen oder die weitgehende Angleichung der jüdischen Bevölkerung zumindest an die äußeren Formen der griechisch-römischen Welt. Die griechisch-römische Stadtstruktur hatte sich mit all ihren Konsequenzen im öffentlichen und im kulturellen Leben durchgesetzt.[84] Ein autonomes Leben jüdischer Gemeinden auf der Ebene der Selbstverwaltungsgemeinden – und es ist wichtig diese

---

[83] Zu dem exemplarischen Fall eines *protopolites* in Eleutheropolis (auf einer griechisch-aramäischen Bilingue) siehe MILLAR, Roman Near East 376.

[84] Siehe z. B. A. SEGAL, Theatres in Roman Palestine and Provincia Arabia, Oxford 1995. Vgl. auch, dass die Gewichte in Raphia zunächst das lokale Gewicht einer *litra* aufweisen, während sie später das römische Pfund, die *libra*, übernehmen: A. KUSHNIR-STEIN, Inscribed Lead Weights of Roman Raphia, in: Rivista di archeologia 28, 2004, 33.

Ebene zu betonen – war damit nicht mehr möglich, auch wenn sich solche Vorstellungen in der Welt von Mischna und Talmud finden.[85] Daraus ist allerdings nicht zu folgern, dass Juden damit generell aus der kommunalen Selbstverwaltung innerhalb der Provinz ausgeschlossen gewesen wären. Denn bereits Septimius Severus und sein Sohn Caracalla haben allen Juden die Erlaubnis gegeben, städtische Magistraturen zu übernehmen. Sie wurden dabei zwar einerseits verpflichtet, alle daraus sich ergebenden Aufgaben zu erfüllen, gleichzeitig aber auch davor geschützt, zu Handlungen gezwungen zu werden, die ihren grundsätzlichen religiösen Vorstellungen entgegenstanden.[86] Theoretisch hätte dies zu einer umfassenden Partizipation an der Selbstverwaltung der Gemeinden führen können, zumindest von Seiten der Juden, die konkrete Kompromisse mit ihrer paganen Umwelt eingehen konnten. Doch genau dies ist aus den uns vorliegenden Quellen nicht konkret und im Detail zu erschließen. Damit wissen wir nicht, ob und wie sich die severische Regelung in den Städten von Syria Palaestina ausgewirkt hat.

---

[85] Siehe dazu vor allem das Buch von S. Schwartz (Anm. 38). Vgl. auch ders., in: The Cambridge History of Judaism IV, Cambridge 2006, 45 ff.

[86] Dig. 50,2,3,3: *Idem (Ulpianus) libro tertio de officio proconsulis: Eis, qui Iudaicam superstitionem sequuntur, divi Severus et Antoninus honores adipisci permiserunt, sed et necessitates eis imposuerunt, qui superstitionem eorum non laederent* = „Denen, die dem jüdischen Aberglauben folgen, gestatteten die vergöttlichten Severus und Antoninus (196–211), die magistratischen Ämter zu übernehmen; allerdings legten sie ihnen auch alle Pflichten (daraus) auf, soweit diese nicht mit ihrem Aberglauben kollidierten." Zu diesen geschützten Bereichen gehörte sicherlich die Beachtung des Sabbath; vgl. das, was sich dazu aus den Papyri der judäischen Wüste ergibt: R. Katzoff / B. M. Schreiber, Week and Sabbath in Judaean Desert Documents, SCI 17, 1998, 102 ff.

Dass Rom auch in Judaea bewusst relativ gleichartige Strukturen der inneren Selbstverwaltung geschaffen hat, ist jedenfalls klar. Judaea behielt auch in dieser Hinsicht auf Dauer kein entscheidend differierendes Profil gegenüber den vielen anderen Provinzen, selbst wenn die Entwicklung in einigen Gegenden der Provinz vielleicht ein wenig langsamer vor sich gegangen ist als in anderen. Doch hat man bis vor Kurzem auf Grund dessen, was man wusste, mit einer gewissen Wahrscheinlichkeit schreiben können, dass diese Provinz zumindest unter einem Aspekt nicht so voll ins Reich integriert war wie andere Gegenden des Reiches: Ihre Bewohner hätten keinen Anteil am Regiment über das Imperium gehabt. Während wir aus fast allen anderen Provinzen Familien kennen, aus denen Mitglieder in den Senatoren- und Ritterstand aufgestiegen, also Mitglieder der Reichsaristokratie geworden sind, fehlte bisher für Judaea/Syria Palaestina jeder Hinweis auf eine derartige Entwicklung.[87] Der Grund konnte u. a. in der starken jüdischen Bevölkerung der Provinz und deren Beurteilung von Seiten vieler in der Reichsführungsschicht gesehen werden. Tacitus' Bericht im fünften Buch der Historien zeigt, welche Vorstellungen zu Beginn des 2. Jahrhunderts bei Mitgliedern des Senats heimisch waren.[88]

Dass Juden, die sich nicht von ihrer Religion entfernen wollten, im römischen Reichsdienst keinen Platz einnehmen konnten, ist unbestreitbar. Das trifft in analoger Weise für

---

[87] Siehe die verschiedenen Beiträge in: Epigrafia e ordine senatorio, hg. S. PANCIERA, Rom 1982; darin für den hier interessierenden Bereich G. W. BOWERSOCK, Roman Senators from the Near East: Syria, Judaea, Arabia, Mesopotamia, II 651 ff.; W. ECK, Die Umgestaltung der politischen Führungsschicht – Senatorenstand und Ritterstand, in: Storia di Roma II 2, Turin 1991, 73 ff.

[88] Tacitus, historiae 5, 1–13 = STERN Nr. 281.

die Christen bis zur Zeit Konstantins zu.[89] Zu fordernd waren die Notwendigkeiten, in der polytheistischen Welt an Handlungen der römischen Religion teilzunehmen. Jeder Senator, der eine amtliche Funktion übernahm, konnte gleichzeitig auch in die Lage kommen, die Gemeinde, die *res publica,* gegenüber den Göttern zu vertreten. Denn es waren die Magistrate, die diese Aufgabe zu erfüllen hatten, weniger die römischen Staatspriester. Dies galt überall, bis hinunter zu den Offizierposten im römischen Heer. Die Kommandeure der Hilfstruppeneinheiten mussten selbstverständlich die entsprechenden Opfer bei den Festen ihrer Einheiten durchführen; das traf bei den Truppen in Syria Palaestina nicht weniger zu als bei denen in Syrien oder in Niedergermanien oder Britannien. Von daher ist es klar, dass aus dem streng jüdischen Bevölkerungsteil der Provinz kaum Mitglieder der Reichsführungsschicht erwachsen konnten, es sei denn, sie verhielten sich wie Tiberius Iulius Alexander, der es bis zum *praefectus Aegypti* und zum Stabschef im Heer Vespasians gebracht hatte; er aber galt den gesetzestreuen Juden als Renegat.[90] Doch unabhängig davon, wie weit sich in der Welt des römischen Imperiums alle Juden den verpflichtenden Regeln ihrer eigenen Religion unterwarfen: Wenn man von der Partizipation der Bewohner der Provinz Judaea oder Syria Palaestina spricht, dann ist nicht zu vergessen, dass diese Region nicht allein von Juden bewohnt wurde. Nach den furchtbaren Verlusten während der zwei

---

[89] Diese Unvereinbarkeit trifft allerdings nur auf den männlichen Teil der christlichen Gemeinden im vollen Sinn zu; Frauen waren davon weniger betroffen, siehe W. Eck, Das Eindringen des Christentums in den Senatorenstand bis zu Konstantin d. Gr., in: Chiron 1, 1971, 381 ff. Das könnte grundsätzlich auch für Frauen aus jüdischen Familien, soweit sie mit Nicht-Juden verheiratet waren, zutreffen.

[90] PIR² J 139.

Revolten war deren Zahl sogar wesentlich zurückgegangen. Ein großer, vielleicht der überwiegende Teil der Bevölkerung gehörte anderen ethnischen oder religiösen Personengruppen an, die weitgehend im Einflussbereich griechisch-römischer Städte lebten und damit in einen paganen Lebenskreis integriert waren. Warum sollten diese Bevölkerungsteile oder jedenfalls ihre führenden Familien nicht ebenso wie in anderen Provinzen den Ehrgeiz entwickeln, in die römische Reichsaristokratie aufzusteigen und am Regiment Roms zu partizipieren? Hätten auch sie sich davon ausgeschlossen, dann müsste man eine Erklärung dafür finden, die aber nicht mehr aus der besonderen Prägung der Provinz durch die jüdische Bevölkerung kommen dürfte. Doch man braucht nicht nach einer Erklärung zu suchen. Denn selbst unter diesem Aspekt scheint, wenn man neuen Quellen und neuen Einsichten folgt, Judaea/Syria Palaestina eine weitgehend normale römische Provinz gewesen zu sein.

Gehen wir nochmals nach Flavia Neapolis. Es wurde schon auf eine Inschrift aus Ephesus verwiesen, die in griechischer Sprache auf einer Basis steht, die in der Hauptstadt der Provinz Asia ursprünglich einmal eine Statue eines römischen Senators getragen hatte.[91]

Κοίντον Ῥώσκιον Μουρήνα Κουέλλιον Πομπήιον Φάλκωνα, πρεσβευτὴν Σεβαστοῦ καὶ ἀντιστράτηγον Λυκίας καὶ Παμφυλίας καὶ Ἰουδαίας καὶ Μυσίας καὶ Βρεταννίας καὶ πολλὰς ἄλλας ἡγεμονίας διατελέσαντα, Ἀσίας ἀνθύπατον, ἐτείμησεν Φλαουιέων Νεαπολειτῶν Σαμαρέων ἡ βουλὴ καὶ ὁ δῆμος τὸν σωτῆρα καὶ εὐεργέτην διὰ πρεσβευτῶν καὶ ἐπιμελητῶν Φλαουὶου Ἰούνκου καὶ Οὐλπίου Πρόκλου.

„Rat und Volk von Flavia Neapolis Samaria ehren Q. Roscius Murena Coelius Pompeius Falco – er war *legatus Augusti pro praetore* von Lycia-Pamphylia und von Judaea und von Moesia und von Britannien und hat viele andere hohe Ämter verwaltet – nunmehr

[91] Oben zu Anm. 54.

Prokonsul von Asia – als Retter und Wohltäter durch ihre Abgesandten und Beauftragten Flavius Iuncus und Ulpius Proclus (mit einer Statue)."

Der Text lässt erkennen, dass die Stadt Flavia Neapolis zwei Personen, einen Flavius Iuncus und einen Ulpius Proclus, nach Ephesus abgesandt hatte, um den damaligen Prokonsul Pompeius Falco zu ehren, indem man in der Hauptstadt der Provinz, die er verwaltete, eine Statue errichtete. Einem Amtsträger eine Ehrenstatue zu errichten, war fast eine Routineangelegenheit. Doch was in diesem Fall geschah, war völlig exzeptionell. Es ist das einzige Beispiel dafür, dass eine Stadt einer bestimmten Provinz, wie hier Flavia Neapolis aus Judaea, einen Senator in einer anderen Provinz, in der er eben ein Amt versah, mit einer Statue verewigte. Normalerweise ehrte man einen Senator entweder in Rom oder in seiner Heimatstadt.[92] Wenn man es wie im Fall des Pompeius Falco in so außergewöhnlicher Weise tat, sagt das schon etwas über die Bedeutung, die der Geehrte für die Stadt Neapolis hatte; er wird auch nicht umsonst als Retter und Wohltäter herausgestellt.

Doch wichtiger als die Stadt selbst war bei dieser Ehrung ein Bürger dieser Gemeinde. Es ist einer der beiden Gesandten, die am Ende des Textes erwähnt sind, Flavius Iuncus. Er ist nämlich das herausragende Beispiel für die eben gestellte Frage, ob es eine Integration von Bürgern dieser Provinz in die sich ausbildende Reichsaristokratie gegeben hat.

Denn dieser Gesandte der Stadt Flavia Neapolis ist noch anderweitig bekannt, ohne dass man aber bis vor Kurzem den Zusammenhang erkannt hätte. Er ist mit einem Iuncus

[92] Siehe D. Erkelenz, Optimo praesidi. Untersuchungen zu den Ehrenmonumenten für Amtsträger der römischen Provinzen in Republik und Kaiserzeit, Bonn 2003, 120 ff., bes. 137.

zu identifizieren, der in einer weiteren, diesmal lateinischen Inschrift aus Ephesus bezeugt ist. Auch dieses Dokument ist auf eine Basis geschrieben, auf der sich einst eine Ehrenstatue erhob, die das Personal, das dem Flavius Iuncus als Prokurator für das kaiserliche Patrimonium in der Provinz Asia in Ephesus zur Hand ging, ihrem Vorgesetzten errichtet hatte. Der Text sagt in Übersetzung Folgendes über Flavius Iuncus:[93]

[T. Flavium] Iuncum praef(ectum) coh(ortis) I Pannoniorum, trib(unum) cohortis V Gemellae civium Romanorum, tribunum leg(ionis) X Fretensis, praef(ectum) alae Gallór(um) veteranor(um), donáto ab Imp(eratore) Traiáno in bello Parthico hasta púra et corona vallari, próc(uratorem) Cilic(iae) et Cypri, iuridicum Alexandreae ad Aegyptum, proc(uratorem) provinc(iae) Asiae decuriones et tabellari et equites qui sunt ad Lares Domnicos.

„Den Titus Flavius Iuncus ehren die Vorgesetzten und Briefzusteller und Reiter, die im kaiserlichen Dienst (in Ephesus) tätig sind. Er (Iuncus) war Kommandeur der ersten Kohorte der Pannonier, Tribun der fünften Doppelkohorte römischer Bürger, Tribun bei der legio X Fretensis, Kommandeur der Reitereinheit der Gallier mit dem Beinamen veterana; er war von Imperator Traianus während des Partherkrieges mit einer silbernen Lanze und mit einer Mauerkrone ausgezeichnet worden; er amtierte als Prokurator von Cilicia und Cyprus, er war Helfer des Präfekten von Ägypten in Gerichtsangelegenheiten und (schließlich) Prokurator der Provinz Asia."

Die Laufbahn des Flavius Iuncus gehört in die traianisch-hadrianische Zeit. Um 125 dürfte er nach einer Reihe militärischer und administrativer Aufgaben Prokurator in der Provinz Asia geworden sein, die höchste Funktion, die in dem Text erwähnt ist. Doch uns interessieren hier zunächst nur die beiden ersten Funktionen: als Tribun der fünften Doppelkohorte römischer Bürger (*tribunus*

[93] Inschriften von Ephesus VII 4112.

cohortis V Gemellae civium Romanorum) und als Tribun bei der in Jerusalem stationierten Legion (*tribunus legionis X Fretensis*). Beide Einheiten sind im ersten Jahrzehnt des 2. Jahrhunderts, in das die zwei Kommanden zu datieren sind, Teil des Heeres in Judaea. Und gerade in dieser Zeit, zwischen 105 und 108, war Pompeius Falco Statthalter dieser Provinz.[94] Wir wissen aber, dass ein Statthalter, der über Truppen verfügte, viele der höheren Posten ritterlichen Ranges persönlich vergeben konnte.[95] Dann aber liegt es sehr nahe zu vermuten, dass Pompeius Falco dem Flavius Iuncus die Kommandeursstellen bei der *cohors V Gemella civium Romanorum* und im Anschluss daran bei der *legio X Fretensis* verschafft hat. Während des Dienstes als ritterlicher Kommandeur hat sich dann wohl ein gutes Verhältnis zwischen Falco und Iuncus entwickelt, vermutlich auch deshalb, weil der Ritter entsprechende Qualitäten gezeigt hat. Dies hat schließlich dazu geführt, dass der traianische Senator den Bürger von Neapolis weiter förderte und ihn bei Traian so unterstützte, dass er in die prokuratorische Laufbahn überwechseln konnte. Damit aber war der Schritt aus der munizipalen in die Reichsführungsschicht, aus der provinzialen in die Reichsgesellschaft getan.

Es wäre nun mehr als ein Zufall, wenn das Zeugnis, das sich auf einen Flavius Iuncus aus Flavia Neapolis bezieht, der die Stadt als Gesandter bei Pompeius Falco in Ephesus vertrat, und das Zeugnis, das sich auf den Iuncus bezieht, der in der Zeit der Statthalterschaft des Falco in Judaea als Kohortenpräfekt und Militärtribun gedient hatte, nicht

[94] Dąbrowa, Legio X Fretensis 36–38; PIR^2 P 602.

[95] Siehe z. B. Plinius, epistula 10, 51, der Kaiser Traian gebeten hatte, den Schwager seiner Schwiegermutter in seine Provinz Pontus-Bithynien zu versetzen. Plinius sagt allerdings nicht, welche Einheit dieser von da an kommandierte.

auf dieselbe Person verwiesen. Vielleicht waren beide bei einem der Besuche, die Falco als Legat in den Städten der Provinz absolvierte, in Flavia Neapolis miteinander bekannt geworden, woraus sich dann die länger dauernde Verbindung entwickelte.

Trifft dies zu, dann fasst man in dem Ritter und Prokurator T. Flavius Iuncus einen Bürger aus Flavia Neapolis, der als der erste uns bekannte Bewohner der Provinz Judaea nachweisbar diesen Schritt in den Ritterstand und anschließend in die Position eines Prokurators, also eines Mitglieds der Reichsaristokratie getan hat. Und er tat das in den ersten Jahrzehnten des 2. Jahrhunderts, somit zu einer Zeit, als auch aus den meisten anderen Provinzen vor allem des Ostens erst wenige einen solchen Aufstieg geschafft hatten. Bewohner aus Judaea sind also relativ frühzeitig an diesem Integrationsprozess beteiligt gewesen.[96]

Eine weitere Inschrift, auf die schon zweimal im Kontext von Caesarea zu verweisen war, zeigt einen vergleichbaren Vorgang:[97]

G(aio) Iulio Commodo Orfitiano leg(ato) Augg(ustorum) pr(o) pr(aetore) provinc(iae) Syr(iae) Pal(aestinae) L(ucius) Val(erius) Valeri Martialis p(rimi)p(ilaris) fil(ius) Martialis IIvir col(oniae) I (= primae) Fl(aviae Aug(ustae) Caes(ariensis) ob ex secunda mil(itia) m(erita).

„Für Gaius Iulius Commodus Orfitianus, Statthalter von Syria Palaestina, hat Lucius Valerius Martialis, Sohn des ehemaligen *primipilus* Valerius Martialis, Duumvir der Colonia Prima Flavia Augusta Caesariensis, nachdem er die zweite ritterliche Offizierstellung abgeleistet hatte, wegen seiner Verdienste diese Statue errichtet."

---

[96] W. Eck, Flavius Iuncus, Bürger von Flavia Neapolis und kaiserlicher Prokurator, Gedenkschrift zu Ehren von U. Vogel-Weidemann, in: Acta Classica 42, 1999, 67 ff.

[97] Cotton/Eck, Latin Inscriptions 226 ff. = AE 2003, 1803.

Abbildung 30: Konsole für die Ehrenstatue des Statthalters Commodus Orfitianus.

Auch dieser Valerius Martialis ehrte, freilich in seiner Heimatstadt Caesarea, einen Statthalter seiner Provinz, Iulius Commodus Orfitianus, der zwischen ca. 162 und 164 in Syria Palaestina amtiert hat, mit einer Statue. Diese Ehrenstatue stand auf einer Konsole, die in die Wand eines Bauwerks eingelassen war, wirkte somit als Teil der urbanistischen Ausschmückung der römischen Kolonie. Warum aber errichtete Martialis dem Commodus Orfitianus eine Statue? Die Inschrift sagt es klar in der letzten Zeile. Dort heißt es: *ex secunda militia,* was sich auf Martialis selbst bezieht; er hatte seine zweite Stelle als ritterlicher Kommandeur, vermutlich als *tribunus legionis* bei der *X Fretensis* oder der *VI Ferrata,* also in Jerusalem oder bei Lajjun, abgeschlossen. Und diese Passage: *ex secunda militia* steht nicht allein, sie wird eingerahmt von den Worten: *ob … m(erita)* = wegen seiner Verdienste, nämlich der Verdienste des Iulius Commodus, und diese beziehen sich eben auf diese inzwischen abgeleistete *secunda militia*. Beide Elemente der Inschrift sind schon optisch so geschrieben, dass ihr Bezug klar ist: Valerius Martialis, der hier den Statthalter Iulius Commodus ehrt, war von diesem zur zweiten ritterlich-militärischen Dienststellung befördert worden. Der gleichnamige Vater hatte im Heer noch als *centurio* gedient, hatte es schließlich bis zum *primipilus*, dem höchsten Zenturio in der Legion, gebracht. Dieser Militärdienst und das auf diese Weise erworbene Vermögen erlaubten es ihm, sich in Caesarea niederzulassen und eine angesehene Position in der städtischen Gesellschaft zu erreichen. Sein Sohn erhielt einen Sitz im Dekurionenrat, und vermutlich kam er auf diese Weise in Kontakt mit einem der senatorischen Statthalter, die im Praetorium in Caesarea ihren Sitz hatten. Einer von ihnen verschaffte dem jungen Valerius Martialis die erste Offiziersstellung, vielleicht gerade in der Provinz Syria Palaestina. Dann wiederholte sich der Vorgang; Valerius Martialis kam mit Commodus Orfitianus in Kontakt, der um 162 Legat der Provinz wurde. Und auch dieser Kontakt zahlte sich aus, da Orfitianus dem Caesarienser Martialis eine zweite ritterliche Offiziersstelle anbot, wohl als Tribun in einer der beiden Legionen der Provinz. Oder Martialis hat sich direkt oder durch Vermittlung an diesen Statthalter gewandt und selbst um eine entsprechende Stellung nachgesucht. Durch diese beiden hohen militärischen Stellen gelang Valerius Martialis der Sprung in den Ritterstand und damit der Eintritt in die unterste Stufe der Reichsaristokratie. Ohne die Beziehungen zu den senatorischen Statthaltern der Provinz, nachweisbar zumindest zu Commodus Orfitianus, wäre dies wohl kaum gelungen.

Ob Valerius Martialis selbst noch weiter im Dienst des Reiches aufstieg, wissen wir nicht. Aber es ist doch auffallend, dass in einem anderen Text aus Caesarea, der ebenfalls schon in anderem Zusammenhang eine Rolle gespielt hat, erneut eine Person mit dem Familiennnamen Valerius auftaucht, der es weit in der Reichsaristokratie gebracht hat:[98]

> „Für Valerius Calpurnianus, seine Exzellenz, der Präfekt von Mesopotamia und Osrhoene war, den Patron der Metropolis, (wurde) durch Beschluss des Dekurionenrats und mit städtischen Finanzmitteln (diese Ehrenstatue errichtet). (Die Sorge dafür übernahm) Aurelius Theophilus, der römischer Ritter und Mitglied des Stadtrats der Metropolis war."

Valerius Calpurnianus gehört in die Zeit zwischen ca. 220 und 240. Die Ehrung mit einer Statue ging auf eine Initiative der Stadt Caesarea zurück, allerdings wird von dem Geehrten nur die *praefectura,* die Statthalterschaft, von Mesopotamia und Osrhoene sowie der Patronat über die Stadt Caesarea erwähnt; der Ritter hatte offensichtlich nicht in Syria Palaestina eine staatliche Funktion übernommen, denn sonst hätte man diese ebenfalls genannt. Warum also wurde er geehrt und wie kam es zum Patronatsverhältnis über die Kolonie? Obwohl dafür verschiedene Gründe denkbar sind, liegt es relativ nahe, die Ursache in seiner Herkunft zu sehen: Er war vermutlich Bürger von Caesarea und könnte so vielleicht ein Nachkomme des Valerius Martialis gewesen sein oder zumindest zu dessen Familie gehört haben. Im Übrigen: auch derjenige, der die Dedikation durchführte, Aurelius Theodorus, war bereits Mitglied des römischen Ritterstandes.

Und schließlich begegnet ein weiterer Valerius mit dem Beinamen Valerianus auf einer Statuenbasis in Caesarea; er war allerdings auch Prokurator der Provinz gewesen.[99] Den-

---

[98] Lehmann/Holum, Inscriptions Nr. 10; siehe oben bei Anm. 52.

[99] AE 1966, 495 = Lehmann/Holum, Inscriptions Nr. 4.

noch könnte es sein, dass er ebenfalls zu einem Familienclan von Valerii in Caesarea oder zumindest in der Provinz gehört hat. Dann hätten wir sogar in zwei Fällen einen Aufstieg über mehrere Generationen, wie wir es aus vielen anderen Städten des Reiches kennen. Auch dies würde also dem Integrationsmodel entsprechen, das im gesamten Imperium Romanum so wirksam gewesen ist. Zumindest die Bewohner der beiden römischen Kolonien der Provinz, aber nicht weniger die der hellenistischen Poleis sollten vergleichbare Chancen gehabt haben wie die führenden städtischen Familien in anderen Provinzen. Gerade Caesarea als Sitz des römischen Statthalters und des Prokurators, zweier hoher Amtsträger des Reiches, bot dafür hervorragende Voraussetzungen, da sie als Vermittler eintreten konnten.[100]

Nimmt man all diese verstreuten Hinweise zusammen, dann kann man erneut konstatieren, dass Rom die Provinz Judaea und ihre Bewohner im Grunde nicht anders gesehen hat als die sonstigen Provinzen, weshalb sich sein politisches Handeln dort natürlicherweise nicht grundsätzlich von seinem allgemeinen Verhalten unterschieden hat. Es wurden Städte gegründet, weil dies dem sozio-politischen Modell, das man selbst lebte, entsprach. Dabei benutzte man wie auch sonst im Osten römische und griechische Stadtformen nebeneinander. Römisches Bürgerrecht war nicht abhängig von der Stadtform, es konnte an Bürger in Gemeinden ganz unterschiedlichen Rechts verliehen werden. Die beiden Gesandten der Polis Flavia Neapolis kamen aus Familien von Neubürgern oder waren selbst Neubürger: Flavius Iuncus oder sein Vater waren von einem der flavischen Kaiser in die *civitas Romana* aufgenommen worden, Ulpius Proculus' Bürgerrecht ging auf Traian zurück. Beide Familien spielten

[100] Siehe HAENSCH, Capita provinciarum.

im munizipalen Leben der eigenen Heimatgemeinde eine Rolle, sonst wären sie nicht als Gesandte der Stadt nach Ephesus abgeordnet worden. Denn dafür wählte man zumindest Mitglieder des städtischen Rats, meist sogar Personen, die bereits als Magistrate der Gemeinde gewirkt hatten. Valerius Martialis hatte als Duumvir das höchste städtische Amt in Caesarea übernommen, Aurelius Theodorus war dort Mitglied des Dekurionenrats. Aber sie überstiegen diesen Rahmen und wurden Teil der reichsumspannenden Gruppe von führenden Familien, eben der Reichsaristokratie, zu denen ständig neue stießen, so wie sie selbst im Verlauf des 2. und frühen 3. Jahrhunderts Zutritt gefunden hatten.[101] Sie sahen die größeren Zusammenhänge, vertraten auch die Sichtweisen ihrer Stadt und Provinz in Rom. Dadurch wiederum gewannen sie Prestige, mit dem sie umgekehrt auch zu Hause das gemeinsame Imperium repräsentieren konnten. Wenn Syria Palaestina oder Palaestina, wie die Provinz später nur noch hieß, in der langen Zeit seit dem Bar Kochba-Aufstand bis ins 4. Jahrhundert hinein ein weitgehend ruhiger Teil des Imperiums geblieben ist und eine reiche zivilisatorische Blüte erlebt hat, dann könnte dies auch eine Folge solcher Integrationsleistung gewesen sein. Dass am Ende das römische Reich zerfiel oder von äußeren Feinden beiseite geschoben werden konnte, so dass im 6. und 7. Jahrhundert n. Chr. nur noch nostalgische Reste davon übrig waren, lag nicht nur, aber

[101] Bisher kann man aus dem engeren Bereich der Provinz noch keine Person mit Sicherheit nachweisen, die senatorischen Rang erreicht hätte. Allerdings könnte der von Eusebius, historia ecclesiastica 7, 16 f. erwähnte Senator Astyrius aus der Provinz stammen. Ptolemais/Acco, das unmittelbar nördlich der Provinzgrenze lag, war die Heimatstadt von T. Flavius Boethus, der 161 Suffektkonsul war und ca. 165 als Statthalter von Syria Palaestina amtierte.

Abbildung 31: Säulen in Caesarea.

auch an der geschwundenen Integrationskraft, die so lange die entscheidende Stärke des Imperium Romanum gewesen war. Auch Judaea/Syria Palaestina hatte daran seinen Anteil gehabt.

I. Ausgewählte Quellenstellen[1]

a. Literarische Quellen

[1] Es werden nur die Stellen angeführt, die in der einen oder anderen Weise näher interpretiert werden.

b. Inschriften

c. Münzen

d. Papyri

II. Personen

III. Orte

IV. Sachen

Tria Corda

Jenaer Vorlesungen zu Judentum, Antike und Christentum

Herausgegeben von Walter Ameling, Karl-Wilhelm Niebuhr und Meinolf Vielberg

Die Vorlesungsreihe „Tria Corda. Jenaer Vorlesungen zu Judentum, Antike und Christentum" wird gemeinsam von den Lehrstühlen für Altes und Neues Testament der Theologischen Fakultät und vom Institut für Altertumswissenschaften der Philosophischen Fakultät der Friedrich-Schiller-Universität in Jena veranstaltet. Die kleinformatigen Bände bieten zahlreiche Quellenzitate, in der Regel sowohl in der Originalsprache als auch in moderner Übersetzung. Auf diese Weise werden die Leser in wesentliche Probleme und Fragestellungen der gegenwärtigen Forschung zur hellenistisch-römischen Antike, zum antiken Judentum, und zum frühen Christentum eingeführt und zugleich zur eigenen Begegnung mit wichtigen Quellentexten aus diesen kulturellen Bereichen angeregt.

Bisher erschienene Bände:

1 *Kaiser, Otto:* Des Menschen Glück und Gottes Gerechtigkeit. Studien zur biblischen Überlieferung im Kontext hellenistischer Philosophie. 2007. XVI, 269 Seiten. Fadengeheftete Broschur.

2 *Eck, Werner:* Rom und Judaea. Fünf Vorträge zur römischen Herrschaft in Palaestina. 2007. XIX, 263 Seiten. Fadengeheftete Broschur.